JN000453

コミュニケーションと言語におけるキャラ

"Characters" in Communication and Language

定延利之［著］

三省堂

目次

第Ⅲ部　日本語におけるキャラ（クタ）

まえがき

今日，日本で暮らすということは，キャラクタ【注1】に囲まれることを意味する。街にはハローキティやポケモンなどのキャラクタ商品があふれ，地域や企業で活躍する「ゆるキャラ」と呼ばれるマスコットの数は，下火になったとはいえ，それでも千を超えるという【注2】。

複雑で奥深い現実の人間と比べると，それらのキャラクタたちは多かれ少なかれ単純で扁平（flat）【注3】な存在である。だが，人々が他者を，そして自分自身をも，それらのキャラクタのように単純な存在と見なしたがることは，実は珍しくない。その場合，キャラクタという概念は，人間のあり方に関わってくる。たとえば「学校ではあんなキャラ，バイト先ではこんなキャラ」という，電子掲示板に書き込まれた（自称）若者の告白は，まさに人間のあり方を語っている。そして，この「キャラ（クタ）」は，なぜか英語 "character" には訳せない。

キャラクタを切り口に，人間とことばのあり方を論じてみたい――そんな思いから，三省堂のホームページ上で連載「日本語社会 のぞきキャラくり」を始めて（定延 2008-2010），10年余りになる。その間，いろいろなことがあった。

連載は100回で完結し，それをまとめた同名の著書が出版されたが（定延 2011a），それが複数の大学の入試問題に出題されたことは今でも記憶に新しい。特に，拙著の冒頭部が外国人留学生用の入試に出たと聞いた時は，「オレと結婚しろニャロメ！」や「ウソだよぴょーん」がわからないがために人生が狂ってしまった受験者がいたのではないかと後から気を揉んだが，とにもかくにも，著書のおかげでさまざまな「出会い」が生まれたのは嬉しいことだった。

出版の1年後，「補遺」と称して再開されたネット連載の中でも（定延 2012-2015），リアルタイムで報告してきたように，筆者のキャラクタ論を国内外で，時には学問分野の垣根を越えて話せたことは（例：定延 2011b; 2013, Sadanobu 2015）大きな収穫になった。ボルドーモンテーニュ大学，リュブリャーナ大学での対話を通して，よりにもよって機能主義言語学という予想外の領域から，アンドレイ・ベケシュ（Andrej Bekeš）氏という強力な理解者を得たことは大きな喜びであり，（少なくともヨーロッパの）機能主義言語学の懐の深さを筆者は思い知ることになった。言語学者だけでなく，社会学者の瀬沼文彰氏・野澤俊介氏とも共働して，学会でキャラクタをテーマとするワークショップやパネルセッションを開き【注 4】，論文集を編集できたのも【注 5】，これらの出会いのおかげである。

それらの活動の中で，筆者のキャラクタ論も前著の段階から少しずつ広がり，深まってきた。進展の内容は，「補遺」の連載に一部は反映させたが，「補遺」は 2015 年末に 101 回で終了しており，多くは公表できていない。そうした進展をすべてまとめたのがこの本である。もっとも，前著を読まれていない読者にも無理無く理解できるよう，必要と思える箇所は前著との重複をおそれず，但し手短に述べてある。

人間とことばのあり方に対する読者の興味を，この本が少しでもかき立てることができれば，これ以上の幸せはない。

著者

【注】

1：末尾に棒引き「ー」を付けた「キャラクター」という表記がより一般的だが（スルダノビッチ 2018：47），この本では，筆者がこれまで採用してきた表記を踏襲し，棒引き「ー」を付けず「キャラクタ」と表記する。但し，引用やそれに近い箇所では原典の表記を踏襲する。

2：全国の「ゆるキャラ」の人気を競うイベント「ゆるキャラグランプリ」の公式ウェブサイトによれば，2017 年のグランプリにエントリーした「ゆるキャラ」は 1157 体（「ご当地ゆるキャラ」が 681 体，「企業ゆるキャラ」が 476 体）である（http://www.yurugp.jp/about/，最終確認：2018 年 5 月 5 日）。「ゆるキャラ」については第 2 章を見られたい。

3：フォースターは，扁平な登場人物，つまり一文で語り尽くせるイメージでできており，生身の人間のような感情や感覚を持たず，状況を問わず常に変わらない登場人物が（そうではない “round” な登場人物と同様に）小説には必要と述べている（Forster 1927: 103-118）。また，リュティは，昔話の登場人物は扁平，つまり実質的に傷つき痛む心身を持たず，環境そして時間から切り離されていると述べている（Lüthi 1947, 1981[7]: 訳 33-60）。ここでの「扁平」（flat）は，これら 2 つの「扁平」を区別せず，漠然と指している。

4：(1) ヨーロッパ日本語教師会マドリードシンポジウム，パネルセッション「キャラクタと電子資料を駆使した日本語教育の新展開」2013 年 9 月 6 日，コンプルテンセ大学, (2) 日本語文法学会第 16 回大会, パネルセッション「日本語とキャラ」2015 年 11 月 15 日，学習院女子大学，(3) 日本語学会 2016 年度春季大会，ワークショップ「キャラ・役割語をめぐる問題とその検討」2016 年 10 月 30 日，山形大学，(4) 国際語用論学会第 15 回大会，パネルセッション Japanese-born “characters” meet European and American insights.2017 年 7 月 19 日，Belfast Waterfront.

5：(1) *Acta Linguistica Asiatica* Vol. 5, No. 2, 2015, https://revije.ff.uni-lj.si/ala/issue/view/322, (2) 定延利之（編）『「キャラ」概念の広がりと深まりに向けて』東京：三省堂，2018.

コミュニケーションと言語におけるキャラ

序章

この本は，コミュニケーションにおける人間の姿を，前著（定延2011）に引き続き「キャラ（クタ）」【注1】を切り口に，しかし前著を超える視野と深さで論じようとするものである。

導入部にあたるこの序章は，全部で5つの節から構成されている。第1節では，この本の背景となる筆者の問題意識が紹介される。第2節ではこの本の目的が，第3節では考察対象が，そして第4節では用いる手法が紹介される。最後の第5節では，この本の構成が述べられる。

第1節に進む前に，この本の中で特に重要な位置を占めることになる「意図」という概念を，一緒に持ち出されることのある概念「目的」と共に，ここで念のため紹介しておきたい。

この本で言う「意図」「目的」は，日本語社会【注2】の日常会話に現れる日常語「意図」「目的」と大きく異なるものではない。だが，違いもある。

日常会話では，例外的なことではあるが，意図と目的は人間以外の存在（たとえば法人や遺伝子）にも認められる場合がある。だが，この本では，こうした場合を扱わず，意図と目的は人間にしか認めない。

この本での「意図」「目的」と日常語「意図」「目的」とのさらなる違いとしては，「意識」との関係が挙げられる。いや，これはむしろ，この本における「意識」という語の方が，日常語「意識」と完全に同じではないと述べるべきかもしれない。日常会話では，たとえば「意図的にぶつかる」と「意識的にぶつかる」がほぼ同義であり，また「意図してぶつかる」と「意識してぶつかる」がほぼ同義であるように，「一的」や「一して～する」の形では「意識」は「意図」と紛らわしくなる。だが，この本では「意識的に」「意識して～する」という表現は採らず，「意識」は常に「意図」そして「目的」とは別物として区別される。

但し，このような意図と意識の区別は，あくまで大まかなものに過ぎない。人間の行動の微細な分析に立ち入り，たとえば「調査対象の指先が１秒のうちにどのような軌跡を描いたか」といったレベルで観察すれば，指先の動きのどこまでが「意図されており」，どこからが「意識されているだけで意図されてはいない」のか，意図と意識の境界線がどう引けるのかが判然としなくなる領域が広がっているということは認めておきたい【注3】。

そして，この本で言う「目的」とは，「実現しようと意図され目指される事柄」のような概念を指す点では日常語「目的」と同じであって，哲学的な用語ではない。雨や金属疲労といった，意図の無い現象には，この本の「目的」は想定されない。

では，問題意識から述べていこう。

第１節　問題意識

この本の背景となる筆者の問題意識は，前著（定延 2011）以来のもので，それはひとことで言えば「コミュニケーションにおける人間とは，どのようなものなのか？」というものである。

この問題に対して，前著で出した解答は，「人間とは，コミュニケーションの状況（たとえば対話相手が誰か）に応じて変わり得るものだ。意図的な演技・偽装とは別に，人間の一部分，つまり一般の日本語母語話者たちが最近「キャラ」と呼んでいる部分が，思わず変わってしまうということがあり得るのだ」というものである。

当たり前ではないか，と読者は思われるかもしれない。だが，本当にそうだろうか？　我々は「人間は変わらない」という考えにどっぷり浸っていないだろうか？「変わっているのは，コミュニケーションの状況に応じて，人間が行動のスタイルを切り替えているだけ」で，「人間自体は変わらない」と思いがちなのではないだろうか？

日常生活においても，そして，事実を直視するはずの研究においても，「人間は変わらない」という人間観に，人間は昔も今も，強く縛られている。そのため，変わりたくても，なかなか変われないし，変わってしまっても，それを認めるわけにはいかない。ここに人間の不自由さがあり，コミュニケーションの難しさがある——前著ではこのようなことを，ひたすら具体例を繰り出すことで，読者に思い当たってもらおうとした。

このような前著での解答を，この本は変えようとはしていない。だが，前著にあったさまざまな限界を改善し，より幅広い視野から，より明確で，より豊かで，より奥深い解答をめざしている。次の第２節ではこれを順に説明する。

第２節　目的

まず，「より幅広い視野」について。前著では，コミュニケーションにおける人間の行動に集中し，それ以外のものは，ほとんど視野の外に置かれていた。この本では，たとえば化粧や古美術の古色付けといった，コミュニケーションの現場から離れたところでの人間の行動（いわば，コミュニケーションに向かう人間の行動）をも視野に含める。

次に，「より明確」ということについて。前著では最終章で断ったように，「キャラクタ」あるいは「キャラ」に関する先行研究には，ほとんど言及できなかった。それは，先行研究における「キャラクタ」「キャラ」の用語法が若干込み入った状況にあり，生半可な言及はかえって読者を混乱させるばかりと判断したためである。「キャラクタ」の定義は論者間で一致していない上に，「キャラクタ」とは別の概念として「キャラ」（Kyara）を導入する立場もあり，さらにその「キャラ」に対する別の論者たちの理解もさまざまである。この本では，さまざまな「キャラクタ」論・「キャラ」論のうち，上述した筆者の問題意識と特に近い関係にあると思えるものを整理・紹介することにより，筆者の立場をより明確なものにしたい。

さらに，「より豊か」ということについて。前著では，人間のあり方を考える上で特にことばに注目し，キャラ（クタ）とことばの結びつきを取り上げた。この点はこの本も同様である。だが前著では，その取り上げ方は決して十分なものではなかった。実質的に取り上げることができたのは，ことばを話す人間のキャラクタ（「発話キャラクタ」）と，そのことば（「役割語」，金水 2003）だけであった。この本では，「話す――話される」という結びつき以外の，キャラ（クタ）とことばの結びつきにも簡単ながら観察の光を当てる。

最後に「より奥深い」ということについて。「人間は基本的に変わらないものだ」という伝統的な人間観について，前著では最終章でのごく簡単な紹介に留まった。この本では，この伝統的な人間観の不当性をより詳しく明らかにしたい。また同時に，不当であるにもかかわらず，人間が伝統的な人間観をどのように必要としているかということも詳しく論じたい。

第3節　考察対象

この本は考察対象を，現代日本語社会の人々の，言語を中心とした行動に限定する。現代日本語社会という限定は，筆者が注目している「人間の変化」を示すデータが，現代日本語社会には比較的容易に見つかる一方で，他言語社会にはその対応物がなかなか見当たらないという事情による。たとえば，電子掲示板に見られる匿名の現代日本語話者の書き込み「自分はバイト先と学校でキャラが違う」は，他言語話者には理解されにくく，この「キャラ」は（この本のような長い説明を付けなければ）英語 “character” にならない。

この意味での「キャラ」という語は，20 世紀末頃から日本語社会に流通し始めたものらしいが（第1章第3節を参照），語ができる前から現象自体はあったという可能性は否定できないので，考察対象は20世紀末以降に限定せず，現代の日本語社会の人々の言動としておく。

現代日本語にはさまざまな方言が存在する。この本はそれらの方言を考察対象から排除しないが，考察対象は基本的に現代日本語社会の「共通語」とする。ここで言う「共通語」とは，塩田（2018：9）が「特定の地域を連想させるようなアクセントやイントネーション（つまり「方言的なもの」）が用いられていても，それで会話が成立していれば，共通語に含まれます」と紹介している，広義の共通語にあたる。

「共通語」という語にこれほどまでに広い意味を持たせることは，塩田（同）でも指摘されているように，必ずしも一般的なものではない。だが，方言と相互排他的な関係にない広義の「共通語」に目を向けることは，特に「キャラ」に光を当てようとするこの本にとって，必須の措置と言える。コミュニケーション研究の文脈で述べたことと一部重なるが（定延2016b：第2章第3節），方言を排除しない理由を2点，説明しておく。

方言を排除しない第1の理由は，「共通語」というものが，どのように狭くとろうとも，《外来者》（よそ者）【注4】のことばを必ず含むものである以上，共通語と方言は少なくとも外面からは峻別しきれない，ということである。

まず，「共通語が《外来者》のことばを含む」ということについて，読者の理解を助けると思える例として，《平安貴族》と《宇宙人》のことばを挙げて説明しておく。

現代では，ドラマやマンガに登場したり会話に持ち出されたりする《平安貴族》は，「～でおじゃる」と話す。だが，金水（2003：184）・金水編（2014a：41-44）に述べられているように，「おじゃる」は室町時代末から江戸時代初期にかけての京都の庶民のことばであって，現実の平安貴族は「～でおじゃる」などとは話していなかった。このことが示しているのは，現代において《平安貴族》という人物イメージが話すことばは，平安時代における貴族のことばとは食い違っており，両者は別物だということである。現代における人物イメージ《平安貴族》の「〜でおじゃる」は，平安時代のことばではなく，あくまで現代のことばとして位置づける必要がある。「共通語が《外来者》のことばを含む」とは，以上のような意味である（なお，このように，必ずしも現実と一致するとは限らない人物像，つまり人物イメージこそ，この本で中心となる「キャラクタ」にほかならない。この本ではこれを《平安貴族》のように二重山括弧でくくって記している）。

「共通語が《外来者》のことばを含む」ということは，「ワレワレハ，ウチュウジンダ」などと平坦なイントネーションで話す《宇宙人》の場合，さらにはっきりする。《平安貴族》のことばは，いま述べたように厳密なものではないにせよ「借用元」らしきもの（平安時代の貴族のことば）に思い当たれるが，《宇宙人》のことばは，現時点で宇宙人も宇宙人語も発見されていない以上，思い当たれる「借用元」らしきものが無い。《宇宙人》の平坦なイントネーションは，宇宙人語から借用したものなどではなく，明らかに現代日本語（共通語）の一部である。

これらとほぼ同じことが方言についても言える。現代日本語共通語の社会で《地方人》が話す方言は，あくまで現代日本語共通語における方言と位置づけなければならない【注 5】。たとえば「方言ブーム」のただ中にある若者が，九州方言の「ちかっぱ」（とても）と東北方言の「めんこい」（かわいい）を合わせて「ちかっぱめんこい」（とてもかわいい）と言うような「ことばの新しいハイブリッド」（三宅 2011）は，現代日本語共通語の一部である。

次に，「共通語と方言は少なくとも外面からは峻別しきれない」ということについて説明する。共通語と方言の区別は，会話する 2 人が或る瞬間には医者と患者として会話しており，また別の瞬間には幼なじみとして会話しており，さらに別の瞬間には地域住民どうしとして会話しているといった，会話の中で変動し得る話し手の帰属意識・アイデンティティ（social identity，Ochs 1993 他）とも関係しており，外部からは判断しきれない。たとえば大阪方言話者が発した「なんでやねん！」は，それが大阪人としての「素」の発話であるとすれば方言だが，ここは少しユーモラスに《大阪人》らしさを出して言ってみようと，アクセサリーを着脱するように，自身の生育地方言をきもちに応じて部分的に出した「アクセサリー化された方言」（小林 2004）あるいは「方言コスプレ」（田中ゆかり 2011）であったとすれば，それは現代日本語共通語における《大阪人》という一種の《地方人》のことばである。どちらになるかは，外部からの観察で判断できないことがある。それどころか，話し手本人にとっても完全には明らかでない場合もあるだろう。

この本が方言を排除しない第 2 の理由は，いま述べたこととも重なるが，相手の方言に思わず釣り込まれたり，逆に妙に反発するように別の方言が我知らず口を衝いて出たりといった，日本語コミュニケーションを生きる話者たちの帰属意識を巡る微妙な情緒，機微，同朋意識，共感，そして小競り合いや暗闘に，筆者は寄り添っていたいからである。この本の中でそれらを詳述することはできないが，この本で示すことになる，コミュニケーションや言語の観察を通した人間研究は，それらを排除せず，むしろ積極的に目を向ける方向性を持っている。読者の理解を助ける例として，ここで，谷崎潤一郎の小説『細雪（ささめゆき）』（1944-1948）における，蒔岡幸子（まきおかさちこ）の話しぶりを取り上げてみよう。

蒔岡幸子は大阪市内の裕福な家庭に生まれ育った大阪方言話者であり，いまは大阪からほど近い芦屋に暮らしている。

幸子の友人の一人に，丹生（にふ）夫人という女性がいる。これまでのつき合いは長いが，丹生夫人は一貫して，おっとりした人物であった。

ところが或る日，丹生夫人は一変する。眼の使い方，唇の曲げ方，煙草を吸う時の人差指と中指の持って行きようまで，何だか人柄が急に悪くなったようだと，同席している幸子は感じてしまう（『細雪』上巻，1944）。丹生夫人は一体どうしてしまったのか？

実は，今日の丹生夫人は，同席している相良という「何から何までパリパリの東京流の奥さん」につき合っているのか，東京方言をしゃべっているのである。

幸子にしても，阪神間の奥さん達のうちでは，いっぱし東京方言が使える人，で通っている。だが，丹生夫人は，やはり大阪人ではあるが女学校時代を東京で過ごし，東京人とのつき合いが多いだけあって，完璧な東京方言を早口でまくし立て，幸子は「まるで別の人のようで，打ち解ける気になれない」。「何か東京弁と云うものが浅ましいもののように感じられて来て」「しゃべるのを聞いていると苛々（いらいら）して来て」，とまである。

この事例が示しているのは，ことばは単なるメディア（媒体）ではないということである【注6】。コンテンツ（内容）が伝わるなら，東京方言でしゃべろうが大阪方言でしゃべろうがどちらでもいい，というわけには大抵いかない。話の内容というよりも，話す人間が前面に感じられるような，きもちの出たコミュニケーションの場合，ことばの切り替わりは人間の切り替わりである。丹生夫人が東京方言でしゃべるか，それとも本来の大阪方言でしゃべるかは，夫人の「人柄」に関わる問題，「まるで別の人のよう」になってしまうかどうかの問題，つまり，この本のテーマである「キャラ（クタ）」の問題である。

丹生夫人が発動する《東京人》キャラは，『細雪』の舞台となった昭和初期の阪神地域，それも「芦屋」では，特に攻撃的で品が無く見えたのかもしれない。多くの人たちが出るところへ出れば大阪方言ではなく共通語をしゃべる，あるいはしゃべろうとする現在の阪神地域では，東京方言をしゃべったからといって，ここまでの受けとめられ方は——微妙な局面もありそうだが——普通はされないだろう。半世紀余りのうちに阪神地域で生じたこの変化の背景にはもちろん，東京方言を母体とした共通語の阪神地域への浸透があり，それに伴う大阪方言の地位低下がある。だが，ここで問題にしたいのは，それとは別のことである。

今日，丹生夫人がことさらに東京方言で通しているのは，一緒に会話している相良という「何から何までパリパリの東京流の奥さん」につき合っていると思えるふしがあるという。このように，我々は会話相手のことばにつられ，引きずられるということがある。

実際，幸子自身にしても，後日，再び東京方言をまくし立てる丹生夫人と話していて，「いくらか東京弁に釣(つ)り込まれ」てしゃべるという場面がある（『細雪』下巻，1947-1948）。幸子という人間は元来，洪水騒ぎの折とはいえ，隣りに住んでいるシュトルツ夫人というドイツ人に，

「(あなたの娘さんの学校は無事だと聞いた。) あなた安心ですね」

「(あなたの妹さんの安否がわからないそうだが) あなたの心配，わたし分ります。わたし，あなたに同情します」

などとカタコト日本語で言われ，その都度，

「ありがとございます」

と，「う」の無いカタコト日本語で答えてしまうほど，釣り込まれやすい人間でもある（『細雪』中巻，1947)。

だが，相良夫人を交えた問題の会話では，幸子は東京方言に釣り込まれていない。むしろ「こう云う夫人の前へ出ると，何となく気が引けて，――と云うよりは，何か東京弁と云うものが浅ましいように感じられて来て，故意に使うのを差控えたくなり，却(かえ)って土地の言葉を出すようにした。」とある。

このような，相手と違った方向に行こうとする動きを，磁石のＮ極どうし，あるいはＳ極どうしが反発して離れ合う様子にたとえて「反発」と呼んでおく。「反発」は，磁石のＮ極とＳ極が引き合うように相手と同じ方向に行こうとする「釣り込まれ」を拒もうとする動きである。なごやかな談笑のうちにも，幸子は相良夫人に釣り込まれている丹生夫人

を下品に，そして2人の東京方言を浅ましく感じ，自分はそうなるまいと反発する。このような「戦い」に寄り添わずして，言語コミュニケーションの観察を通した人間の研究が成り立つとは筆者には思えない【注7】。

この本が考察対象として方言を排除しないという措置についての説明は以上である。

他方，考察対象を基本的に共通語とした措置は，我々の研究の現状と関わっている。キャラ（クタ）に関して，次の第4節で紹介するような先端的な実験科学的アプローチが可能であるとはいえ，我々はキャラ（クタ）研究はもとよりコミュニケーション研究の未だ黎明期におり，内省を「不可欠のガイド」（Chafe 1992：234）として利用せざるを得ない。ここに方言を持ち込むと，多くの読者は内省が働かず，直感的に思い当たることができなくなってしまうおそれがある。この本が考察対象を基本的に共通語としたのは，この点を考慮してのことである。

第4節　手法

キャラ（クタ）をめぐる研究は始まったばかりで，「人間の中にはキャラ（クタ）というものがある。人間は対話相手次第で，キャラ（クタ）が変わる」ということを検証する方法論はいまだ確立されていない。それだけに，なるだけ多様なデータを呈示したいが，この本の性質上，手法を限定せざるを得ない。

前著では，実験科学的アプローチとして，Campbell and Mokhtari (2003）とモクタリ・キャンベル（2010）を紹介した【注8】。このうち前者は，1人の日本語母語話者の数年にわたる膨大な日常発話コーパスを調べ，対話相手によって音声が有意に違う（たとえば娘相手だと概して高い声でしゃべっている。夫相手だと概して硬い声でしゃべっている）ということを見出したものである。また後者は，1人の日本語母語話者のさまざまな発話音声データ30個を実験参加者に与え，「これらの発話音声を話し手別に分けよ」と指示したところ，実験参加者たちは疑いもせず，30 個の発話音声を複数グループに分け，さらには各グループの音声を発した具体的な話し手像を語ることができたというものである。これらのアプローチはいずれも興味深いものだが，この本の射程はもっと素朴で基礎的なところにあるため，実験科学的アプローチは採用しない。

また，対面式のインタビューやアンケートも有効な調査手法であるが，この本では採用しない。というのは，この本で中心的に扱おうとしているのは，たとえば「バイト先と学校でキャラが違う」というような，伝統的な静的人間観に反する人間の言動だからである。この伝統的な人間観は不当であるものの，依然として我々を縛っているというのが筆者の考えであり（先の第 1 節を参照），この考えによれば，我々は「変わってはいけない」というタブー（taboo，文化的禁忌）を破る言動を扱うことになるので，調査はきわめて慎重におこなわれなければならない。

たとえば，「バイト先と学校でキャラが違いますか？」と訊ねれば，相手は，本当は違っていても，自分のタブー違反を打ち明けたくないという思いから，ノーと回答することがあり得るだろう。

さらに警戒しなければならないのは，相手がイエスと答えた場合でも，この質問が，我々の本当に知りたい内容（「バイト先と学校で自分が思わず変わってしまっているということがあるのか？」という人間の変化の有無）から，タブーに抵触しない，別のもっと当たり障りの無い内容（「バイト先と学校それぞれでうまくやっていくために，バイト先で，あるいは学校で，あるいは両方で，演技して自分を取り繕うことがあるのか？」という演技・偽装の有無）にすり替えられている可能性があるということである。

いま「もっと当たり障りの無い内容」と記したが，この「演技」もまたタブー違反であるため，通常は秘匿されていると考えられる。これをインタビュー調査で明らかにすることも容易なことではない。社会学者・

瀬沼文彰氏はインタビュー調査の結果，自らの「演技」を認めた回答者が 58 人中 10 人という少数にとどまったことを記しながらも，「演技」を認めたそれらの回答者が周囲の友人たちから「天然じゃねーのかよ。計算かよ！」「汚ねーな！」と否定的に反応されることを挙げて,「演技」を認めなかった回答者の中にも，周囲から気取られないよう演技している陰在的な演技者がいる可能性を示唆されている（瀬沼 2007：82-83)。我々の真の追究対象である人間の非意図的な変化は，まだその先に隠れている。

完全無欠の方法論などというものが存在しない以上，さまざまな調査手法の長所と短所を考慮した上で，それらを組み合わせて考えていかねばならないのは研究の常であり（定延 2016：第 2 章)，瀬沼（2007）に代表される対面式のインタビューやアンケート調査による先行研究の知見が十分な尊重に値することは言うまでもない。瀬沼氏の最近の論考では,「演技」という用語に，意図的でないものも含める旨が明示されるようになっており（瀬沼 2018：155）【注 9】，筆者の研究との距離が小さくなっているだけに，こうしたインタビューやアンケート調査は熟達されている瀬沼氏におまかせし，この本では別の手法を試みたい。

この本の特に第 II 部で呈示されるデータの多くは，プロ作家による小説，随筆，マンガからの抜粋，そしてインターネット上の書き込みであり，先に挙げた谷崎潤一郎の『細雪』はその一例である。もちろん，それらの文章の中で,登場する人間たちがどのような思考や情感を抱き，どのような行動に出たかということは,書き手の恣意に委ねられており，何かの直接的な証拠にはならない。ここで問題にしたいのは，それらの作品の鑑賞者である我々が，登場人物のそのような思考情感や行動をそれなりに自然なものとして理解でき，違和感を持たずに先に読み進めることができるということである。インターネット上の書き込みは，程度の差はあれ匿名性が保証されるために，タブー違反の現象を観察する上で絶好の材料と言えるが，それだけに，書き込み手が申し立てどおりの人物であるか否かは確かめられないという負の面も併せ持っている。たとえば，自称若者の，いかにも若者らしい告白が，実は老年層の暇にまかせた手すさびであるといった可能性は否定しきれない。だが，それらを見た我々が，若者の告白として違和感を持たずに受け取れるということは，特にそうした書き込みが１つではなく複数に及ぶ時には，我々の世界の何らかの実情がそこに反映されていると見てよいのではないだろうか【注10】【注11】。

取り上げられる創作物は，「現代日本語社会」（先の第３節を参照）を反映するよう，約半世紀〜１世紀前に書かれ，現在も読み継がれている有名なものが中心となっている。これは，観察された現象の説明に，たとえば「21世紀になって時代がこう変わったから」といった時代論を持ち込む必要性の有無を見極めるためでもある。人間に関わる現象で，時代が関係しないものは珍しいだろうが，もしも古い時代の中にも，今日の我々なら「キャラの変化」と呼ぶようなものが見られるなら，時代論を持ち込むことには，慎重な姿勢が求められることになるだろう。この考えは第II部に続いて第III部でも推進されることになる。

このほか，呈示されるデータの中には，筆者のプロジェクトのもと収録が進められている，一般人の語る「ちょっと面白い話」のビデオも含まれている。この本は紙媒体であるため全面的な呈示はできないが，「ちょっと面白い話」のビデオは誰でも自由に視聴・ダウンロード可能な形で公開してあるので，興味のある読者は閲覧していただきたい（http://www.speech-data.jp/chotto/history.html）。「ちょっと面白い話」の詳細は第４章第１節注４，あるいは定延編（2018）・Sadanobu（2018）を参照されたい。

第５節　この本の構成

以降の部分は大きく４部に分かれる。

続く第I部は，第II部と第III部のための準備的な考察で，ここでは，さまざまな先行研究とそれらにおける「キャラ」「キャラクタ」概念が整理され，この本が中心的なテーマとする「キャラ（クタ）」の定義が紹介される。

その「キャラ（クタ）」の姿に光を当てるのが第II部と第III部である。第II部では現代日本語のコミュニケーションの中で，第III部では現代日本語共通語という言語の中で，「キャラ（クタ）」のあり方が論じられる。両者の間にはつながりが無いわけではなく，第III部は，我々が「キャラ（クタ）」を論じる際にどのような時代背景を認識すべきかという，第II部で取り上げられた問題意識の中で展開される。

以上の論は最後の第IV部でまとめられる。

【注】

1：第２節で述べるように，一部の先行研究は「キャラクタ」と「キャラ」を別義とするが，筆者自身は「キャラクタ」と「キャラ」を区別せず同義としている。つまり筆者の用語法では「キャラ」は「キャラクタ」の略語に過ぎない。以下，この本では差し障りの無い範囲で「キャラ」で通すが，少しでも誤解が生じるおそれがあると判断された箇所では「キャラクタ」も含めて一括し，「キャラ（クタ）」と表記する。

2：ここで言う「日本語社会」とは，定延（2011）のタイトルにも含めたもので，日本国の国土上であってもなくても（たとえば国際線の飛行機の機上でも），日本語話者たちが日本語で会話し始めるとそこに開ける社会を指している。この本では，「日本」と言うよりふさわしいと思われる箇所では，この語を用いるが，両語の使い分け基準は厳密なものではない。

3：このことに気付かせてくれた細馬宏通氏に感謝したい。

4：ここで「外来者」という語を括っている二重山括弧《 》の意味は，２段落後の箇所で簡単に説明する（さらなる詳細は第１章第3.2節注25前後を参照）。なお，ここで《外来者》としているものは，定延（2011）で《異人》と呼んだものと等しい。改称の理由は誤解の防止にある。キャラの研究では，我々の偏見や差別意識を俎上に載せねばならないことが時にある。その場合，「差別的な響きを持つ日常語（たとえば「異人」）を，差別的なニュアンス無しに専門語（《異人》）として採用する」という方法は誤解を生むおそれがあると考え，この本では，差別的な響きがより少ないと思える別語（《外来者》）を採用する。同時に，定延（2011）の《私たち》を《在来者》と呼び換える。《在来》《外来》の区別については第7章第3節で後述する。

5：《地方人》が《外来者》タイプに属しているのは，ここでの観察対象が基本的に，東京方言を中心に出来上がった現代日本語共通語だからにほかならない。仮に観察対象を共通語から大阪方言に移せば，《大阪人》キャラは《外来者》のグループから抜けて《在来者》になり，代わって《外来者》のグループに《東京人》が含まれることになる。

6：ことばが単なるメディアではないということは，別の形でも論じることができる（第2章第3.3節）。

7：相良夫人に対する蒔岡幸子の「反発」は，ベイトソンの「対称型の分化」の兆しと位置づけることができる。対称型の分化では，お互いがお互いを駆り立て，ますます強い行動をとっていく結果，関係が決裂する（ベイトソン1972：訳125）。

8：Campbell and Mokhtari（2003）は，声質（せいしつ，ここでは声の硬さ～軟らかさ）という音声特徴が声の高さとは独立の音声特徴であることを示したものであり，キャラ（クタ）論を明示的に展開するものではない。だが，これをキャラ（クタ）論として理解することは十分に可能である。前著ではこの点を第1著者に確認の上，紹介した次第である。

9：但し，瀬沼氏と違って，この本では「演技」という用語には非意図的なものを含めない。この措置は，意図性の有無はしばしば，人間が無視できない重大な違いだという筆者の判断に基づいている。意図的な自己偽装は，それが発覚すれば，いま紹介した瀬沼氏の調査のように「天然じゃねーのかよ。計算かよ！」「汚ねーな！」と強く非難されがちである。こうした非難や告発は，最近新しく生じたものではない。たとえば，太宰治の小説『人間失格』（1948）には，鉄棒の練習中にわざと失敗して皆の笑いを買い，《ひょうきん者》（お道化）を演じていた主人公が，背後から一人の級友に「ワザ。ワザ」と低い声でささやかれるという場面がある。他方，或る人物の非意図的な変化が白日のもとにさらされた場合，我々は当人を責めるよりはむしろ，気まずい，いたたまれないきもちになるのではないか。両者の違いは，第2章第2節の「コウモリ」と「火星人」の違いでもある。筆者の「キャラクタ」の定義（第1章第3.1節（1.32））

は，このような気まずいきもちと結びついている。

10：このような，「インターネットへの書き込み手が実際どのような人物か」ということよりも，「その書き込みがどのような人物によるものとして受け入れられるか」を重視する姿勢は，そもそも文化というものが，当該社会の構成員全員が漏れなく共有しているものというよりも，当該社会の多くの構成員が「当該社会の多くの構成員が共有している」と思うものであるなら（cf. Enfield 2002: 16-17），許されるのではないか。

11：インターネット上の書き込みには，空白行がふんだんに設定されているものがある。この本では，書き込みを引用する際には，文意に支障が無いことを確認した上で，スペース節約のために，空白行を省いて引用していることを断っておく。また，インターネット上の書き込みは，更新・削除の可能性が常にある。この本では，書き込みを引用する際には末尾にURLに加えて最終的な確認日を記してある。最終的な確認日を記していない引用は全て，2020年3月8日が最終確認日である。なお，これはインターネット上の書き込みに限った話ではないが，引用される原典の中には，段落の冒頭であっても1字下げしていないものがある。この本では，原典の1字下げの有無を忠実に反映している。この本が，例の冒頭で1字下げがあったり無かったり，統一がとれていないように見えるのはそのためである。

第Ⅰ部
準備的考察

この第Ⅰ部は，ただ一つの章から成っており，そこでは，前著・定延（2011）も含めたさまざまな先行研究と「キャラ」「キャラクタ」概念が筆者の立場から整理され，「キャラ」「キャラクタ」について，前著を超える，より大きな視野が読者に提供される。この本が中心的なテーマとする「キャラ（クタ）」の定義は，その中で紹介される。

第1章　「キャラ」「キャラクタ」論の概観

近年の日本では，「キャラクタ」もしくは「キャラ」に関するさまざまな書物が出版されている。それらは娯楽的色彩の濃いもの（例：みうら 2004）ばかりではなく，多かれ少なかれ学術的な考察を含んだものも珍しくない。その分野は，マンガ論（例：伊藤 2005・岩下 2013），ビジネス論（例：小田切 2010），現代思想〜社会批評（例：東 2003・宇野 2008・岡本 2010），精神分析（例：斎藤 2011），社会学（例：瀬沼 2007; 2009・土井 2009），文学論（例：大塚 2003・新城 2009），現代社会論（例：相原 2007・暮沢 2010），メディア論（例：荻上 2008），さらに「ゆるキャラ」と地方行政,国家ブランディングを論じたもの（例:犬山・杉元 2012・青木 2014）など，多岐にわたる。コミュニケーション論・言語学にとってのキャラクタを論じた拙著（定延 2011）もその一つということになる。近年は，アイデンティティの確立よりキャラの使い分けが大事な時代（岡本 2010），社会の全般に亘って「キャラ」の分析が必要かつ可能な時代（相原 2007・暮沢 2010: 27-28）と言われることさえある。

もっとも，そこで取り沙汰されている「キャラクタ」もしくは「キャラ」の意味合いは，斎藤（2011：11）にも指摘されているように，分野によって，また論者によって異なっている。いま「「キャラクタ」もしくは「キャラ」」と両語を併記したのも,論者によっては「キャラ」が「キャラクタ」の略語ではなく，別の語として定義されているからにほかならない。たとえば，暮沢剛巳氏の『キャラクター文化入門』（NTT 出版，2010）の表紙を見てみよう【イメージ 1.1】。

この表紙は，上部に「キャラクター文化入門」と書名が縦書きで載っており，その下には英訳が横書きで，INTRODUCTION TO KYARAKUTAA CULTURE と載っている。そのうち INTRODUCTION

【イメージ 1.1】暮沢剛巳『キャラクター文化入門』(NTT 出版, 2010) の表紙

TO や CULTURE の部分はごく小さく目立たないのに対して，KYARAKUTAA は上下2行に分けられ，大きく描かれている。英語 CHARACTER の文字はどこにも無い。英語 “character” とは違う，別の語だからである。2行に分けられた KYARAKUTAA の中でも，ひときわ大きく目立つのは KYARA の部分で，続く KUTAA とは文字色も違っている。この色遣いは，「キャラ」が「キャラクタ」と違うことの現れだろう。暮沢氏は，「キャラクタ」(character，登場人物) とは別の専門語として「キャラ」(Kyara) を定義するという伊藤剛氏の考え (伊藤 2005) を引いて，それを踏襲されている (暮沢 2010：27-28)。

英語 “character” に (解説無しでは) 訳せないのは，いまの「キャラ」のような，研究者が作り上げた専門語だけではない。英語 “character” に端を発しながらも，日本語社会の中で独自の発展を遂げたもの，つまり一般の，特に若い日本語話者たちが日々の生活の中で作り上げたものも含まれている。たとえば，インターネット上には「自分はバイト先と学校でキャラが違う」というような匿名の書き込みが見られるが，この

「キャラ」は英語“character”にならない。筆者のキャラ（クタ）論（定延2011）は，まさにこの「学校とバイト先でキャラが違う」の「キャラ」をそのまま自身の専門語として採用したものである。

以下では，これらの「キャラ」と「キャラクタ」のうち，特にこの本の内容と近い関係にあると思われるものを，「キャラ1」「キャラ2」「キャラ3」の3つに大別し，筆者の立場からそれぞれを詳しく紹介する（第1節～第3節）。（但し，伊藤（2005）については再度，瀬沼（2007他）・斎藤（2011）・岩下（2013）・ベケシュ（2018）と共に第5章で取り上げる。）最後の第4節はまとめである。

第1節　キャラ1：外来語「キャラ（クタ）」

初めに「キャラ1」として取り上げるのは，外来語「キャラ（クタ）」である。これは，（ギリシャ語に由来する）英語“character”に似せて作られた日本語「キャラクタ」，およびその略語「キャラ」を指す。外来語「キャラ（クタ）」は，「文字」「記号」「人格」「性格」その他の意味と同様，「登場人物（dramatis personae）」という意味を英語“character”と共有している（例：竹林他（編）2003）【注1】。たとえば「多くの読者を惹き付ける物語を作るには，どのようなキャラ（クタ）たちをどう配置すればよいか？」という問題意識のもとで論じられる「キャラ（クタ）」（例：大塚2003・新城2009），版権や商品化に携わるビジネスや国家ブランディングが論じられる際の「キャラ（クタ）」（例：小田切2010・青木2014）は，この伝統的なキャラ（クタ）である。

第1.1節　「ゆるキャラ」とは何か？

よく知られている「ゆるキャラ」は，キャラ1，つまりこの外来語「キャラ（クタ）」の意味でのキャラクタの一下位タイプと言える。この本は「ゆるキャラ」の解説を目的とはしていないが，「ゆるキャラ」論の状況は我々にとってさまざまな示唆を与えてくれるので，ここで少し触れておきたい。既に述べたように，この第1章では，「キャラ」「キャラクタ」の定義が論者ごとにずれていることを問題にしているが，この問題のミニチュア版が「ゆるキャラ」の定義には見て取れる。

まず，「ゆるキャラ」という語を作り出し，世に広めた，みうらじゅん氏の定義は，次の（1.1）のようになっている。

（1.1）　ゆるゆるのキャラクターを「ゆるキャラ」と呼ぶことにした。ちょっと待って，ゆるキャラの皆さん，怒らないでよく聞いて。

　ゆるキャラとは全国各地で開催される地方自治体主催のイベントや，村おこし，名産品などのＰＲのために作られたキャラクターのこと。特に着ぐるみとなったキャラクターを指す。日本的なファンシーさと一目見てその地方の特産品や特徴がわかる強いメッセージ性。まれには，郷土愛（ラブ）に溢れるが故に，いろんなものを盛り込みすぎて，説明されないと何がなんだか分からなくなってしまったキャラクターもいる。キャラクターのオリジナリティもさることながら，着ぐるみになったときの不安定感が何とも愛らしく，見ているだけで心が癒されてくるのだ。

［みうら 2004：2-3］

第1段落では，「ゆるキャラ」とは「ゆるゆるのキャラクタ」とされており，「キャラ」は「キャラクタ」の略語として扱われている。また，念のために言えば，「ゆるゆる」とは，スキがあり人をなごませる意の俗語である形容詞「ゆるい」の語幹「ゆる」が反復されたものである。続く第2段落では，「ゆるキャラ」とは地域活性化のためのものという条件が追加されている【注2】。つまり，地域活性化のために作られた「ゆるい」キャラクターがみうら氏の「ゆるキャラ」である。

そして,「何がゆるいのか」について,みうら氏は次のように語っている【注3】。

(1.2)　“ゆるキャラ”というのは決してミッキーではなく,決してキティではない,地方自治体が生み続けている,それはそれはゆる〜いキャラクターのこと。デザイン画まではまだいいとして,それを立体(着ぐるみ)にした時のゆるさったらない!
[みうら 2013:85]

(1.3)　a.　でも,いつの間にかマイナスがプラスに転じたんですよ。その時,初めて「ゆるい」って言葉がいいことになった。常識が裏返った瞬間に,急にはやったんですよ。で,ゆるキャラって名前が浸透して,「うちはこんなゆるいですよ!」と色んな団体から売り込みが来るようになりました。
ゆるキャラっていうのは,あれは発見じゃなくて発明だったから。そもそもは地方キャラとか言われたものが,新しいカテゴリーとして誕生したんです。(p. 370)

b.　せっかく「ゆるキャラ」というカテゴリーができたのに,やっぱり地方の人って,ゆるくないものがいいと思っている。だから,著名なデザイナーに頼んじゃうんですね。“ゆるい”ってセンスはあくまで意地悪な都会センスですからね。(pp. 377-378)

c.　何人か「ゆるキャラ作ってるんです」っていう人に会ったことあるんですけど,そういう人が作っているキャラは本当に良くできてるんです。(中略)でも,僕が思う「ゆるキャラ」っていうのは，よくできてなくて所在なさげに現場に立っている，誰が依頼したんだろうって思うようなキャラのことなんだ。(pp. 382-383)

d. 昭和の産物なんですよね。やっぱりそれは昭和と平成で変わっちゃったでしょ。

僕が言っていた「ゆるキャラ」は，昭和のモノなんですね。僕が興味を持つものって「ヌー銅（ヌード＋銅像）」もそうなんですが，体型は確実に昭和の女の人のヌードの体型なんですよね。平成になってから女の人の体型はフィギュアになっていった。だから，昭和の何か「とんま」なズレた感じが，ゆるキャラだったんじゃないかな。

だから平成の人たちにとって，ゆるキャラなんてもう古いんですよ。「あのオヤジの言ってることズレてる」ってとこなんでしょ。(pp. 384-385)

e. もともと「地方」センスが好きでしたから。「いやげ物」（※もらって嫌なおみやげのこと）を集めていた時も，あれは「貰ってもうれしくない。これ，ゆるすぎだろう」みたいなグッズにこそ魅力があって。(p. 388)

f. （昔の日本は一定延注）面白かったんだよね。そこが，いいゆるさを生んでた。やっぱり（それがなくなった原因は一定延注）インターネットだね。昭和の地方には「バレなきゃいいや」っていうゆるさがあったもの。(p. 389)

g. 地方から色んなゆるいモノが消えていく中で，「ゆるキャラ」だけが最後の砦だったけど，広く知れ渡ったおかげで，もうゆるくなくなっちゃったんだね。(p. 390)

［みうら 2012］

つまり，みうら氏にとっては，ハローキティのような「ゆるく作ってやろう」という意図のもとにプロがきっちり計算してデザインしたものは，ゆるさが認められない（(1.2)（1.3c, g)）。大らかだった昭和の時代に（(1.3f)），田舎の人間が田舎のセンスでデザインすると，イラストレーション研究家・秋山孝氏が指摘されるように（(1.4)），不格好なまずいものができてしまう。

(1.4)　キティの生みの親である清水さんも，美大で絵を学んだ人でした。その造形について，ちゃんと学んでいる。キャラクターは一見シンプルで簡単に見えますから，“誰でも描ける”と思いがちです。だから時々，田舎の町で“我が町のキャラクターを作ろう”というコンクールを開催したりする。募る側も，応募する側も安易に考えていますが，実際に集めてみると，とんでもないものしか集まらない。“いやいや困ったなあ”となるわけです。
[秋山 2002：153]

その不格好なまずいものを，不格好なまずいものとして見逃さず（(1.3b)），しかしそのまずさを，“いやいや困ったなあ”と敬遠するのではなく，敢えて楽しみ愛でる対象としようとする時にはじめて（(1.3a)），そのデザインはみうら氏にとって「ゆるい」ものとなる。価値の無いものを，敢えて楽しみ，価値あるものに変えてみせるという業（わざ）は，みうら氏の真骨頂であり，それは氏の「ヌー銅」（(1.3d)）や「いやげ物」（(1.3e), みうら 1998), そして「カスハガ」（絵葉書の 10 枚セットを作るために無理矢理組み込まれた，カスのような絵葉書，みうら 2006）にも見ることができる。

ところで，みうら氏と対談している犬山秋彦氏にとっては「ゆるキャラ」とは何だろうか？　犬山氏は，ハローキティなどは「ゆるキャラ」ではないと言うみうら氏（前掲（1.2）を参照）に同調する姿勢をとっているように見える（(1.5)）。

(1.5) 犬山：たまに一般名詞と勘違いして，普通に「ゆるキャラ」を使ってる業者いますよね。
[みうら 2012：371]

この対談を収めた著書の別の箇所でも，犬山氏は同様のことを述べている（(1.6)）。

(1.6) 90年代後半に一世を風靡した商業キャラクター「たれぱんだ」を「ゆるキャラ」として［ママ］呼ぶのは，明らかな誤用である。
おそらく文意から察するに，「ゆるキャラ」の部分は「癒し系キャラ」と言い換えるのが適切だろう。
非常にわかりやすい間違え方をしていたので引用させてもらったが，何も著者を責めているわけではない。
むしろこれこそが，ごく一般的な認識なのだ。著者の中野由仁氏はデザイン会社の代表で，自身もキャラクターを手がけているようである。
プロですら間違うくらいだから，一般消費者に理解できないのも無理はない。
[犬山 2012：11-12]

少し気になるのは，犬山氏が第1文で「明らかな誤用」と言い切っているものの中に，一般人（一般消費者）が「たれぱんだ」を単に「ゆるいキャラクタ」と感じ，それを縮めて「ゆるキャラ」と呼ぶことまでが含まれてしまっている点である。確かに，みうら氏と扶桑社が「ゆるキャラ」の商標登録をしていることは，プロのデザイナーなら業務の中で尊重すべきことなのかもしれない。だが，一般人は，必ずしもそのようなキャラビジネスの文脈に生きているわけではない。そして，細い腕を「細腕」と言い，長い机を「長机」と言う権利，つまり「形容詞＋名詞」を縮めて合成名詞「形容詞語幹＋名詞」を作る権利は，日本語を話す我々が等しく持っているものだろう。この権利を商標登録で奪うことはできないし，少なくともみうら氏が望むことでもないだろう。一般人が「一般名詞」として，「ゆるいキャラ」（形容詞＋名詞）から合成名詞「ゆるキャラ」（形容詞語幹＋名詞）を作りそれを口にすることは誤用ではない。

だが，もっと重大なことがある。それは，犬山氏は，実はみうら氏とは相当違った「ゆるキャラ」観を持っているということである。犬山氏は同書の中で，「ゆるキャラ」の定義を，次の（1.7）のように述べている。

（1.7）a.「ゆるキャラ」とは，一言でいってしまえば地域に根差したマスコット・キャラクターのことである。（p. 6）

b.「ゆるキャラ」の定義とは，いったい何なのか？

説明するのは意外と難しい。ひと言で表現するなら「特定の地域を宣伝するために製作されたキャラクター」ということになるだろう。（p. 11）

［犬山 2012］

ここには，「地域」という概念は現れているものの，みうら氏がこだわった，「ゆるさ」の概念は跡形も無く消えている。さらに，みうら氏が「着ぐるみ」という形態には必ずしもこだわらないのとは違って（（1.8）），

（1.8）　立体化しなくても，イラストだけで「ゆるキャラ」っていう考え方もあるから，一人で何百と作り出している人もいるかもしれない。

［みうら 2012：386］

犬山氏は次の（1.9）のように,「着ぐるみ」という条件を「ゆるキャラ」に絶対的なものとし,その過程においてみうら氏の定義を「存在しない」と，完全に否定している。

（1.9）a.　いわゆる「ゆるキャラ本」の第一号である『ゆるキャラ大図鑑』（みうらじゅん／扶桑社）の序文には「ゆるキャラとは全国各地で開催される地方自治体主催のイベントや，村おこし，名産品などのＰＲのために作られたキャラクターのこと。特に着ぐるみとなったキャラクターを指す」と記されている。（p. 13）

b.　しかし注意しなければならないのは「特に着ぐるみとなったキャラクターを指す」の「特に」という部分だ。おそらく本人は「着ぐるみ」を前提に語っているが,「特に」という言葉が紛れ込むことで意味が曖昧となり，必ずしも「着ぐるみであること」が絶対条件ではないような印象を与えている。

さらに2006年にテレビ東京で放映された「ＴＶチャンピオン　ゆるキャラ日本一決定戦」（※現在はDVD『みうらじゅんPRESENTSゆるキャラ日本一決定戦！』に収録されている）の冒頭で紹介される「ゆるキャラ３ヶ条」を紹介しよう。

一，郷土愛に満ち溢れた強いメッセージ性がある事

一，立ち居振る舞いが不安定かつユニークである事

一，愛すべき，ゆるさを持ち合わせている事

ここに提示される言葉は「郷土愛」「ユニークさ」「ゆるさ」と，どれも主観的で曖昧なものばかり。

数値化はもちろんのこと，客観的な評価基準を示しにく

> いものばかりだ。
>
> それもそのはずで，巻末の独占インタビューを読んでいただければわかると思うが，そもそも「ゆるキャラ」そのものが「バカバカしいことを一生懸命やる」というみうら氏ならではの美学に基づいた一種の遊びであり，ここまでメジャーになることは想定されていなかった。
>
> 「3ヶ条」などという，もっともらしい言い回しも面白半分の戯言にすぎず，定義などはじめから存在しないのだ。（pp. 13-15）
>
> ［犬山 2012］

ここから考えられるのは，みうら氏との対談において，ミッキーマウスやハローキティなどを「ゆるキャラ」ではないとするみうら氏に犬山氏が同調したのは，見かけ上のものに過ぎないのかもしれないということである。犬山氏がこれらを「ゆるキャラ」でないと判断した理由は，これらが「地域活性化のための着ぐるみ」でないというものであって，「ゆるさ」は関係無いという可能性がある。

地域活性化の着ぐるみを手がけてきたプロのデザイナーである犬山氏が「ゆるキャラ」を論じるには，どうしてもこのような独自の定義を持ち出さざるを得なかったのかもしれない。だが，みうら氏との対談は，両氏が同じ「ゆるキャラ」を論じているような錯覚を起こさせかねないので，注意が必要である。

以上で示したのは，「ゆるいキャラクタのこと」といった「ゆるキャラ」の理解は十分なものではなく，一般名詞としての「ゆるキャラ」，みうら氏の「ゆるキャラ」，そして犬山氏の「ゆるキャラ」という少なくとも3種の「ゆるキャラ」があるということ，そして，1冊の書物の中でなごやかに「ゆるキャラ」論に興じている2人さえ，「ゆるキャラ」の定義が大きく違い得るということである。我々が「ゆるキャラ」を論じる際には，混乱を防ぐために，その論の目的をまずはっきりさせ，目的に応じた最適の定義を選び，その定義を明記すべきだろう。このことは，「ゆるキャラ」に限らず，「キャラ」を論じる場合全般に言えることである。

第1.2節 登場人物にとって物語は必要か？

みうら氏の定義であれ，犬山氏の定義であれ，「ゆるキャラ」は外来語「キャラ（クタ）」の下位タイプと言えると，第1.1節では述べた。つまり，両氏の定義による「ゆるキャラ」(以下ではこれを単に「ゆるキャラ」と記す）は，登場人物の一種だ，ということである。だが，ここには1つの但し書きが必要である。

みうら氏・犬山氏いずれも，「ゆるキャラ」に「物語に登場する」という条件は付けていない。ここから察せられるのは，ゆるキャラという「登場人物」は，登場すべき物語を必ずしも伴わずに制作され得るということである。この想像は当たっている。

たとえば「すだちくん」【イメージ1.2】である。今でこそすだちくんは，さまざまな人々に出会い，徳島県の名産・すだちに限らず徳島県をPRするという日々の活動によって自ら物語を作りだし，それをツイッターで語っているが（https://twitter.com/sudachikun_offi），デビュー【注4】の時点では，すだちくんには何の物語も与えられていなかった。「地方自治体主催」という枠からは外れるが，オリンピックのキャラクタなどにも同じことが言えそうである。

【イメージ1.2】徳島県のゆるキャラ「すだちくん」

いや，物語と共に制作されるゆるキャラが，いないというわけではない。その中でも秀逸と言えるのが「アナグリ男」である。アナグリ男とは，兵庫県宍粟市が作り出したゆるキャラである。このゆるキャラには，宍粟市が抱える「難読問題」が関係している。

宍粟市の名称は一般に馴染みがなく，1文字目の「宍」は「穴」に，2文字目の「粟」は「栗」に，ともすれば間違えられてしまう。その結果，「宍粟市」はしばしば「穴栗市」と読み違えられ，書き違えられる。宍粟市はこの問題を解決しようと，市政10周年を迎えた2015年4月1日に，「宍」と「穴」の違い，「粟」と「栗」の違いを強調したイメージロゴマークまで作成したが【イメージ1.3】，それで「穴栗市」という間違いが一掃されたという話は聞かない。

【イメージ1.3】宍粟市が2015年4月1日に作成したイメージロゴマーク

[http://www.sankei.com/west/news/150324/wst1503240036-n1.html]

どうしてこんなことになってしまったのか？　それはきっと，アナグリ男のしわざなのである。アナグリ男とは宍粟市を穴栗市に変えてしまおうとする悪の怪人である。宍粟市は同じく市名の難読問題を抱える千葉県の匝瑳市とタッグを組み，アナグリ男を退治するショーをおこなったという。このように，アナグリ男は，「宍粟市を「穴栗市」に変えてしまおうとするが倒される」という物語を背負って誕生している【イメージ1.4】。

【イメージ 1.4】宍粟市のゆるキャラ「アナグリ男」

[http://www.city.sosa.lg.jp/index.cfm/16,28156,249,582.html, 最終確認日：2018 年 5 月 6 日]

しかし，アナグリ男は「悪役」だからまだよいとしても，何かを PR すべきキャラクタの設定が変に凝っていて，自身の「物語」など持っていたりすると，そちらの方に目移りがして，PR 対象がぼやけてしまいかねないだろう。

なぜこのようなことを持ち出すのかというと，この本と時代論との関わりを後ほど（第５章で）紹介するために，この第 1.2 節で「キャラクタ（登場人物）は登場すべき物語を必要とするか？」という争点に前もって触れておきたいからである。まず，物語とキャラクタに関する伝統的な考えを紹介しておこう。

伝統的には，物語とキャラクタは不即不離の関係にあるものと考えられてきた。たとえば，19 ～ 20 世紀の英米文学者ヘンリー・ジェイムズ

(Henry James) は「デキゴト無くしてキャラクタ無し。キャラクタ無くしてデキゴト無し」(“What is character but the determination of incident? What is incident but the illustration of character?”) と述べている (James 1948: 13)。またたとえば，日本の現代作家・新城カズマ氏も「物語とはキャラクターである……少なくとも，キャラクターという観点から物語の構造と本質をよりよく見通し，その作成に役立てることは十分に可能である」「物語とは (ほぼ) キャラクターであり，キャラクターとは (ほぼ) 物語である」と述べている (新城 2009: 6, 168)【注 5】【注 6】。確かに，物語の面白さは，展開とうまく融合するキャラクタを作り出すことに大きくかかっているのかもしれない。新城 (2009) に挙げられているキャラクタの 7 類型，つまり『さまよえる跛行者』『塔の中の姫君』『二つの顔をもつ男』『武装戦闘美女』『時空を超える恋人たち』『あぶない賢者』『造物主を滅ぼすもの』はいずれも単なる人物の類型ではない。たとえば『さまよえる跛行者』は常人が行かないところに行き着き，『塔の中の姫君』を救い出すというように，物語の展開と結びついている【注 7】。

だが，以上のように伝統的に認められてきた，物語とキャラクタの密接なつながりは，いまでは必ずしも認められていない。キャラクタは登場すべき物語をもはや必要としない，という見解があるからである。それはたとえば「物語からキャラクターへ」，つまり 1990 年代中頃から，多くの読者が物語よりも登場人物に自分を寄り添わせるようになってきているという伊藤剛氏の指摘に (伊藤 2003：91)，端的に現れている。またたとえば，この時代を象徴するデ・ジ・キャラット (通称「でじこ」) というキャラクタ【イメージ 1.5】について，東 (2003) では次の (1.10) のように述べられている。

(1.10)　しかもここで興味深いのは，このキャラクターの背景にいかなる物語もないことです。このキャラクターは，実は，特

【イメージ1.5】デ・ジ・キャラット（制作：ブロッコリー）

© BROCCOLI Illust. こげどんぼ*

> 定の作品の登場人物なのではなく,「ゲーマーズ」というゲーム・アニメ系ショップのイメージ・キャラクターです。それが，ある時期よりCMやグッズを中心にブレイクして，いまではアニメやゲームまで作られる人気キャラクターに育ってしまった。九〇年代後半のオタク系文化においては，虚構や物語の重要性が墜落し，かわりにデザインの要素の戯ればかりが優勢になってきた，というのは，実作者でも若いオタクでも口を揃えて言うことです。その変化を象徴するものとして，でじこ以上に適切な存在はありません。
> ［東 2003：31］

このように，人々の嗜好が変化し，物語それ自体よりキャラクタの容姿風貌（「萌え要素」）や設定に心を奪われるようになってきたのは，東氏によれば，経済のグローバル化やITの発展普及と共に進む「モダン（近代）からポスト・モダンへ」という時代の流れによるものらしい。ポストモダンの時代は，「国家＝国民，党，職業，制度そして歴史的伝統などによってつくられていた誘因の極がその誘因力を失」っている（Lyotard 1979：訳42）【注8】。世界を統一的に捉える見方が失われた結果，世界は巨大なデータベースと化し，「世界のどの部分を読み込むかということによって，ひとはいくらでも小さな世界像を読み込むことができる。言い換えれば，神経症的な世界観から多重人格的な世界観に変わっている」「その変化は具体的には，物語の優位からキャラクターの優位へ，作家性の神話から萌え要素のデータベースへ，という一九九〇年代の市場の変化に現れてい」（東 2003：29）るというのが東氏の説明である（東 2003：28-29）。そこでは，萌え要素に「萌える」つまり心躍らせる消費者（オタク）たちが市場を動かす状況は「データベース消費」の状況と呼ばれている（東 2003：33）。

ここで論じられている「世界のデータベース化」や「データベース消費」は，筆者の専門分野から遠く，厳密な吟味は残念ながらできないが，「小さな世界像の読み込み」と言えば，筆者にも思い当たることが無いわけではない。それは，「世界観」ということばが，アニメ，ゲーム，その他の業界において，「断片的」な意味を派生させているということである【注9】。

「世界観」と言えば，経験を積み成長する中で変わっていくもの，若者が酒など飲んで戦わせるもの，つまりこの世界という大きな全体をどう見るか，という意味だったはずである。人生をどう見るかが「人生観」であり，結婚をどう見るかが「結婚観」であり，女性をどう見るかが「女性観」であるように，一般的には，これこれをどう見るかというのが「——観」である。そこに「世界」が入り込んでいるのが「世界観」であり，したがって「世界観」は世界をどう見るかという意味になるはずである。

ところが，「世界観」には，そういった意味とは異なる，別の意味も現れているらしい。たとえば次の（1.11）を見てみよう。

（1.11）最新アルバム『ピカピカふぁんたじん』のリリースにともない，公開されたばかりのリード曲“きらきらキラー”のMVも話題を呼ぶ中，メジャーデビュー以降の彼女の全MVを手がけ，昨年は『MVA』（SPACE SHOWER MUSIC VIDEO AWARDS）でもベストディレクターを受賞した田向潤は，紛れもなくきゃりーぱみゅぱみゅの世界観を作ってきた立役者の一人と言えるだろう。
［http://www.cinra.net/interview/201407-tamukaijun　下線は定延］

ここでは，「きゃりーぱみゅぱみゅ」という歌手のビデオを作ってきた作り手・田向潤氏が，「きゃりーぱみゅぱみゅの世界観を作ってきた」と評されている。

この「世界観」は，世界の富の半分が1%の富裕層に保有されているという事態がどういうことなのか説明してくれないし，宗教対立や食糧問題，エネルギー問題にも無頓着である。ただ，「きゃりーぱみゅぱみゅ」的と感じられる事物や背景を，手を変え品を変えて呈示し続けると，「作った」ことになるのがこの「世界観」である。マンガ誌編集者・マンガ原作者・小説家・評論家を兼ねる大塚英志氏は，この「世界観」を，「設定」を呼び換えたもので，世界が現実世界ではなく，物語の世界である点に特徴があると論じている（大塚 2003：218-221）。これは，世界という大きな全体の中から「きゃりーぱみゅぱみゅ」のイメージに合った断片だけを選び取り，継ぎ合わせていくことで作り出される「世界」のイメージと言うこともできるのではないか。だとすれば，ここでは，大きな全体としての世界が「データベース的」な扱われ方をしているように見える【注10】。

東氏の言う「世界のデータベース化」は，しかしながら，「キャラクターには物語は不要」という考えとは切り離して理解すべきものかもしれない。「データベース消費論」が物語不要論という文脈で展開されたことには，反対の声が上がっているからである【注11】。宇野常寛氏は，登場人物が物語から独立するというのは「幻想ではないだろうか」と述べ，登場人物は「物語とその共同性から無縁ではいられないのだ」と繰り返し論じている（宇野 2008：43, 47）。氏の考えがよく現れていると思える箇所を次の（1.12）に挙げておく。

（1.12）　データベース消費モデルは，むしろ物語の力を肥大させるのだ。キャラクターは決して「小さな物語」（定延注：個々の作品で展開する物語）を超越しない。個々の小説，映画，漫画作品を越境して共有されることはあったとしても，それらの作品を規定している共同性を決して超越することはない。キャラクターは表現の空間からは独立するかもしれないが，物語には隷属するのだ。

［宇野 2008：48］

以上で示したように，「キャラクタ（登場人物）は登場すべき物語を必要とするか？」という論点は，伝統的には必要説が説かれてきたが，ポスト・モダンの現代ではもはや不要と主張する立場（伊藤 2003・東 2003）が現れ，さらにその主張を批判する立場（宇野 2008）が現れるという形で争われている。こうした議論のゆくえは，先の（1.12）に即して言うなら「物語」「超越」「隷属」といった概念の定義次第で大きく左右されるだろう。コミュニケーションと言語を射程とするこの本では，この論点にこれ以上立ち入ることはできないが，キャラクタ（登場人物）が「物語を超越している」のか，それとも「物語に隷属している」のかという判断が微妙になりそうな具体例を後で見ることになる。

そのためにも，伊藤剛氏の「キャラ」（Kyara）を「キャラ2」として，次の第2節で紹介しておこう。

第2節　キャラ2：伊藤（2005）のキャラ（Kyara）

伊藤剛氏の「キャラ」（Kyara）は，「キャラクタ（登場人物）は一つの物語を超え，複数の物語にまたがって存在し得るのか？」という問題に深く関係する概念である。この問題は，第1.2節で紹介した「キャラクタ（登場人物）にとって物語は必要か？」という問題とは別物だが，これら2つの問題は「キャラクタ（登場人物）は物語から独立できるか？」という大きな問題の二つの面と言える。

いや，もちろん，キャラクタ（登場人物）は複数の物語にまたがって存在し得る。たとえば，週刊誌で第1話，第2話と話が進むにつれ人気が高まったマンガ『どくろ仮面』がアニメ化されてテレビ番組となり，さらに映画化を果たして……といったパターンは，我々にとってありふれた，ごく身近なものである。そこでは，主人公「どくろ仮面」がマンガ第1話，第2話，テレビ番組，映画と，複数の物語にまたがって存在している。先の（1.12）で宇野常寛氏が「（登場人物が）個々の小説，映画，漫画作品を越境して共有されることはあったとしても」と，あらかじめ可能性として認めているのも，まさにそれである。では，キャラクタ（登場人物）のそうした「越境」は，どのように可能になっているのだろうか？

「物語からキャラクター（登場人物）へ」という指摘の主として，第1.2節で紹介したマンガ評論家・伊藤剛氏は，この問題に対する解答でも広く知られている。この解答は，キャラクタ（登場人物，character）とは別に「キャラ（Kyara）」という氏独自の概念を導入するというものである。伊藤氏による「キャラ（Kyara）」の定義を（1.13）に挙げる。

（1.13）　多くの場合，比較的に簡単な線画を基本とした図像で描かれ，固有名で名指されることによって（あるいは，それを期待させることによって），「人格・のようなもの」としての存在感を感じさせるもの
[伊藤 2005：95]

ここで定義されている「キャラ（Kyara）」は，「マンガAで描かれているこの登場人物と，マンガBで描かれているこの登場人物は，同一の人物だ」「マンガAの第1話で描かれているこの登場人物と，第2話で描かれているこの登場人物は，同一の人物だ」，もっと細かく言えば「マンガA第1話の，このコマで描かれている人物と，このコマで描かれている人物は，同一の人物だ」と我々が認識するために必須のものである。つまり「キャラ（Kyara）」は，マンガがバラバラの絵の集まりとしてではなく，マンガとして成立するために必要な，登場人物のアイデンティティ（同一性）の基礎をなすものと位置づけることができる。マンガ世界の「キャラクタ（登場人物）」は，この「キャラ（Kyara）」を基盤にしていると伊藤（2005）では述べられている。「キャラクタ（登場人物）」の定義を（1.14）に記す。

(1.14)「キャラ」の存在感を基盤として，「人格」を持った「身体」の表象として読むことができ，テクストの背後にその「人生」や「生活」を想像させるもの
[伊藤 2005：97，傍点は伊藤氏による]

（1.14）の冒頭部，キャラクタ（登場人物）が「「キャラ」の存在感を基盤として」という箇所を見るだけでも，伊藤（2005）の中でキャラ（Kyara）とキャラクタ（登場人物）が区別されていることがわかるだろう。日常語の「キャラクタ（登場人物）」が，伊藤氏の用語法でもやはり「キャラクタ」になることも，併せて記されている（p. 97）。

伊藤（2005）によるキャラ（Kyara）の定義は高度に抽象化されているので，これをよりよく理解するために，具体例を一つ挙げておこう。

それは，2015年にテレビから採った，家庭教師派遣会社「家庭教師のトライ」のアニメ・コマーシャルである。そのコマーシャルでは，有名なアニメ『アルプスの少女ハイジ』に登場していた重厚にして寡黙な老人「アルムおんじ」が，「トライは入会金が無料！ Hey! Yo! おんじは感無量！ この春だけトライは無料！ チェッチェケ，チェケチェケチェ……」などと軽快なラップでトライの宣伝文句を口走り，少女ハイジを唖然とさせる。

アニメ『アルプスの少女ハイジ』を知っている者（日本語母語話者）は，このコマーシャルを観ると「えっ，あのアルムおんじが?!」と驚く。ハイジの驚きもこのアルムおんじの変容ゆえのものである。だが，ここに現れているのは別人ではない。紛れもなく『アルプスの少女ハイジ』の登場人物，アルムおんじである。なぜそれが分かるのか。それは，『アルプスの少女ハイジ』に現れていた白髭の老人と，このコマーシャルに現れている白髭の老人が，同じ外見をしているからである。これが伊藤氏のキャラ（Kyara）である。伊藤氏のキャラ（Kyara）は，マンガの登場人物の同一性（アイデンティティ）を支える描画的基礎と言うことができるだろう。

第2.1節 さまざまな「拡大解釈」とその検討

外来語「キャラ（クタ）」（登場人物）とは別に「キャラ」（Kyara）という新概念を設けるという伊藤（2005）の措置は，マンガ論を越えて諸方面の論者に注目され，たとえばこの第1章冒頭で表紙を紹介した暮沢（2010：27-28）には「伊藤の示した図式が，現代社会全般を扱いうるだけの射程を持っていることは確かなようである」とあるように，さまざまな形で「拡大解釈」されて援用されている。それらの代表として，ここでは，相原（2007）・土井（2009）・暮沢（2010）の3例をごく簡単に紹介し，それらに見られる援用が伊藤氏の「キャラ」(Kyara) 概念をどこまで忠実に踏襲しているのかを検討しよう。

まず，相原 (2007) について。相原 (2007) では，「キャラ化」つまり「現実社会をキャラ的に生きる生き方」(p. 178) をキーワードに，さまざまな世相が論じられている。日本の社会が「キャラ」を切り口に論じられるということは，もはや今日では珍しいと言えないかもしれないが，その中でも相原 (2007) は，扱う現象の多様さという点で異彩を放っている。具体的に言えば，人々が「生身の自分」よりも「キャラとしての自分」に親近感やリアリティを感じるようになる現象が「アイデンティティのキャラ化」として，また，マンガの中で描かれる「キャラ的身体」が人々のあこがれの対象となり，実写ドラマ化という形で「生身の身体」がそれを追いかける現象が「身体のキャラ化」として，そして最近の若者たちによるコミュニケーションの皮相化という現象が「コミュニケーションのキャラ化」として扱われている。さらに，マンガを地で行くような「政治のキャラ化」，新興企業が実体とかけ離れた魅力的な企業イメージで膨張する「経済・企業のキャラ化」，人々が「全体」にではなく「部分」(キャラ属性) にしか魅力を感じなくなる「消費のキャラ化」と，実に様々な現象が「キャラ化」というキーワードのもとに取り上げられている。

そうした「キャラ化」の前提となる「キャラ」が説明される箇所では，伊藤 (2005) による「キャラ」(Kyara) と「キャラクタ」(登場人物) の区別が紹介されており (pp. 120-124)，どうやら伊藤 (2005) の「キャラ」(Kyara) が導入されているようである。もちろん，伊藤 (2005) の区別がマンガ論の中でなされたものである以上，相原博之氏がそれを自説に取り込む際に「拡大解釈」すること自体は批判されるべきことではないだろう。だが，相原氏の「拡大解釈」の内容は，明確なものとは言い難い。たとえば「蛯原友里というキャラクターと「エビちゃん」というキャラとが別の存在である」（p. 148）と述べられているあたりは【注 12】，伊藤氏の区別とはかけ離れた話だろう。

むしろ相原氏の「キャラ化」は，氏の申し立てとは別に，「キャラクタ（登場人物）化」と考える方が，まだ理解できる。というのは，氏の「キャラ化」は「単純化・皮相化」と言い換えるとわかりやすくなるからである。本来的には，物語の世界は現実世界以上に複雑になり得る世界であり，物語世界における登場人物も，現実世界に住む我々以上に複雑になり得る存在ではあるが，多くの物語世界の，多くの登場人物は「まえがき」でも述べたように，深みの無い扁平な存在に単純化されている。主人公はともかく，脇役の登場人物が各々さまざまな面を持ち，ひとことでは語れないようでは物語はうまくいかないだろう。相原氏の観察をどうしても「キャラ」あるいは「キャラクタ」と結びつけねばならないとすれば（そのような必要性は筆者には感じられないが），最もふさわしいのは，登場人物を意味する「キャラ（クタ）」だろう。

次の（1.15）のように，相原氏は伊藤氏による「キャラ」（Kyara）定義を紹介した上で，「簡単」という箇所を特に取り上げている。「簡単」ということを拠り所として，相原氏は伊藤氏の「キャラ」（Kyara）を取り込もうとしているようである。

（1.15）　伊藤のキャラの定義を聞いて，すぐに，いわゆるファンシーキャラを連想した人も多いのではないだろうか。

「比較的に簡単な線画を基本とした図像」であって，かつ「固有名」がつくことで，「人格」に近いものを感じさせると言えば，ハローキティやリラックマといった非アニメ的なキャラを想像させる。

また，社会がキャラ化するということは社会が「比較的に簡単な線画」で描けるようなものになるという意味に置き換えることもできる。これは，もちろん「キャラ化した人間」

に置き換えても同様だ。「比較的に簡単な線画」で描かれた「人格・のようなもの」たちが闊歩（かっぽ）する社会，それは言うまでもなくインターネットや携帯電話上の人間関係ではないだろうか。

［相原 2007：123-124］

だが，この点において相原氏は伊藤氏の「簡単」という概念を取り違えているのではないか。既に第1.1節で秋山孝氏の指摘を紹介して述べたことだが（(1.4）を参照)，ハローキティなどの「キャラクターは一見シンプルで簡単に見え」るが，実は「美大で絵を学んだ」「造形について，ちゃんと学んでいる」清水侑子氏が制作したもので，誰にでも描けるわけではない。それは海外で時折見かけるキャラクタ・グッズの模造品を，僅かな輪郭や目鼻のズレにより「ニセモノ」と感じる我々も，よく知っているはずのことである。ハローキティはプロが入念な計算により作り上げたものであり，だからこそ，みうらじゅん氏はここに「ゆるさ」を認めようとしないのではなかったか。相原氏は伊藤氏の「簡単な線画」を文字通り簡単なものと理解しているようだが，結果としての線画が簡単なものであっても，そのデザインが簡単ということにはならないだろう。

次に，土井（2009）について。土井（2009）は「内キャラ」と「外キャラ」という2種類のキャラ概念を考案し，(1.16）のように，「内キャラという固定的な人格イメージを人生の羅針盤に据えようとする心性」が，若い世代に限らず日本社会に広く見られると言う。

(1.16)　また，男ならイケメンかキモメンか，女ならモテか非モテか，今からの努力では変更が不可能と思われるような固定的な属性で，卑近な対人関係だけではなく，自分の人生までも大きく左右されるかのように考える若い人たちも増えています。自由意思にもとづいて主体的に選択されたものとしてではなく，生まれもった素質によって宿命づけられたものとして，自分の人生の行方を捉えようとする人びとが増えているのです。このような現象は，内キャラという固定的な人格イメージを人生の羅針盤に据えようとする心性がもたらした帰結の一つといえるでしょう。

では，このような心性は，若い世代の人びとだけに特有のものなのでしょうか。現在の日本を見渡してみると，じつはそうではないことに気づかされます。よく目を凝らせば，日本社会のさまざまな領域に，この心性の影を見てとることができるのです。

[土井 2009：36]

では「内キャラ」とは何か？ ここでもまた，相原（2007）に対して述べた不満を繰り返さなければならないが，残念なことに，初出時点で特に説明がなされているわけではなく，はっきりした定義はなされていない。

「内キャラ」と対置されている「外キャラ」も，特に説明はされていない。次の（1.17）は「外キャラ」の初出部分，（1.18）は「内キャラ」の初出部分である。

(1.17) こうしてみると，キャラクターのキャラ化は，（中略）【注13】価値観の多元化によって流動化した人間関係のなかで，それぞれの対人場面に適合した外キャラを意図的に演じ，複雑になった関係を乗り切っていこうとする現代人の心性を暗示しているようにも思われます。

[土井 2009：23]

(1.18) アイデンティティは，いくども揺らぎを繰り返しながら，社会生活のなかで徐々に構築されていくものですが，キャラは，対人関係に応じて意図的に演じられる外キャラにしても，生まれもった人格特性を示す内キャラにしても，あらかじめ出来上がっている固定的なものです。したがって，その輪郭が揺らぐことはありません。状況に応じて切り替えられはしても，それ自体は変化しないソリッドなものなのです。
[土井 2009：24]

詳しい定義など無くても，土井氏の論は或る程度は理解できる。おそらく土井氏は徹底したインタラクション志向なのだろう。上の（1.18）の冒頭にあるように，アイデンティティは予め定まっているものではなく「社会生活のなかで」構築されていくものであり，「そもそも自己とは，対人関係のなかで構築されていくものです」（p. 60）と土井氏は論じている。そしてコミュニケーション能力についても，「コミュニケーション能力は，相手との関係しだいで高くも低くもなりうるものです。それは，じつは個人が持っている能力ではなく，相手との関係の産物なのです」（p. 18）と説いている。

だが，詳しい定義がないと，やはり理解困難な箇所が残ってしまう。次の（1.19）は，（1.18）の直前にある一文だが，その最終部では，人格のイメージがキャラの寄せ集めだとされている。

(1.19)　それに対して，今日の若い世代は，アイデンティティという言葉で表わされるような一貫したものとしてではなく，キャラという言葉で示されるような断片的な要素を寄せ集めたものとして，自らの人格をイメージするようになっています。

［土井 2009：23-24］

しかし，先に挙げた（1.18）では，人格のイメージこそ「内キャラ」とされていたのではなかったか。たとえば，タカラトミー製の着せ替え人形玩具「リカちゃん」に対する，次の（1.20）のような土井氏の論を理解困難に感じてしまうのは筆者だけだろうか。

(1.20) しかし，平成に入ってからのリカちゃんは，その物語の枠組から徐々に解放され，現在はミニーマウスやポストペットなどの別キャラクターを演じるようにもなっています。自身がキャラクターであるはずのリカちゃんが，まったく別のキャラクターになりきるのです。これは，評論家の伊藤剛さんによる整理にしたがうなら，特定の物語を背後に背負ったキャラクターから，（中略）どんな物語にも転用可能なプロトタイプを示す言葉となったキャラへと，リカちゃんの捉えられ方が変容していることを示しています。（中略）このような現象は，物語の主人公がその枠組に縛られていたキャラクターの時代には想像できなかったことです。
［土井 2009：22-23］

ここではリカちゃんがミニーマウスに「なりきる」と表現されているが，ミニーマウスのように，リカちゃんに黒い大きな鼻ができたり，リカちゃんの口が顔幅いっぱいに裂けたりしているわけではない。ここで話題にされている商品「リカちゃんミニーマウスだいすき！」を見るかぎりでは，リカちゃんはリカちゃんであって，ただ「ミニーマウスだいすき！」とばかりに，ミニーマウスのコスプレ（コスチューム・プレイ）をして遊んでいるに過ぎない。他の物語の登場人物のコスプレをすることが「キャラクターからキャラへの変容」と呼べるとしても，その「キャラ」は本当に伊藤（2005）が定義した「キャラ」と言えるのだろうか。

いま取り上げた(1.20)では，伊藤氏への言及が見られたが，土井(2009)には他にも，伊藤（2005）の「キャラ」定義が意識されているように見える箇所がある。次の（1.21）を見られたい。

(1.21)　私たちの日々の生活を顧みても，ある場面にいる自分と別の場面にいる自分とが，それぞれ異なった自分のように感じられることが多くなり，そこに一貫性を見出すことは難しくなっています。それらがまったく正反対の性質のものであることも少なくありません。最近の若い人たちは，このようなふるまい方を「キャラリング」とか「場面で動く」などと表現しますが，一貫したアイデンティティの持ち主では，むしろ生きづらい錯綜(さくそう)した世の中になっているのです。

しかし，ハローキティやミッフィーなどのキャラを思い起こせばすぐに気づくように，最小限の線で描かれた単純な造形は，私たちに強い印象を与え，また把握もしやすいものです。生身のキャラの場合も同様であって，あえて人格の多面性を削ぎ落とし，限定的な最小限の要素で描き出された人物像は，錯綜した不透明な人間関係を単純化し，透明化してくれるのです。

また，きわめて単純化された人物像は，どんなに場面が変化しようと臨機応変に対応することができます。日本発のハローキティやオランダ発のミッフィーが，いまや特定の文化を離れて万国で受け入れられているように，特定の状況を前提条件としなくても成り立つからです。生身のキャラにも，単純明快でくっきりとした輪郭が求められるのはそのためでしょう。

[土井 2009：24-25]

第2段落の「最小限の線で描かれた単純な造形」に，伊藤（2005）の「キャラ」（Kyara）の定義中の「比較的に簡単な線画を基本とした図像」との類似を感じるのは筆者だけではないだろう。もっとも，ここでハローキティやミッフィーが「単純な造形」とされている点は，相原（2007）と同様の誤解を疑わせると言わざるを得ない。

最後に，暮沢（2010）について。暮沢（2010：27-28）に「伊藤の示した図式が，現代社会全般を扱いうるだけの射程を持っていることは確かなようである」とあることは既に述べたが，それは上述の土井氏の論考が紹介された上でのことである。それだけに暮沢（2010）の中で伊藤（2005）と土井（2009）がどのように咀嚼されているのか，多くの読者は知りたく思うだろうが，それは明らかにされていない。暮沢（2010）の考察はヤンキー文化やパチンコにまで及ぶものの，中心となっているのはキャラクタ（物語の登場人物）の歴史的系譜や人気の背景である。この第2章冒頭で挙げた表紙の【イメージ1.1】からすればまったく意外なことだが，伊藤（2005）の「キャラ」への言及は限定的である。

「キャラクタ」（登場人物）とは別に「キャラ」を設けるという伊藤剛氏のアイデアが，マンガ論を越え，相原（2007）・土井（2009）・暮沢（2010）など諸方面の論者に援用されていったことは，それだけこのアイデアのインパクトの大きさを示している。だが，それらの論者の中で伊藤氏の「キャラ」（Kyara）概念がどれだけ厳密に理解されているか，あるいは拡大解釈が施されたにしても，その「拡大」ぶりがどれだけ明示的に述べられているかは，疑問と言うより無い【注14】。そのことが，各論者のせっかくの分析をわかりにくいものにしてしまっているようである。

伊藤氏の「キャラ」（Kyara）の概念は，実は純粋に形式的な概念とは言い切れず，フォースターの「扁平」（flat）な登場人物（まえがき【注3】

を参照）を感じさせる記述もあると指摘されている（岩下 2013：126）。だが，そのような「揺れ」を伊藤氏の「キャラ」が持っているとしても，それは上記の「拡大解釈」を正当化するものではないだろう。

第 2.2 節　登場人物の変化

先に述べたように，相原（2007）の「キャラ」は伊藤（2005）の「キャラ」（Kyara）というよりは，外来語「キャラ（クタ）」の方がまだ近いように思える。また，暮沢（2010）には伊藤（2005）の「キャラ」（Kyara）への依存が実質的に見られない。では，土井（2009）の「キャラ」はどうか？

土井（2009）の論は「キャラ」論というより，「内キャラ・外キャラ」論であり，内キャラは人格に近く，そして外キャラは，次の第 3 節で詳しく紹介する筆者の「キャラ（クタ）」と重なるところが大きい。筆者の「キャラ（クタ）」とは言っても，これが，特に若年層がよく口にする日常語「キャラ」と等しいということは，この第 2 章の冒頭でも述べてきたことである。土井（2009）の論が「最近の若い人たちがよく使用する「キャラ」という言葉をキーワードに」（土井 2009：3）なされたものであるなら，筆者の「キャラ（クタ）」との類似は，不思議なことではないだろう。

筆者の「キャラ（クタ）」を詳しく紹介する前に，まず，具体例を挙げておこう。といっても，それは既にこの第 2 節冒頭で挙げた，アルムおんじの例である。

「家庭教師のトライ」のテレビコマーシャルを観て我々が「えっ，あのアルムおんじが ?!」と驚けるのは，アニメ『アルプスの少女ハイジ』に登場していた白髪の老人と，「家庭教師のトライ」のテレビコマーシャルに登場している白髪の老人が，伊藤（2005）のキャラ（Kyara）に関して同じであればこそであった。『アルプスの少女ハイジ』に登場していた寡黙なアルムおんじと同じ人物が，軽快にラップを口ずさむので，その変化が我々を驚かせる。

若者なら「アルムおんじ，キャラ変わってるじゃん！」などと言うところだろう。若者の言う「キャラ」とはこういうものであり，つまり筆者の言う「キャラ（クタ）」もこういうものである。結局のところ，「家庭教師のトライ」のテレビコマーシャルという或る短い物語における登場人物・アルムおんじは，アニメ『アルプスの少女ハイジ』という別の物語の登場人物・アルムおんじと，伊藤（2005）の「キャラ」（Kyara）が同じで，筆者の「キャラ（クタ）」が異なるということになる。

「家庭教師のトライ」のテレビコマーシャルを観てしまった我々は，今度，アニメ『アルプスの少女ハイジ』を鑑賞する場合には，寡黙なアルムおんじを見て「この人，これで結構ラップなんか歌って，ふざけちゃうことあるんだよな」などと思うだろうか？　あるいは，「あれはあれ。これはこれ」と，別物としてきっちり区別するだろうか？　キャラクタ（登場人物）が「物語を超越している」のか，それとも「物語に隷属している」のかという議論は，このような問題と無縁ではないだろう。

第3節　キャラ3：状況次第で意図と関わり無く変わる人間の部分

近年の日本では，以上の第2節で紹介した伊藤剛氏の「キャラ」（Kyara）以外にも，新しい「キャラ（クタ）」が生まれている。それは，研究者が分析のために鋳造したというよりも，日本語話者たち，特に若者たちが作り出したものである【注15】。筆者は自身のコミュニケーション研究や言語研究の中でこの概念の有用性に気づき，自身の専門語「キャラ（クタ）」をこの意味だけで用いている（例：定延 2011; 2016）。以下，これを「キャラ3」として紹介する。

キャラ3の発生プロセスについては後ほど検討するが（第5章第3節），発生時期についてはほぼ20世紀末と見てよいようである。瀬沼文彰氏は『現代用語の基礎知識』（自由国民社）や新聞記事，研究文献における語「キャラ」の意味調査に基づき，若者が自分や友人のあり方を1999年頃から「キャラ」と呼び始めたとしている（瀬沼 2007：181-182）。また，イレーナ・スルダノヴィッチ（Irena Srdanović）氏によれば，「現代日本語書き言葉均衡コーパス」（BCCWJ，Maekawa *et al.* 2013）には「キャラ」「キャラクター」が1980年代から現れているが，顕著な普及は2000年からであり，「キャラ」の方が「キャラクター」よりよく普及している（スルダノヴィッチ 2018：49）【注16】。

以下では，まず「キャラ3」概念の概要を述べた上で（第3.1節），「スタイル」「人格」と対比することによりその特徴を明らかにする（第3.2節）。

第3.1節　「キャラ3」概念の概要

「キャラ3」が意味するのは「病理的な事情無しに，状況に応じて非意図的に変わる人間の部分」である。インターネットに見られる例を見てみよう。

次の例（1.22）は，個人のブログから採った文章である。文章中，以下で直接言及される箇所には下線を付しておく（例（1.31）まで同様とする）。

(1.22) こないだの温泉同好会ではかなりひかえた
12歳も年下の男子を引き連れて温泉行くなんて犯罪だわ～
と思っていたから。
でもでも，なぜか「姉御キャラ」になっていく私
これが諸悪の根源ですよ（中略）
別に奥ゆかしくもないし，静かでもないけど
私は姉御でもなけりゃあ，肉食系女子でもないんです
[http://ameblo.jp/kschaitian/entry-11170734947.html，最終確認日：2012年5月3日]

ここに見られる「キャラ」という語は，「(病理的な原因無しに) 状況に応じて非意図的に変わる人間」を意味している。「状況に応じて」と言えば，いかにも巧みにうまく変わっているようだが，実はそうとは限らない。なぜなら，この例の書き手は，自分が特定のグループ内で「姉御キャラ」になっていくことについて，その理由が自分にはわからず(「なぜか」)，自分の望むところでもない（「これが諸悪の根源ですよ」）と述べているからである。

次の例 (1.23) は，匿名性の高い電子掲示板「5 ちゃんねる」（旧「2 ちゃんねる」）【注 17】への書き込みから採ったもので，「バイトと普段のキャラ違う奴来い」という話題の元に書き込まれた全 10 個の文章からの抜粋である。

(1.23) バイトと普段のキャラ違う奴来い

　１：こたぬき：12/06/03 15:37 ID: 主

主はバイトではめちゃくちゃ暗いジミーだが学校では騒がしいキャラみんなはどう？

　２：こたぬき：12/06/03 15:41

むしろ家，バイト，彼氏，学校全部キャラが違う

　７：こたぬき：12/06/03 16:13

私のためのスレかと思った。なんでだかわからないけど自然とバイト先では無口になっちゃうんだよなぁ

10：こたぬき：12/06/03 16:22

バイト→愛想良い，ハキハキしてる

家→何もしないだらしない

友達→姉御，エロ，サバサバ

彼氏→デレデレ甘えたキス魔泣き虫

使い分けないとね

［http://new.bbs.2ch2.net/test/read.cgi/kotanuki/1338705429/］

これらの書き込みのうち，1の書き手は，バイト先で自ら意図して「めちゃくちゃ暗いジミー」つまり地味なキャラになっているわけでは大抵ないだろう。いや確かに，たとえば「このバイトの職場では，ヘタに目立つと先輩たちからいじめられそうだ」といった判断のもとで，暗く地味なキャラが戦略的に望まれ意図されるということはあり得るが，ただ暗いのではなく「めちゃくちゃ暗い」ことまでが望まれ意図されるということは，あまり無いだろう。むしろ，よりありそうに感じられるのは，バイト先で，学校とは違ったメンバーたちに囲まれて何となく気後れが重なるうちに，「おまえって，めちゃくちゃ暗いよなぁ」などとキャラを決めつけられ，なりたくもない「めちゃくちゃ暗い」地味なキャラに，意図せずになってしまったという展開である。

これと比べると2は，より多くのキャラが挙げられているが，それが意図的なものか否かはよくわからない。以下，このような書き込みは省くと，「なんでだかわからないけど自然と」と，非意図性が明記されている7が残る。これと対照的なものが10であり，ここでは最後に「使い分け」という，変化の意図性を示す記述がある【注18】。このように，「キャラ」の変化と言われているものの中には，非意図的で自然なもの（すなわち「キャラ3」の変化）だけでなく，実は意図的な演技・偽装も含まれているので，注意が必要である。

意図的か非意図的かの境界が，本人にも判然としないということもあるだろう。次の例（1.24）は，インターネット上のQ&Aサイト「Yahoo!知恵袋」【注19】に寄せられた相談の書き込みで，以前は意図的だったはずだが今は非意図的という例である。

(1.24) i_l******** さん　　　　2013/4/21　09:44:02

> 相手ごとにキャラを変えて八方美人していたら，多重人格っぽくなってしまいました。とてもムラがあってちぐはぐです。どうすればいいですか。
> 治したいです
> よくある自己防衛や逃避のために人格を作って，入れ代わってる間記憶がないみたいな感じではなく，沢山のキャラがいて，それが相手や気分でコロコロ変わります。昔は演じている自覚があったのですが，今はそれが普通になってしまいました。勿論記憶はありますが，後日思い返してみると，（少なくともその時の）自分の意見とはかなり食い違っていたりします。
> 基本的に相手の望む自分になっているみたいなんですが，完璧に出来ておらず，前回と意見や態度が全然違って相手を困惑させてしまう時がたまにあります。
> 太宰の人間失格にあるように，なにやら疲れる生き方のようなので何とか変えたいです。
> 物心ついたころからずっとこうなので最早受け入れるべきですかね？
> [https://detail.chiebukuro.yahoo.co.jp/qa/question_detail/q12105995252]

ここでは，キャラの変化について，「昔は演じている自覚があった」が「今はそれが普通になっ」てしまったと記されている。また，自らのキャラの変化に本人が満足しておらず「治したい」「何とか変えたい」と記されており，悩んでいることが文章全体に現れていることからも，現在は非意図的と判断してよいだろう。

このような微妙なケースをも含めて，一般に「キャラ」の変化と呼ばれる事象を全体的に捉えるには，瀬沼（2018）のように，意図的な場合だけでなく非意図的な場合をも含む広い意味を持つものとして「演技」という専門語を認めてしまうやり方（序章第4節参照）が得策なのかもしれない。だが，瀬沼氏とは異なり，筆者の問題意識は序章第1節で述べたように，「非意図的な場合」があるということ，つまり人間が演技ではなく（そして病理的な場合を別にしても），状況次第で変わってしまい得るという一事に関わっている。そのため，以下では意図的か非意図的か微妙なケースは排除して，「意図的」ということをどのように広く捉えようともそこに含まれず，「非意図的」としか思えないケースを取り上げていく。

次の例（1.25）～（1.28）は，例（1.24）と同様に「Yahoo! 知恵袋」に寄せられた，類似の相談の書き込みを（関連しない部分は削除して）年代順に示したものである。以下，一例ずつ，非意図性を確認しておこう。

（1.25）pur******** さん　　　　　　2009/6/28　15:28:29

キャラが変わる人いますか？私は，普段のキャラ（職場，家族，友人への態度）と，彼氏に見せるキャラが，ものすごく違います。

普段は，どちらかというと辛口だし，周囲に年下が多いせいもあって，「姐さんキャラ」で通っている私。家でも，母親につっこみを入れる側。

でも，彼氏（交際2年）の前では，完全にのんびりほんわかキャラになって，口調まで変わってしまいます。彼氏は，私のこういう雰囲気やしゃべり方が好きだと言っています。

とはいっても，彼氏に気に入られようとして作ったキャラではなく，恋愛モードになると自然と甘えてしまうのです。自分にとっては，それが自然だったので，今まで気にもとめていなかったのですが，彼氏を家族や友人に紹介することになって，急に不安になってきました。

人前で甘えるのは，恥ずかしいから，普段の「姐さんキャラ」でいるしかありません。彼氏には，普段の私は，もっとしっかりしてるし，もっと早くしゃべるし，って話してはありますが，あまりのギャップに彼氏がショックを受けそうで，正直気が重いのです。
私と同じように，キャラが変わる方，または，キャラが変わる彼女を持っていて驚いたことがある方，いらっしゃいませんか？体験談や失敗談などを聞かせていただけませんか？
［https://detail.chiebukuro.yahoo.co.jp/qa/question_detail/q1427726474］

ここでは，自分が恋人の前では普段とは異なるキャラであることについて，「彼氏に気に入られようとして作ったキャラではなく」「自然」なものだと明記されているので，キャラの変化は非意図的なものと判断してよいだろう。

次の例（1.26）ではネット上に広く見られる，自身の変わりやすさに対する悩みが述べられている。

（1.26）pin******** さん　　　　　2010/8/8　11:21:26
相手によってキャラが変わってしまう，そんな人はやっぱり付き合いにくいですか？
大学一年の女です。私は相手によって性格というか<u>キャラが変わってしまうようで</u>，そのことで最近<u>ずっと悩んでいます</u>…。
変わってしまうと言っても，嫌な人に対して愛想悪く接するとか，そういうことではありません。ある人にはいじられ，ある人の前では盛り上げ，ある人の前では控えめに…というような感じです。

[https://detail.chiebukuro.yahoo.co.jp/qa/question_detail/q1244934162]

ここで述べられているキャラの変化は，「変わってしまうようで」と，「よう」という推察のことばが現れていることから，完全に自覚的なものではないと判断できる。また，しばしば悪いイメージを伴う「てしまう」が現れているだけでなく【注20】，「ずっと悩んで」いるとされることから，意図されたものでもないと判断できる。

次の例（1.27）も上の（1.26）と同じく，自身の変わりやすさが相談の内容になっている。

(1.27) mah******** さん　　2012/2/3　10:11:39

二重人格でしょうか？私はその都度性格がコロコロ変わります。あるときはすごくサバサバした男っぽいキャラだったりあるときは甘えん坊な女の子のキャラだったり・・・自分でも自分がよくわかりません。。二重人格なんでしょうか？

[https://detail.chiebukuro.yahoo.co.jp/qa/question_detail/q1280701552]

ここでは，自身のキャラの変化について「自分でも自分がよくわかりません」と述べられており，これが意図された演技・偽装でないことがわかる。自分が状況に応じて意図的におこなう演技が我ながらあまりにも多彩だというのなら，「二重人格」を疑うこともなく，悩み相談もしないだろう。

次の例（1.28）では「統合失調」が疑われている。

(1.28) ten******** さん　　2013/4/4　19:13:33

質問です。話す人やテンションによって，なんかキャラが変わるのですが，これって統合失調になるような人にありがちな傾向なんでしょうか？自分じゃコントロールできないんですよね＾＾；
補足
たぶん中学くらいからです。
[https://detail.chiebukuro.yahoo.co.jp/qa/question_detail/q12105098517]

ここには，自身でよく把握できていないことを示す語「なんか」が現れており，「自分じゃコントロールできない」と，意図性が明確に否定されている。

以上のような投稿は「Yahoo! 知恵袋」に限って見られるというわけではない。次の例（1.29）は，「Excite お悩み相談室」【注 21】という別のサイトに寄せられた相談である（「Yahoo! 知恵袋」の諸例とは異なり投稿年月日は最後に掲載されている）。

(1.29) 関わる相手によって自分の性格が大きく変わることに悩んでいます。
はじめてご相談させていただきます。
現在 24 歳の会社員です。
私は自分と話す相手によって，自分の振る舞いが自然と大きく変わります。
無意識に相手とテンションを合わせることはもちろん，
自分の趣味趣向，キャラクターまで大胆に変わる時があります。
高校生の頃，自分のこの性質に気が付きました。
中学の一時期いじめに巻き込まれてしまい，悩んだり奮闘したりする以前はこんな傾向は無かったように思います。

> 現在は友達に恵まれているのですが，何人かからは「ガラッとキャラが変わるからこわい」と言われてしまったこともあります。
> 職業柄，多くの人と一度に話すことも多いのですが
> 無理に社交性を発揮してその後ものすごく疲れてしまいます。
> そして，自分の性格が自分でもわからず落ち込んでしまいます。
> 自分が信用ならないという気持ちになります。
> 人間に多少色んな面があるのは仕方ないと思いつつも，自分のあまりの変貌ぶりについていくことができません。コミュニケーションする相手によって性格を変えようと意識している訳ではないのに，コントロールできません。この性質で自分がとても疲弊してしまいます。
> もしこれが，何かの病に当てはまるようなら教えていただけないでしょうか。
> 少しずつでも改善したいのですが，方法が分かりません。
> 長くなりましたが，よろしくお願いいたします。
> 女性　24歳　2018年2月28日
> [https://counselor.excite.co.jp/freec/1391008/]

ここでも，自身のキャラの変化が「変えようと意識している訳ではない」「コントロールできません」と明記されている。また変化について「悩んでいます」「自分のあまりの変貌ぶりについていくことができません」と述べられ，「何かの病に当てはまる」可能性にまで心配が及び，「少しずつでも改善したい」とされていることから，キャラの変化は意図的なものではないと判断してよいだろう。

なお，ここで「キャラ」(10行目）と並んで「キャラクター」という

語(6行目)が現れていることにも注意されたい。この第3節の冒頭では,「病理的な事情無しに,状況に応じて非意図的に変わる人間の部分」を表す語として,「キャラクター」よりも「キャラ」が一般的という傾向を紹介したが,これは傾向以上のものではなく,「キャラクター」という語がこの意味で現れ得ないわけではない。筆者が「病理的な事情無しに,状況に応じて非意図的に変わる人間の部分」を(「キャラ3」という略称には現れていないが)「キャラ(クタ)」つまり「キャラ」および「キャラクタ」と表すのは,(1.29)のような例の存在をも考慮してのことである。

以上のような赤裸々な心情の吐露を,対面式のインタビューで捉えることが不可能とは筆者は考えていないが,インタビューには相当の技術と経験が必要であろう(序章第4節参照)。この本ではそれよりもまず,インターネットの書き込みに集中したい。次の(1.30)は,以上のような悩み相談に応じた解答の一つで,情報サイト「発言小町」【注22】から採ったものである。

(1.30) 私も話し相手によって,自分のキャラが変わるよなあ〜って,
自分で思うことがあります。
でも,誰でも多少はそんな部分があるんじゃないの?
そもそも「本当の自分」って何よ?
キャラがぶれてしまうのも「本当の自分」なワケであって,
別に深く考えなくていいんじゃないの?
私が現在,全くの無理をしないで一緒にいられる相手は,夫
と子ども達のみです。
それでいいと思ってます。
[http://komachi.yomiuri.co.jp/t/2011/1101/456954.htm]

ここでは自身のキャラの変化に対して「キャラが変わるよなあ〜」と

感慨がつづられている。このような強い感慨は，キャラの変化が意図的な切り替えだとすればあまり想像できない。加えて，キャラの変化がマイナスのことば「ぶれる」で表現され，さらにマイナスの含意を持つ「てしまう」が続いていることからすれば，キャラの変化は自ら意図したものでないと判断してよいだろう。

最後に挙げる例（1.31）は，（1.30）と同様，悩み相談の回答らしい文章で，これは情報サイト「人生の教科書 Happy Life Style」【注 23】の「作品一覧」に 68 冊目として載っている「気持ちを整理する 30 の方法」の 19 番目からの抜粋である。「作品」とされているだけに，ここに書かれている「私」は筆名どころか存在さえも疑わしいが，ここでは，我々がこれを特定の人物の書き込みとして解釈できることに注目し，これもデータとしておく（序章第 4 節参照）。

(1.31) 私はアメリカに留学したことがあるのですが，アメリカ人と話すときの自分は日本では出てこないキャラクターになります。
言葉にあたふたする自分になり，自分で自分のキャラクターに驚くほどです。
シチュエーションの数だけいろいろな自分があり，またどれも本当の自分であることを知っておきましょう。
仕事上で出会う人で，上司にはぺこぺこするのに，部下には突然偉そうな態度を取る人がいます。
どちらが本当のキャラクターなのかと思いますが，どちらもその人なのです。
[https://happylifestyle.com/2354]

ここでも（1.29）と同様，「キャラクター」という語が「（病理的な原因無しに）状況に応じて非意図的に変わる人間」を意味している。「自分で自分のキャラクターに驚く」とあり，また「どれも本当の自分」「どちらもその人」とあるように，キャラの変化は意図的な演技ではないだろう。「言葉にあたふたする」キャラクタを自ら意図的に演じるとは考え難い。

以上で見た(1.22)～(1.31)(但し(1.23)の2番と10番は除く)の「キャラ（クタ)」は，人間がそれぞれの状況にうまく適合するために意図的に演じる「ニセの人格」としてはとらえられない。むしろ，状況の中で，自分の意図とは関わらない形で知らず知らず変わってしまう人間の姿を，意味していると考える方がよいだろう。これが「キャラ3」である。

そして重要なことだが，「変わってはならない」ということは，我々の社会のタブー（taboo，文化的禁忌）でもある。我々の社会は，状況に応じて人間が「スタイル」を変えることは許容し賞賛するが，人間自体は（人格の分裂という病理的な事態にでも陥らないかぎり）状況に応じて変わらないものと見なしているからである。

この「キャラ3」を，筆者は「変わってはならない」というタブーと関係づける形で，次の（1.32）のように定義している【注24】。

(1.32) 本当は変えられるが，変わらない，変えられないことになっているもの。それが変わっていることが露見すると，見られた方だけでなく見た方も，それが何事であるかわかるものの，気まずいもの。
[定延 2011：199]

以下，「スタイル」「人格」と対比させる形で，筆者の「キャラ（クタ)」とそのタブー性を詳しく紹介する。

第3.2節 スタイル・人格との対比

ここで言う「スタイル」とは，安定性が低く，公然と意図的に切り替えて差し障りが無いものを指す。

たとえば，或る人物が，得意先の会社社長と自分の部下に対して「あの件をよろしく」と依頼する際，得意先の会社社長には「あの件どうかよろしくお願いいたします」と丁寧に言って頭を下げ，自分の部下には「あの件，君もよろしくな」などと軽くぞんざいに言って肩を叩くとする【イメージ 1.7】。

【イメージ 1.7】状況に応じて人間がスタイルを使い分ける例

この事例で，話し手が協力を要請するに際して，状況（要請相手が誰かということも含むものとする）に応じて変えているのがスタイルである。ここでは「人間は目的（今の事例なら相手の協力を取り付けること）を達するために，各々の状況に応じて最適なスタイルを選んで行動をおこない，目的を遂げる」という，意図を前提とする図式が妥当して見える。

スタイルの特徴は，「公然と変えて差し支え無い」ということである。得意先の社長に向かって丁寧なスタイルで依頼する様子を，同席している部下に見られても別段恥じることは無いし，部下に向かってぞんざいなスタイルで依頼するところを得意先の社長に見られても，どうということは無い。

対照的に，ここで言う「人格」は安定性が高く，通常は切り替わらない。人格が切り替わると，文字通り「別人」かと思えるような，深刻で根本的な変化が生じる。実例は差し障りがあるので，小説から例を挙げる。次の（1.33）は島尾敏雄の小説『帰巣者の憂鬱』（1955）の一節で，ここでは夫婦喧嘩の場でナスという妻の人格が変化する様子が描かれている。

(1.33)「わたしが悪かった。行かないで下さい。あやまります。行かないで下さい」
（中略）
　だきとめられると，ナスは両手でガラス戸を無茶に叩（たた）き，「アンマー」と叫んだ。妙に幼い声であった。ナスの故郷の島では母親のことをそう呼んだ。ナスは巳一の腕をふりもぎろうとした。
　それには馬鹿力があった。巳一は真剣になって押えようと抱きしめた。
「アンマイ，ワンダカ，テレティタボレ」
（中略）
「ハゲ，ヌーガカヤ，何かしたのかしら，どうかしたの？　わたしはどこに居るの？　ここはどこ？」
［島尾敏雄『帰巣者の憂鬱』1955］

夫婦喧嘩で最初「わたしが悪かった。行かないで下さい。あやまります。行かないで下さい」と言っていた妻が,「アンマー（お母さん)」「アンマイ，ワンダカ，テレティタボレ（お母さん，私を，連れていって)」などと出身の島のことばを話し出し，やがて「何かしたのかしら，どうかしたの？　わたしはどこに居るの？　ここはどこ？」と再び共通語に戻るが，その発話内容から察せられるように，島のことばをしゃべっていた間の記憶は引き継がれていない【イメージ1.8】。ここで「人格」と呼ぶのはこのようなものを指す。

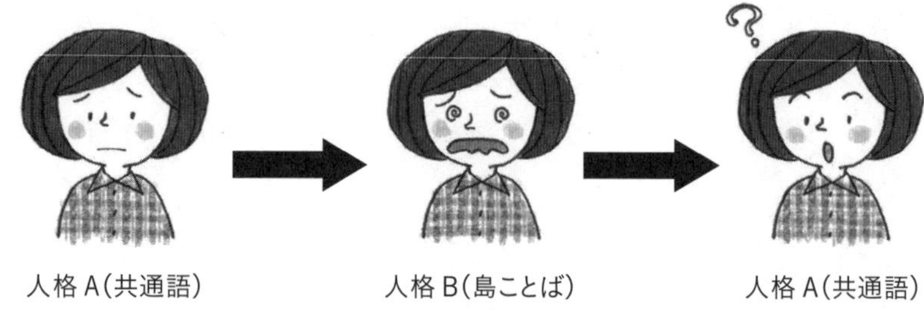

【イメージ 1.8】状況に応じて人間の人格が変わる例

人格は一般に思われているほど盤石不動のものではないが，それでも日常的な生活において人格が分裂し，多重になり，切り替わるといったことは非常に珍しく，あるとしてもそれは（1.33）のようなもので，意図的な切り替えではない。

では，たとえば先に（1.22）として挙げた，温泉同好会に関するブログの書き込みのような変化【イメージ 1.9】は，「スタイル」の変化だろうか，それとも「人格」の変化だろうか？

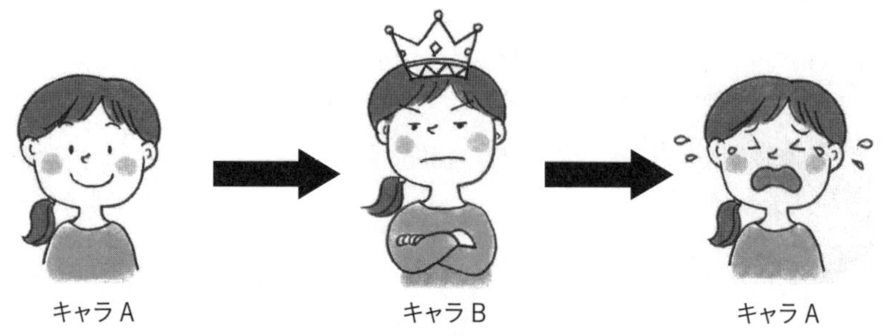

【イメージ 1.9】状況に応じて人間のキャラが変わる例（(1.22) の場合）

この例では，書き手の女性は知らず知らずのうちに《姉御》つまり《女ボス》という恐いキャラになってしまい，そのことに満足していないとされている【注 25】。この例における《姉御》キャラは，意図的に切り替える「スタイル」ではないし，うまくやっていくために取り繕っている「ニセの人格」というわけでもない。そして，《姉御》キャラへの変化は，人格の変化でもない。なぜなら，この女性は温泉旅行の記憶を保持しているからである。自らのキャラの変化について相談していた先の（1.24）でも，記憶はあるとされていたことを思い起こされたい。

キャラ3，つまり筆者が言う「キャラ（クタ）」とはこのようなものを指している。これは「スタイル」や「人格」というよく知られた概念とは別物である。

温泉同好会のメンバー間にも，上下や親疎の人間関係はあるかもしれないし，バイト先でも，お客や店長，先輩，後輩の関係はあるだろう。状況に応じて発動されたキャラの中で，スタイルの細かい使い分けがなされる。スタイルは最もめまぐるしく変わりやすく，キャラ3がそれに次ぎ，人格は最も変わりにくい。可変性（変わりやすさ）の高低を軸にとれば，スタイル・キャラ3・人格は，【イメージ1.10】のようになる。

【イメージ1.10】可変性において，キャラ3はスタイル（最高）と人格（最低）の間に位置する

もっとも，人間がさまざまな状況に対応してやっていくための調節器だという点では，キャラ3はスタイルや人格と変わるものではない。ちょうど，肘関節が肩や手首の関節と同様，人間の手の動きを調節している

のと同じである。スタイル・キャラ３・人格は，人間の「対応」が調節される調節器と言うことができる【イメージ 1.11】。

【イメージ 1.11】手の動きを調節する関節のような，人間の「対応」の調節器３種

３種の調節器のうち，スタイルは行動に付随する概念であり，公然と切り替えて差し障りが無い。それに対して人格とキャラ３は，行動というよりは人間の一部であって，変わらないことになっている。しかし，記憶の途絶など，よほど重大なことにならない限り変わらないのは，人格だけである。このようにキャラ３は，スタイルと人格に挟まれた，どっちつかずの位置にある調節器と言える。

注意が必要なのは，このように人間の変化というものを考える際，偽装された変化と偽装されていない変化を（連続しているとはいえ）区別しなければ混乱をきたしてしまう，偽装された変化は別扱いすべきだ，ということである。たとえば芝居で馬の前足を演じることになったとしても，我々素人は舞台の上で馬の足に変化しない。ただ「馬の前足らしく動いてやろう」と懸命に考え偽装に努めるだけである。もちろん現実の馬の前足は，馬の前足らしく動いてやろうと懸命に考えたりしないので，「馬の前足らしく動いてやろう」という意図がある限り，我々はどうやっても馬の前足になれない。舞台の上で（名優のように）馬の足になりきれるとしたら，それは「馬の前足らしく動いてやろう」という意図を自身の中でうまく消せた時，偽装が偽装でなくなった時である。偽装された変化は別扱いすべきだ，とは，こういうことである。

我々が別人格を偽装しようとも，我々の人格が，演じられている人格に変わるわけではない【注 26】。若年層の会話において，こうした意図的な人格偽装が表される場合にも「キャラ」という語が（「キャラを変える」などという形で）現れることには，注意が必要である【注 27】。

具体例として，「キャラ変え」「キャラ変（へん）」「キャラリング」という3つのことばを紹介しておこう。まず，「キャラ変え」「キャラ変（へん）」の例を（1.34）（1.35）（1.36）に挙げる。これらの行動は,「公然とおこない難い」「露見した場合,恥ずかしさが伴う」という点で,筆者が言う「キャラ（クタ）の変化」と一見似ている。

（1.34）失敗しない「キャラ変え」の方法！目指せ大学デビュー！
大学や専門学校の進学を機に，「自分のキャラを変えたい！」と密かにたくらんでいる人，いるのでは？
［https://shingakunet.com/journal/trend/11664/］

（1.35）キャラ変をする上で大事になってくるのが“タイミング”です。いきなりガラッと変わっても周囲から心配されたり変に思われてしまいます。
あくまでもキャラ変は徐々に行うのが理想的です。まずは服装から変えて，ある程度浸透したら行動を変える，みたいな感じで段階ごとに変化を試みましょう。
［https://blair.jp/171221-character-henkou］

（1.36）キャラ変をした黒歴史持ちの芸能人4人！　乃木坂46や篠原涼子…デビュー直後と別人の人々！

[http://tocana.jp/2017/11/post_15149_entry.html]

これらを「公然とおこない難い」「露見した場合，恥ずかしさが伴う」と言うのは，これらが，自分を取り巻く周囲の人間が大きく入れ替わる「大学や専門学校の進学を機に」((1.34))，あるいは「徐々に行う」((1.35))べきもの，つまり気づかれると「周囲から心配されたり変に思われ」((1.35))たりするもの，それだけに事前に「密かにたくら」((1.34))み，事後は「黒歴史」((1.36))になるようなもの，とされているからである。

しかし，これらが「公然とおこない難い」「露見した場合，恥ずかしさが伴う」のは，自分の人物評を意図的に操作しようとする，人格の偽装だからであって，人間の不安定性によるものではない。

では，「キャラリング」はどうだろうか？　これは「キャラ変え」「キャラ変」とは別の行動で，次の（1.37）（1.38）のように紹介されるものだが，これらの紹介は，意図性に関して異なっている。

(1.37)　日経新聞の記事に従えば，「キャラリング」は同一人物が複数の「キャラ」を使い分け，場面次第で顔を変えることです。[瀬沼 2007：70]

(1.38) ＝（1.21）前半

私たちの日々の生活を顧みても，ある場面にいる自分と別の場面にいる自分とが，それぞれ異なった自分のように感じられることが多くなり，そこに一貫性を見出すことは難しくなっています。それらがまったく正反対の性質のものであることも少なくありません。最近の若い人たちは，このようなふるまい方を「キャラリング」とか「場面で動く」などと表現しますが，一貫したアイデンティティの持ち主では，むしろ生きづらい錯綜（さくそう）した世の中になっているのです。

［土井 2009：24-25］

すなわち，(1.37) では，「使い分け」るという，意図的な行動を表す語が現れているように【注 28】，「キャラリング」は意図的な行動とされているが，(1.38) では「キャラリング」を意図的な行動に限定する文言は見当たらない。そこで，意図的なキャラリングと非意図的なキャラリングの両方を仮に認めると，意図的なキャラリングは「キャラ変え」「キャラ変」と同様に人格偽装だが，非意図的なキャラリングのみが，ここで問題にしている「人間の不安定性」に該当するということになる。

第４節　まとめ

以上，この第１章では，これまでに提出されている「キャラクタ」「キャラ」論のうち，この本の内容に特に近い関係にあるように見えるものを，キャラ１（外来語「キャラ（クタ）」）・キャラ２（伊藤（2005）の「キャラ」(Kyara)）・キャラ３（人間の状況に応じて非意図的に変わる部分。定延（2011）の「キャラ（クタ）」）の３つに大別し，筆者の立場から順に紹介した【注 29】。

なごやかに対話し，同じ１冊の本に収まっているみうら氏・犬山氏の間でさえ，「ゆるキャラ」の定義には思いも寄らない違いがある。議論の空転を防ぐ上で，まず論者ごとの定義に注意する必要があるということは，「ゆるキャラ」に限らず，どのような「キャラ」を論じる際にも言えることだろう。

また，外来語「キャラ（クタ）」つまり登場人物に関しては，物語との強い結びつきが伝統的に信じられていたが，ポストモダン論という時代論の中でこれが疑われ，キャラクタ（登場人物）を物語から独立したものとする考えが生まれている。

おそらくはそれと同じ考えに基づいているのが，マンガ世界の登場人物が複数個のコマや物語にまたがって存在することを保証する，伊藤（2005）の「キャラ」（Kyara）である。これはさまざまな論者が現実世界への「拡大適用」を試みているが，それぞれの「キャラ」論の内容はともかく，それらが伊藤（2005）の「キャラ」定義にどの程度忠実であり，どの程度「拡大」ぶりを明確に示しているかは，残念ながら疑問と言わざるを得ない。むしろ，相原（2007）の「キャラ」は外来語「キャラ（クタ）」，そして土井（2009）の「外キャラ」は定延（2011）の「キャラ（クタ）」に近いものと考える方が，論が活きるのではないか。といっても，その場合は，土井（2009）の「外キャラ」から，意図性の概念を削ぎ落とす必要がある。

定延（2011）のキャラ（クタ）は，公然と意図的に変えて差し支え無い「スタイル」や，意図的に変わらない「人格」と同様，人間の「対応」の調整器と言えるが，「本当は変えられるが，変わらない，変えられないことになっている」という点で「スタイル」「人格」とは区別される。「本当は」「ことになっている」という箇所は，定延（2011）で示したキャラ（クタ）が，「変わってはならない」というタブーに本来的に関係することを示している。

次の第2章では，筆者の「キャラ（クタ）」が伝統的な人間観に対して持つインパクトを2つに分けて論じる。以下，文脈から明らかと思われる箇所では，わざわざ「定延（2011）のキャラ（クタ）」とする代わりに，単に「キャラ（クタ）」と記すことにする。

【注】

1：但し，以降では「登場人物」以外の意味は取り上げない。

2：まえがきの中で紹介した「ゆるキャラグランプリ」には，公式ウェブサイトによれば「ご当地ゆるキャラ」だけでなく「企業ゆるキャラ」もエントリーしている。だが，この「企業ゆるキャラ」とは，同サイトによれば，民間会社のキャラクタで，地域の活動に貢献している，または貢献したいキャラクタを指したものであり，「ご当地ゆるキャラ」とは異なる形でだが，或る程度の地域性を有している。みうら（2004）の「ゆるキャラ」の定義に完全に反しているわけではないということだろう。

3：出版順とは逆になるが，より簡潔な2013年のものを（1.2）として先に挙げる。

4：みうら（2004：262）によれば，1993年の東四国国体である。

5：新城（2009）では物語は主に「最近の日本国内もしくは先進諸国において商業的に流通する（し得る），エンターテインメント性の強いドラマチックなフィクション」(p.6) と定義されている。この本の「物語」もほぼこれに準じるが，「商業的流通」にはこだわらず，たとえば職場や学校で「最近なんか面白い話ない？」「いや，それがこの間さぁ，……」と始まる「ちょっと面白い話」（第4章第1節参照）をも含むものとする。

6：引用元の新城氏の文章では，「物語」に「ストーリー」とルビが振られている。新城（2009）には「プロット」という語も見られるので，「ストーリー」と「プロット」に（Foster（1927）流であれ何であれ）使い分けがなされていることが窺えるが，詳細は不明である。

7：新城（2009）では登場人物から物語の展開が語られているが，逆に物語の展開から登場人物が論じられることもある（例：Vogler（2002）・金水（2017））。

8：これらの誘因力の喪失を，ジャン＝フランソワ・リオタール（Jean-François Lyotard）は「大きな物語」（grand récit）の解体と呼んでいる（Lyotard1979：訳 43）。

9：筆者をこのことに気付かせて下さったのは，筆者の記憶では阪井和男氏である。お名前を記して謝意を表したい。

10：もっとも，「――観」の意味についてここで述べていることが，例外の無い絶対的なものだと主張する意図は筆者には無い。なお，（1.11）と同様の「世界観」は，第4章第3節で紹介する文章（4.9）にも現れている。

11：「データベース消費論」の批判的検討は他にも見られるが（例：斎藤2011），物語と関連づけられているわけではないのでここでは取り上げない。

12：蛯原友里というファッションモデルの愛称が「エビちゃん」，とWikipediaにはある（https://ja.wikipedia.org/wiki/蛯原友里）。「蛯原友里」「エビちゃん」について相原氏が独自の考えを抱いている可能性もあるが，その内容は明示されていない。

13：ここで省いたのは「人びとに共通の枠組を提供していた「大きな物語」が失われ，」という節である。つまりここで土井氏は東浩紀氏と同様（第1.2節），リオタールのポスト・モダン論を持ち出しているが，わかりやすい用語とは思われず，省いてもここでの理解には差し支え無いので「中略」とした。

14：こうした印象は筆者だけのものではないようである。というのは，インターネット上に記した私見に対し，伊藤氏から同感とのツイッターのメッセージを頂戴したからである（https://twitter.com/GoITO/status/597280112766124032）。

15：実は伊藤氏の「キャラ2」も，マンガ愛好者たちの日常発話からヒントを得られたものらしい。明らかに「キャラクタが立っている」（つまり登場人物が強い実在感を持っている）と思える矢沢あい氏のマンガ『NANA』（1999-）に対してマンガ愛好者たちが「キャラが弱い」と述べたのを2003年に耳にしたと伊藤氏は述べている（伊藤 2005：102-103）。

16：すでに述べたように（まえがき【注1】），棒引き「ー」の無い「キャラクタ」という表記は僅少であり，スルダノヴィッチ氏はここでの調査対象から「キャラクタ」を外している。なお，この論文では，より最近のブログを多く収録したウェブコーパスJpTenTenを用いた調査も披露されており，そこでは，「キャラクター」と比べて非公式なイメージ「キャラ」の方が，より拡大された意味，語の組み合わせ，文法パターンを持っていることが示されている。

17：西村博之氏によって1999年に開設された，知名度の高い電子掲示板「2ちゃんねる」は，2017年10月1日に「5ちゃんねる」に改称された。

18：「使い分ける」ということばが意味する動作が意図的な動作であることについて，念のために説明を補っておく。たとえば，リラックスした非公式な場ではどちらかと言えば低い声で話す人間が，公式の場では思わず緊張して声が上ずるとしても，それは声の調子を「使い分けている」ことにはならないだろう。

19：「Yahoo! 知恵袋」は，ヤフー株式会社がインターネット上で運営しているポータルサイトYAHOO! JAPANのサービスの一つである。

20：「てしまう」の現れが単独で決定的な証拠にならないことは筆者も承知している。たとえば「あの人は原書でもすらすら読んでしまう」といった感嘆・賛美の表現にも「てしまう」が現れるように，「てしまう」と悪いイメージの結びつきは傾向以上のものではない。ここでは「てしまう」を，「ずっと悩んで」に付随する証拠として挙げている。

21：「Exciteお悩み相談室」とは，エキサイト株式会社がインターネット上で運営する悩み相談のサイトである。

22：「発言小町」は，株式会社読売新聞社が運営するニュースサイトYOMIURI ONLINE内の女性向け情報サイトである。

23：「人生の教科書Happy Life Style」とはHappy Life Style株式会社が運営する情報サイトである。

24：既存の概念の中にも，筆者の「キャラ（クタ）」と似て見えるものはある。序章第3節でも触れたエレノア・オクスの「社会的アイデンティティ」（social identity）はその一つだが，定延（2011: 67）で述べたように，タブーとの関わりを持っていない点で筆者の「キャラ（クタ）」とは同一視できない。たとえば会話する2人の話し手が，或る瞬間には「医者」と「患者」として，別の瞬間には「幼なじみ」どうしとして，さらに別の瞬間には「同じ地域の住民」どうしとして会話してもおかしくないように，社会的アイデンティティは切り替えても何ら気まずさは無い。つまり人間自体が変わっているわけではない。また，「職場では「若手」だが家庭では「夫」」などと言う際の「若手」「夫」などの地位は，元々「変わってしまう」（たとえば職場で「若手」がいつの間にか思わず「夫」になってしまう）ということが無く，やはり別物である。その他，さまざまな概念との比較検討は瀬沼（2007：第2章）・定延（2011: 62-68）を参照されたい。

25：以下では適宜，キャラ3またはそれに類するものを二重山括弧《 》で囲んで示す。

26：但し，演じ手が演じる対象に影響されるという可能性はもちろんある。

27：これは，会話の中で公然と口にされることにより，「キャラ」が，「変わってはいけない」というタブーに照らして，差し障りの無い方向（つまり人格偽装という演技）へと変質したものと考えられる。このことは，この本の手法を紹介した際にも（序章第4節），述べたことである。

28：「使い分ける」ということばが意味する動作が意図的な動作であることは，既にこの第1章の第3.1節【注18】で述べた。

29：「キャラ（クタ）」論者たちが持ち出す「キャラ（クタ）」概念が，これら3種のいずれかに必ずしも当てはまるわけではないということを断っておきたい。たとえば，野澤俊介氏の言う「キャラクター化」（characterization, Nozawa 2013, 野澤 2018）は，世界や言語を目的語にとる他動詞「キャラクター化する」の語幹であり，その中に含まれている「キャラクター」はこの本で取り上げた3種のどれとも関係しない可能性がある。詳細は第6章【注1】を参照されたい。

第 II 部
日本語コミュニケーションにおける キャラ（クタ）

第 I 部で紹介したキャラ 3 は，現代日本語社会の中で，どのように現れているのだろうか？——この第 II 部ではこの問題を，4 つの章（第 2 章〜第 5 章）を通して具体的に示す。

4 つの章のうち，第 2 章と第 3 章は，伝統的な人間観に光を当てている。第 2 章ではキャラ 3 がこの人間観の限界を衝く存在であることが示される。第 3 章では逆にこの人間観の重要性が観察される。そして，この人間観を破るキャラ 3 という概念が，どのようにして日本語社会に生じ得たのかが第 4 章で検討される。最後の第 5 章はまとめと補足の章である。

第２章　伝統的な人間観の限界

第１章で見た「キャラ3」すなわち筆者の「キャラ（クタ）」という概念は，現代日本語のコミュニケーションを生きる人々の中から生じたものだが，伝統的な人間観とは相容れない。このことは取りも直さず，我々がこの人間観から脱却すべきことを示している。

以下では，まず前提として伝統的な人間観を紹介した上で（第１節），その人間観が，現実の日本語社会を生きる人々の事情とどのように相容れないのかを示す（第２節）。さらに，伝統的な人間観が，キャラ３を受け入れられないという点の他にも，どのような限界を持っているのかを示す（第３節）。最後に全体をまとめて補足する（第４節）。

第１節　前提：伝統的な人間観

ここで「伝統的な人間観」と言うのは，静的で，かつ，意図を前提とする人間観を指している。これがどのように「伝統」になりおおせているのかについては，次の第３章で述べることとし，ここでは，この人間観の内容の紹介に集中したい。以下，静的ということ（第1.1節），意図を前提とするということ（第1.2節）についてそれぞれ紹介し，この伝統的な人間観で説明できることを示した上で（第1.3節），この人間観の３つの変異形についても紹介しておく（第1.4節）。

第1.1節　静的な人間観

ここで言う「静的」とは，状況に応じて変化しないということである。もちろん，人間の振る舞いは状況に応じて変化する。だが，その振る舞いの変化は，人間とは別のもの（「スタイル」――次の第1.2節を参照）の変化であって，人間自体は変わらず安定しているものだというのが，ここで言う「静的な人間観」である【注1】。

厳密に言えば，この静的な人間観に対する反例を，我々はすでに見ている。それは或る夫婦喧嘩における妻の「人格の分裂」である（第 1 章第 3.2 節（1.33））。このような場合も含めて「人間は状況に応じて変化しない。人間は安定している」とみなす強硬な立場を筆者は知らない。伝統的に支持されてきた静的な人間観とは，「人格の分裂のような異常事態を別として，より一般的な日常場面に目を向ければ」という暗黙裡の但し書きのもとで，人間を状況に応じて変化しないものととらえる人間観である。以下で「静的な人間観」と言うのも，この但し書き付きの人間観のことである。

なお，念のため付言すれば，人間が状況に応じて人格を偽装する，つまり，本当の人格とは違った人格であるかのように取り繕うことがあるというのは事実だが，これは芝居であるから，人間観とは関係せず，静的な人間観の反例にはならない（第 1 章第 3.2 節を参照）。トラの芝居をしたからといって，人間を動物に変化できるものととらえ直す必要が無いのと同様，実際とは違う人格であるかの芝居をしたからといって，人格を自在に変化させられるものとして人間をとらえ直す必要は基本的に無いだろう。

第 1.2 節　意図を前提とする人間観

ここで言う「意図を前提とする」とは，人間の振るまいとして，意図的なものを認める，ということではない。意図的なもの**しか認めない**，ということである。この人間観によれば，人間が，状況 A ではある振る舞いをしていながら，状況 B では別の振る舞いをするのであれば，その振る舞いの変化も意図的ということになる。先の第 1.1 節では，状況による振る舞いの変化は人間自体が変わっているのではなく，「人間とは別のもの」が変わっているのだとする静的な人間観を紹介したが，この「人間とは別のもの」を「スタイル」という意図的な概念（第 1 章第 3.2 節）にするのも，意図を前提とする人間観である。

「静的な人間観」と同様,「意図を前提とする人間観」も，睡眠時の行動が意図的でないといった反例はすぐに見つかる。ここで問題にする,「意図を前提とする人間観」とは，睡眠時の行動などは除外して，もっぱらコミュニケーション行動に視野を絞った考えである。さらに，人格〜異常なものとして視野から排除した上で，残ったコミュニケーション行動を，人間（行動者）が意図したものと考えるのが，ここで問題にする「意図を前提とする人間観」つまり「意図を前提とするコミュニケーション行動観」である。

以上で紹介した「静的な人間観」と「意図を前提にする人間観」を組み合わせると,「人間とは，各々の状況に応じて意図的にスタイルを変えるが,自身は変わらないものだ」という伝統的な人間観ができあがる。

第 1.3 節　伝統的な人間観で説明できること

伝統的な人間観がうまく妥当するように見えることは,もちろんある。先に挙げた，或る社員が得意先の会社社長と自分の部下に協力を要請する場合（第１章第 3.2 節）がその例である。この社員は，得意先の会社社長には「あの件どうかよろしくお願いいたします」と丁寧に言って頭を下げる一方で,部下には「あの件,君もよろしくな」とぞんざいに言って肩を叩く。それは,「相手の協力を取り付けよう」という意図のもと,「得意先の会社社長を相手に話す状況」では丁寧なスタイルを選んで行動し,「部下を相手に話す状況」ではぞんざいなスタイルを選んで行動していると考えてよさそうだからである。

第１章末尾で持ち出した関節のたとえで言えば，この人間観は「人間の腕には，肩関節（人格）と手首関節（スタイル）という２つの関節がある。両者の間に肘関節(キャラ)などというものは存在しない」【イメージ 2.1】という考えになる。

【イメージ 2.1】関節のたとえで表された伝統的な人間観

第 1.4 節　伝統的な人間観の 3 つの変異形

上で述べたように，伝統的な人間観には「意図を前提とするコミュニケーション行動観」という面がある。そのため，この人間観がどういう形をとって現れるかは，一様ではなく，3 つの現れ方（変異形）がある。以下このことを説明する。

意図を前提とするコミュニケーション行動観はしばしば，「発話とは，発話者が何らかの目的達成の意図を持ってなすものである」という目的論的な発話観や，「言語とは，そのために発話者に使われる道具である（そして道具以上のものではない）」という道具論的な言語観の形をとって現れる。これら 3 者の関係を【イメージ 2.2】に示す【注 2】。

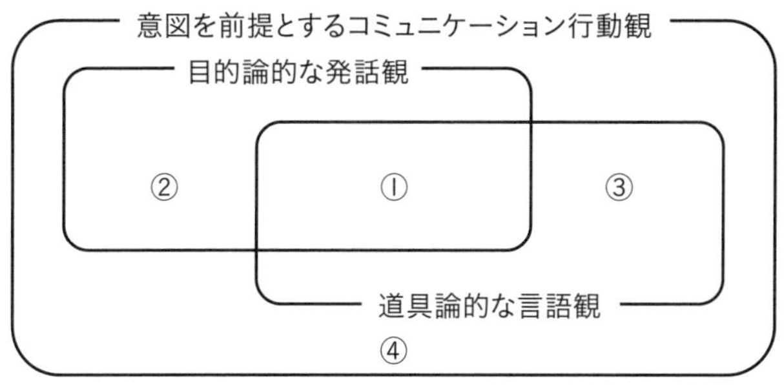

【イメージ 2.2】「意図を前提とするコミュニケーション行動観」「目的論的な発話観」「道具論的な言語観」の関係（数字①②③④はそれぞれの領域を表す）

目的論的な発話観と道具論的な言語観は，一体となっている場合が多いが（【イメージ 2.2】の領域①)，内容はいま述べたように別物であり，また，「発話」と「言語」の定義によっては対象もずれ得る。というのは，咳払いやうめき他の「ことばにならない声」，あるいはうなずきや笑顔，その他何についてであれ，仮に「言語を伴わない発話」(non-verbal utterance) というものが (たとえばKempe, Pfleger, and Löckelt (2005) のように) 認められるとすれば，それらは発話観には関わるが言語観には関わらないからである（領域②)。また，内言（内的言語，Vygotsky 1934）であれ I-Language（Chomsky, 1986）であれその他であれ，「発話を伴わない言語」というものが認められるとしたら，それらは言語観には関わるが発話観には関わらないからである（領域③)。さらに，「発話や言語が無いコミュニケーション行動」というものが認められるなら (ふつう認められるだろうが)，それには意図を前提とするコミュニケーション行動観だけが関わり，目的論的な発話観や道具論的な言語観は関わらないということになるからである（領域④)。

したがって伝統的な人間観は，「意図を前提とするコミュニケーション行動観」「目的論的な発話観」「道具論的な言語観」という 3 つの現れ方を持つということになる。

第 2 節　伝統的な人間観の限界

以上で紹介した人間観は，世に広く行き渡り深く浸透しているが，現実の人間は，その人間観に収まらず，そこから逸脱することもある。そしてそれを現代日本語社会の人々はたとえば (2.1) (2.2) のように，「キャラ」ということばで表し始めている。筆者が言う「キャラ（クタ)」はこの「キャラ」である。伝統的な人間観がキャラ（クタ）概念とどのように相容れないのか，見てみよう。

(2.1) ＝ (1.22)

こないだの温泉同好会ではかなりひかえた
12歳も年下の男子を引き連れて温泉行くなんて犯罪だわ～
と思っていたから。
でもでも，なぜか「姉御キャラ」になっていく私
これが諸悪の根源ですよ　(中略)
別に奥ゆかしくもないし，静かでもないけど
私は姉御でもなけりゃあ，肉食系女子でもないんです
[http://ameblo.jp/kschaitian/entry-11170734947.html，最終確認日：2012年5月3日]

(2.2) ＝ (1.23) の1と2

バイトと普段のキャラ違う奴来い
1: こたぬき：12/06/03 15:37 ID: 主
主はバイトではめちゃくちゃ暗いジミーだが学校では騒がしいキャラみんなはどう？
2: こたぬき：12/06/03 15:41
むしろ家，バイト，彼氏，学校全部キャラが違う
[http://new.bbs.2ch2.net/test/read.cgi/kotanuki/1338705429/]

これらの文章からイメージされるのは,《姉御》キャラや《地味》キャラという，なりたくもないキャラへと非意図的に変わっていくという人間の姿である。そのイメージは，伝統的な人間観とは相容れないにもかかわらず，我々はそのイメージに違和感を持たない。

つまり人格分裂のような「異常」事態でなくとも, (2.1) (2.2) のように，人間はコミュニケーションの状況に応じて, 自身の意図とは関わり無く,

さまざまに変わり得る。静的で意図に基づく伝統的な人間観は，この現実を受け入れることができない。

人間がコミュニケーションの状況に応じて変わるということを，静的な人間観の枠内で強いてなんとか理解しようとすると，人格の偽装，つまり芝居という意図的なものとして理解せざるを得なくなる。だが実際には（2.1）（2.2）のように，意図的でない変化というものが人間には生じ得る。

「人間がコミュニケーションの状況に応じて変わる」という現象に，筆者と同様，注意を払っている論考は，これまでの「キャラ」論の中にもある。だが，それらの論考もまた，意図を前提にした伝統的な人間観を保持しているために，現象の説明が人格偽装という芝居の形になってしまっている点が惜しまれる。以下，特に重要と思われる土井隆義氏の論考（土井 2009）を中心に取り上げる（土井（2009）の「キャラ」の定義が伊藤（2005）の Kyara 由来とされている点は，すでに第1章で論じたので，ここでは取り上げない）。

土井（2009）の「外キャラ」は，「対人関係に応じて意図的に演じられる外キャラにしても」という記述を見る限りでは（(2.3) を参照），(少なくとも筆者のことばでは）偽装された人格ということになる。

(2.3) ＝（1.18）

> アイデンティティは，いくども揺らぎを繰り返しながら，社会生活のなかで徐々に構築されていくものですが，キャラは，対人関係に応じて意図的に演じられる外キャラにしても，生まれもった人格特性を示す内キャラにしても，あらかじめ出来上がっている固定的なものです。したがって，その輪郭が揺らぐことはありません。状況に応じて切り替えられはしても，それ自体は変化しないソリッドなものなのです。
> ［土井 2009：24］

そして,「外キャラの呈示」は，土井（2009）では，自己欺瞞でも，相手を騙すことでもないとされている。該当箇所を次の (2.4) に挙げる。

(2.4)　こうしてみると，人間関係における外キャラの呈示は，それぞれの価値観を根底から異にしてしまった人間どうしが，予想もつかないほど多様に変化し続ける対人環境のなかで，しかし互いの関係をけっして決裂させることなく，コミュニケーションを成立させていくための技法の一つといえるのではないでしょうか。深部まで互いに分かりあって等しい地平に立つことを目指すのではなく，むしろ互いの違いを的確に伝えあってうまく共生することを目指す技法の一つといえるのではないでしょうか。彼らは，複雑化した人間関係の破綻（はたん）を回避し，そこに明瞭性と安定性を与えるために，相互に協力しあってキャラを演じあっているのです。複雑さを縮減することで,人間関係の見通しを良くしようとしているのです。
　したがって，外キャラを演じることは，けっして自己欺瞞ではありませんし，相手を騙（だま）すことでもありません。
［土井 2009：26］

しかし，意図的に人格を偽装することが，自己欺瞞でも，相手を騙すことでもないというのは本当に説得的な話だろうか。何を措いても擁護されるべきは，そのような「外キャラ」を意図的に使い分ける人間なのだろうか。それとも第1章第3節で見た,「なんでだかわからないけど自然と」「キャラが変わってしまうようで」「コントロールできない」,「少しずつでも改善したい」と悩み相談に書き込むような人間なのだろうか？

ここで，2つの物語を取り上げてみよう。

そのうちの１つは，イソップ寓話にある『卑怯なコウモリ』である。この話では，獣の一族に会えば「私は全身に毛が生えているからお仲間です」と獣に迎合し，鳥の一族に会えば「私は羽根があるからお仲間です」などと，鳥と話を合わせていたコウモリが，獣と鳥が和解することでその二面性が露見してしまい，両者から追放されるという話である。

もう１つの物語は，レイ・ブラッドベリ（Ray Bradbury）の『火星年代記』（The Martian Chronicles, 1950）である。ここに登場する火星人は，高度な「感応力」を備えており，火星に移住してきた地球人と出会うと，その地球人が心の中で会いたいと思っている人物に否応無く変身してしまう。この感応力はやがて火星人を死へと追いやる。一人の火星人は，地球からの移住者に取り囲まれてしまい，誰に変身すればいいのか混乱し，その場に倒れて死んでしまう。次の（2.5）を見られたい【注3】。

(2.5)　「みんな，上って来い！」スポールディングが命令した。

トムがボートから上った。スポールディングが，その手首をとらえた。「一緒に家へ帰ろう。わかってるんだ」

「ちょっと待て！」と，巡査が叫んだ。「これはわたしの犯人だ。名前をデクスターといって，殺人容疑で手配中なんだ」

「ちがいます！」一人の女が，すすり泣きをした。「これはわたしの夫です！　わたしの夫にちがいないわ！」

ほかの声がいくつも，異議を唱えた。群衆が，近づき寄ってきた。

ラ・ファージュ夫人は，トムを後ろにかばった。「これは，わたしの息子です。あなたがたは，この子にどんな罪をきせる権利もありません。わたしたちは，いま家へ帰るところなんです！」

トムはといえば，はげしくふるえて，ガクガクしていた。

ひどく気分が悪そうだった。群衆は，かれのまわりに群がり，荒々しい手をいくつものばして，つかまえよう求めようとした。

トムは悲鳴をあげた。

人びとの眼前で，かれは変身した。かれはトムであった。ジェームズであった。スウィッチマンという名の男であった。バタフィールドという名の男でもあった。かれは市長であり，ジュディスという少女であり，夫のウィリアムであり，妻のクラリッスであった。かれは，人びとの心のままに形をとる熔蠟であった。人びとは叫び声をあげ，ひしめき寄り，泣いて訴えた。かれは両手をひろげて，悲鳴をあげた。その顔は，一つ一つの要求につれて，変わった。「トム！」ラ・ファージュが叫んだ。「アリス！」もう一人が叫んだ。「ウィリアム！」人びとはかれの手首をつかんで，旋風のようにぐるぐる引きずりまわした。とうとう最後のおそろしい悲鳴をあげるや，かれは地面に倒れた。

かれは石の上に横たわっていた。冷えてゆく熔蠟，その顔は，あらゆる顔，片目は青く，片目は金色，髪の毛は，茶色で，赤で，黄で，黒で，片方の眉は濃く，片方は薄い，片手は大きく，片手は小さい。

人びとは，かれのうえに身をかがめ，そしてかれらの口に彼らの指をあてがっていた。人びとはひざまずいた。

「死んでしまった」誰かが，とうとういった。

[Ray Bradbury 1950/1997[2]. *The Martian Chronicles*. New York: Avon Books. レイ・ブラッドベリ（著），木島始・森優・小笠原豊樹（訳）『火星年代記』[新版] pp. 298-300. 東京：早川書房，2010]

相手に意図的に調子を合わせていたコウモリは，寓話のタイトルが示しているように，一般に「卑怯」とされる。だが，相手に応じて否応無しに変わってしまう火星人を，コウモリとまったく同様に扱うのは酷というものだろう。なりたくもない《姉御》キャラや（例（2.1）），なりたくもない（であろう）《地味》キャラ（例（2.2））に変わってしまう人々も，同様ではないだろうか。これらの人々を差し置いて，コウモリの擁護に向かうことがもしも土井（2009）の本意でないとしたら，「外キャラ」に（意図の関わる面だけでなく）意図の関わらない面をも認める方がよくはないだろうか。

同様に，「使い分けに即して多元的なものになっていく」自己，つまり「キャラは無から作り出される「偽もの」「仮面」では必ずしもない」という浅野智彦氏の主張は（浅野 2013：160，212-219），そこで言われる「使い分け」が必ずしも意図的なものとは限らない（したがって，「使い分け」という意図的な動作を表すことばではカバーしきれない部分がある【注 4】）ということを認めてこそ，十分に意味を持つのではないだろうか。なお，すでに述べたように，浅野（2013）が援用されている瀬沼文彰氏の論考（瀬沼 2018）では，キャラが「意図的・非意図的を問わ」ない旨が明記されており，この「キャラ」は筆者の「キャラ（クタ）」に近いと言える【注 5】。筆者は意図的な場合は「キャラ（クタ）」とは見なさず，人格の偽装ととらえるので，瀬沼（2018）の「キャラ」は，筆者の「キャラ」よりも広い（意図的に使い分けられる場合を含む）概念ということになるが，現実のコミュニケーションにおいて，しばしば「意図的」と「非意図的」の区別が程度問題となり，人格偽装とキャラの切り替わりが漠然とすることは筆者も認めておきたい。

意図を前提とするという考えが，「キャラ」論に入り込むことは他にもある。荻上チキ氏が「状況に応じてキャラを選択し使い分けていく（中略）キャラ型自己モデル」と述べる時（荻上 2008: 220），その「キャラ型自己モデル」という発想の面白さを，「選択し使い分けていく」という意図的・目的論的な部分が削いではいないかと，筆者は気になる。また，岡本裕一朗氏が「キャラ（クタ）」を「フィクションとして演じられる役柄」と述べると（岡本 2009: 57），その簡潔なまとめ方に惹かれつつも，「役（柄）」という考えからにじみ出る目的論に，筆者はともすれば懸念を抱いてしまう。

意図を前提とすることに対する，筆者のこのような警戒感は，読者の目には，単に他のキャラ論者の揚げ足取り，あるいは重箱の隅つつきと映ってしまうかもしれない。だが，筆者の問題意識は，一人筆者だけのものではない。人類学者・北村光二氏が 30 年前に書かれた，次の（2.6）を見られたい。

（2.6）言語を中心に考えられたコミュニケーションのモデルは，たとえば「送り手の意図に基づく情報の伝達」といういい方に代表されるものであるが，これが身体的コミュニケーションの典型的な事例にうまくあてはまらないのである。
［北村 1988：42］

ここでは，「キャラ」に限らず，コミュニケーション全般を見ようとする我々の目を曇らせ，我々の分析を空転させるものとして，コミュニケーションを伝達的なもの（メッセージの流れ）とする考え方と並んで，コミュニケーションを意図的なものとする考え，つまり意図を前提とするコミュニケーション行動観が挙げられている。

では，意図を前提とするコミュニケーション行動観は，「コミュニケーションの状況に応じて人々が（つまり人々のキャラ（クタ）が）変わることを受け入れられない」という以外に，どこが問題なのだろうか？

第3節　意図を前提とするコミュニケーション行動観の問題

すでに述べたように(第1.4節),伝統的な人間観は3つの現れ方を持っている。以下,「意図を前提とするコミュニケーション行動観(狭義)」(第3.1節),「目的論的な発話観」(第3.2節),「道具論的な言語観」(第3.3節)について，それぞれ問題を述べる。

第3.1節　意図を前提とするコミュニケーション行動観（狭義）の問題

意図を前提とするコミュニケーション行動観（狭義）の問題点は多い。たとえば「人物Aが泣く様子に誘われ，その場に居合わせた人物Bがもらい泣きしてしまう」という展開が，意図が無いからといってコミュニケーション行動に含まれないとしたら,そのような狭い「コミュニケーション行動」の捉え方は何の役に立つのだろうか【注6】。

だが，意図を前提とするコミュニケーション行動観（狭義）には，より根本的な問題がある。それは,「意図を前提とするコミュニケーション行動観（狭義）は，コミュニケーションに参加する多くの者にとって一番の関心事であるはずのもの，つまりコミュニケーションを研究する上でまず間違い無く重要と思えるものを，研究の視野からそっくり外してしまう」ということである。前著（定延2011）と多く重なるが，特に重要なことなので,重複を怖れず,しかしごく手短に述べておこう（その他の問題点は定延（2016：第4章）を参照されたい)。

人間は社会的な動物であり，日々，群れの中でお互いを評価して，他者から下される評価に舞い上がったり落ち込んだり，一喜一憂して生きている。他者からの評価にはさまざまなものがあるが,ここでそれらを,技能評・作品評・人物評と3つに大別すると，我々が最も気にしてやまない評価が人物評，つまり自分や他者の評判だということに，まず異論は無いだろう。

ところで，よりにもよって，その人物評は「意図となじまない」という特質を持っている。たとえば,「あの人は豪快な人だ」と皆で言い合っていたところ，それを聞きつけた当人がやってきて,「そうでしょう。私は，これをやったら豪快だと思われるか，あれをやったらどうかと，いつも考えて，意図して振る舞ってきたんです」と言えばどうなるか。その人物の「豪快」評は木っ端みじんである。

これが技能評ならそうはいかない。「あの人の歌はうまい」という技能評は，たとえ当人が「そうでしょう。私は，歌だけはうまいと言われようと思って，カラオケ教室にも通って，頑張ってきたんです」と白状しようとも，傷つかない。うまい歌は，うまい歌である。

念のため言えば,「歌がヘタだ」という否定的な評価も同様である。歌がヘタな人物の「歌はヘタな方が愛敬があると思って，カラオケ教室にも通わず，音痴のまま，ここまで来たんです」という言い訳を聞いても，ヘタな歌は，やはりヘタなままである。ここで問題にしているのが「実は意図的にやっていた」というケースであって,「実は技能を偽っていた（本当は歌がうまいのにヘタなフリをしていた)」といったケースではないということに注意されたい。

作品評も技能評と同様である。「この料理はうまい」という作品評は,その声を聞きつけたシェフが厨房から飛んできて,「そうでしょう。この料理だけは，うまいと言われようと思って，3日前から仕込んでたんです」と, その魂胆を吐露しようとも, うまい料理はうまいままである。また,「この料理はまずい」という否定的な作品評も,「評判が落ちて店が潰れればいいと思って，わざとまずく作りました」という雇われシェフの自白を聞いても変わらない。人物評は，これら技能評や作品評とは根本的に異なる。

人物評とは,「あの雲は形が面白い」というような自然物評に近いものである。もっとも例外的に，作品が評される場合にも,「こう思われよう」という計算や演出が「わざとらしい」と嫌われる場合はある。だが，それは芸術であっても（例（2.7）～（2.9）を参照)，なくても（例

(2.10) を参照)，作品の向こうに，作り手という人間を見る場合である。つまり人物評が混ざっており，反例と考える必要は無い【注7】。

(2.7)　芥川がある時，

「志賀さんの文章みたいなのは，書きたくても書けない。どうしたらああいう文章が書けるんでしょうね」

　と，師の漱石に訊(たず)ねた。

「文章を書こうと思わずに，思うまま書くからああいう風に書けるんだろう。俺(おれ)もああいうのは書けない」

　漱石はそう答えたという。

［阿川弘之『志賀直哉の生活と芸術』1989］

(2.8)　印度(インド)の更紗(サラサ)とか，ペルシャの壁掛とか号するものが，一寸(ちょっと)間が抜けている所に価値がある如(ごと)く，この花毯もこせつかない所に趣がある。花毯ばかりではない，凡(すべ)て支那の器具は皆抜けている。どうしても馬鹿で気の長い人種の発明したものとほか取れない。見ているうちに，ぼおっとする所が尊(とう)とい。日本は巾着(きんちゃく)切(き)りの態度で美術品を作る。【注8】

［夏目漱石『草枕』1906］

(2.9)　老年になれば声量が減り，皺嗄れて来るのは自然の理であるから，あえてそれに逆らおうとしないで，自分に心行く限り唄おうとするのであろう。（中略）自分が楽しむよりも人を楽しませることを主眼とする西洋流の声楽は，この点において何処か窮屈で，努力的，作為的である。聞いていて羨ましい声量だとは思っても，その唇の動きを見ていると何んだか声を出す機械のような気がして，わざとらしい感じが伴う。だから唄っている本人の三昧境の心持が聴衆に伝わると云うようなことはないと云っていゝ。これは音楽のみならず，総べての藝術においてこの傾きがあると思う。
[谷崎潤一郎『懶惰の説』1930]

(2.10)　「そうじゃねえんだ，この字はへたじゃあねえんだ」と栄二は力をこめて云った，「――おれも初めはそう思ってた，ついこのあいだまで，なんてまあへたくそな字だろうって思ってた，ところがおちついてよくよく見ると，へたどころか本筋の字だってことに気がついたんだ」
　手習いをするのにうまい字を書こうと思うな，と芳古堂の親方が諄(くど)いほど云った。うまい字を書こうとすると嘘になる，字というやつはその人の本性をあらわすものだ。いくらうまい字を書いても，その人間の本性が出ていないものは字ではない。上手へたは問題ではない，自分を偽らずただ正直に書け，親方はいつもそう云っていた。
[山本周五郎『さぶ』1963]

ここまで見てくれば，我々にも思い当たることがあるだろう。「ゆるキャラ」である。「ゆるキャラ」を愛で楽しもうとするみうらじゅん氏にとって，意図されたゆるさを何よりも警戒・排除しなければならないものであった（第1章第1節（1.3））。それは氏の奇癖というより，作品を通じた人間鑑賞の正道に沿った反応と言うべきだろう。

人物評が意図となじまないという実例は，小説の中にも見ることができる。次の例（2.11）は谷崎潤一郎の小説『細雪』の一節で，蒔岡幸子(まきおかさちこ)が奥畑(おくばたけ)という男性を【注9】，不愉快に感じていると記されている部分である。文章中，言及される箇所には下線を付しておく（次の例（2.12）も同様とする）。

(2.11) 平素の奥畑はいやにゆっくりゆっくりと物を云う男で，そこに何か，大家の坊々(ぼんぼん)としての鷹揚(おうよう)さを衒(てら)う様子が見えて不愉快なのであるが，今日は興奮しているらしく，いつもよりも急(せ)き込んだ口調で云うのであった。
[谷崎潤一郎『細雪』中巻，1947]

ここでは，奥畑が不愉快に感じられるのは，その話し方がゆっくりしていて，大家の御曹司のようだからとされている。だが，奥畑は事実，没落しかけとはいえ大家の御曹司であり，そのことは幸子も承知している。奥畑に対する幸子の不快感は，貧民のくせに大家の坊っちゃん然として，といった「身分詐称」によるものではない。また，余裕たっぷりに育てられた大家の御曹司である奥畑の話し方が自然とゆっくりしていて，そこに鷹揚さが感じられるのが許せないということでもない。幸子が許せないのは「大家の坊々としての鷹揚さを衒う様子が見えて」，つまり奥畑が自身のゆっくりした話し方と，大家の御曹司らしい鷹揚さとの結びつきを意識した上で，それを良しとして意図的にゆっくりしゃべっているからということである。

『細雪』（中巻）にはもう一人，意図を露出させてしまっているために低評価に甘んじなければならない男性が登場する。洪水に遭った幸子たちを見舞おうと，元・奉公人の庄吉は取る物も取りあえず苦労して一番に駆けつけ，皆の無事な姿に涙声で「よろしゅうございましたなあ」と話しかける。一見，忠義者としか思えない姿だが，これは幸子の目には，次の（2.12）のように単なる芝居好きの自己満足としか映らない。

(2.12) と，そこへ悦子が帰って来たので，まあ，娘(とう)ちゃん，よろしゅうございましたなあと，―― 平素から口数の多い，表情たっぷりな物云いをする男なので，―― <u>わざと鼻を詰まらせたような作り声を出して</u>云った。

［谷崎潤一郎『細雪』中巻，1947］

忠義者らしく，と声の調子をコントロールして涙声にすると，このようにいくら善行を積んでも，望む評価は得られず，報われない。

意図を前提とするコミュニケーション行動観は，「この人物が，このような言動をしても，このように評価されるのはなぜか？」という，コミュニケーションに生きる我々にとって最も切実な関心事，つまりコミュニケーションを研究する上で最も重要と思えるものを，研究の視野からそっくり外してしまう。

問題は，コミュニケーション行動ばかりではない。意図を前提とする考えは，発話についても，言語についても，問題を引き起こしてしまう。その一端を見てみよう。

第 3.2 節　目的論的な発話観の問題

ここでは，目的論的な発話観の問題を，挨拶という発話に即して述べる。

明らかな晴天のもと，街で出会った知人に「いい天気ですね」と言うのは，相手に晴天を伝えるため，とはさすがに考え難い。しかし，一見したところ目的が無いかに思えるこの発話にも，やはり目的がある。それは，相手と良好な人間関係を築くこと，あるいはその良好な人間関係を保持することだ，この目的を果たすために「いい天気ですね」と言うのだ，というのは，目的論的な発話観による挨拶発話の説明である。

だが，相手と良好な人間関係を築き保持しようとする上で何よりも障害になるのは，「あなたと良い関係を築くために，私はあなたに挨拶しますよ。いい天気ですね」などと，「相手と良い人間関係を築き保持しよう」という意図も露わに挨拶し，相手を「この人が私に挨拶してくるのは，それなりの魂胆（目的）があってのこと」と警戒させることではないのか。他者に挨拶することで良好な人間関係が構築・保持されやすくなるとしたら，それは挨拶することがそうした目的無しにおこなわれてこそではないのか。いや，目的はあってもよいが，相手に気付かれなければこそ（つまり相手にとっては，無ければこそ）の話ではないのか。であれば，「挨拶発話は，良好な人間関係を構築し保持するために」という目的論的な説明は，挨拶する者の隠された意図を暴露したものなのか。しかし，我々が他者に挨拶する時，そうした意図が必ずしも無く，何気なく挨拶することがあるとしたら，つまり挨拶する者にそうした意図が必ずしも無いとしたら，この説明は一体何なのだろうか【注10】。

第3.3節　道具論的な言語観の問題

意図を前提とするコミュニケーション行動観は，「言語を中心に考えられた」はずだが（第2節（2.5）を参照），実際は，言語を観察する上でも数々の問題を引き起こしてしまう。このことを，道具論的な言語観の問題として述べておきたい。

言語とはよく言われるような記号の体系というより，しゃべることだと考えている筆者にとっては（定延2000），言語と発話は実質的に重なる。だがそれでも，発話観の問題（つまり先の第3.2節）というよりは，言語観の問題としてここで述べるべきものは残っている。ここではその中でも最も重要と思われる問題を取り上げておこう。

それは，「道具論的な言語観は正しくない。現実の言語の姿をとらえていない」ということではない（その種の批判的検討については定延(2016)を参照されたい)。ここで述べるのは，「道具論的な言語観は人々を不幸にする」ということである【注11】。

或る会社が，或るスマホを開発したとする。このスマホは，一般のスマホと基本的に同じ性能を持っている。だが，このスマホは電波状況が極端に悪く，ごく限られた一部の地域でしか使えない。しかも，その地域の中でも，同じスマホのユーザーとしか通信できないとする。では，どこでも誰とでも通信できる他社のスマホを差し置いて，このスマホをわざわざ買いたいと思う人間はいるだろうか？　電波状況が大幅に改善する見込みも無い中で，こんなスマホを世に広めようとすることは，社会的に許されることなのだろうか？　はた迷惑ではないだろうか？

もしも，もしも言語が人間にとって道具でしかないのであれば，世界で最もよく流通している英語以外のすべての言語は，このスマホと違わない。たとえば日本語は，英語に比べて，狭い地域でしか，しかも日本語を話せる人としか話せない，ただの不便な道具ということになってしまう。そんな日本語を教え広めることは，はた迷惑ではないか，ということにもなってしまう。

その割合や速度はともかく（Krauss 1992, Simons and Lewis2013），世界じゅうでさまざまな言語がいま，消滅へと向かっている。この言語消滅の動きを何とか食い止めようとする力を，道具論的な言語観は何ら与えてくれない。それどころか，逆に言語消滅の動きを正当化してしまう。この点で，道具論的な言語観は，英語以外の全ての言語の母語話者を萎縮させ，不幸にする。

もちろん，言語はスマホではなく，単なる道具ではない。たとえば，筆者がここ10年間，日本語学習者を含むさまざまな人々の「面白い話」を収録して，そのビデオをインターネット上で公開し，それらについての論文集を編集しているのは（Sadanobu 2018, 定延編 2018），このことに関わっている【注12】。

フランス語を母語とする日本語学習者がフランス語の面白い話を日本語で披露してくれても，それは往々にして，あまり面白くはない。フランス語にはフランス語の面白さのセンスがあり，日本語には日本語の面白さのセンスがあるからである。ロシア語にはロシア語の面白さのセンスがあり，英語には英語の面白さのセンスがある。つまり言語は面白さのセンスが宿る場所でもある。

新たな言語を学ぶということは，その言語ならではの面白さのセンスを身につけ，それまで知らなかった面白さを味わえるようになるということでもある。世界じゅうの人々が，単なる情報伝達の道具としてしか英語を受け入れず，英語が持っている面白さのセンスに見向きもせず，英語のジョークに反応しないとしたら，英語の母語話者もまた不幸だろう。この点で，道具論的な言語観は英語も含めて，全ての言語の母語話者を不幸にする。

第4節　まとめと補足

この第2章では，伝統的な人間観，つまり静的で，意図を前提とする人間観が，「人間はコミュニケーションの状況に応じて，自身の意図とは関わり無く変わる」という現実の現象を受け入れられないことを示した。日本語社会の人々はこの現象を「キャラ(クタ)」の変化と呼んでおり，筆者の「キャラ（クタ)」もこの「キャラ（クタ)」と同じものを指している。

「キャラ（クタ)」の現象を別としても，伝統的な人間観は，さまざまな問題を，コミュニケーションについて，発話について，言語について有しており，保持できない。疑わしいのは，「キャラ（クタ)」という概念ではなく，「キャラ（クタ)」を疑わしく見せていた伝統的な人間観の方だ，ということになる。

では，以上のように大きな限界を持つこの人間観が，長らく保持され，まさしく「伝統的」なものになりおおせているのは，どういうことなのだろうか。次の第3章では，「伝統」の実態を紹介し，その理由を考えてみよう。

【注】

1：成長や老化といった経年変化は人間に不可避なものとして，ここでの「静的な人間観」の範囲外となっている。

2：この図は定延（2016）第4章の図4.1を改変したものである。元々，定延（同）第4章で「コミュニケーション観」としていたものを，ここでは「コミュニケーション行動観」としたというのが改変の内容である。但し，その改変は，「コミュニケーションは行動と考えるべきではない。コミュニケーションとコミュニケーション行動は別物である。コミュニケーションはコミュニケーション行動だけでなく，状況も含めて，総体としてとらえるべきものである」という定延（同）第6章の主張に従ったものに過ぎない。順を追って論を展開する必要上，第6章の前に位置する第4章の図4.1ではやむなく「コミュニケーション観」と記したものであって，実質的な改変ではないことを断っておく。

3：この物語はテレビ版を定延（2018）で取り上げたが，約40年前の記憶に基づく不正確な箇所であった。この場でお詫びすると共に，ここでは原作を挙げておく。

4：「使い分ける」という語が意図的な動作を表すことは，第1章第3.1節の注18を参照されたい。

5：明言こそされていないが，瀬沼（2007）も同様と思われる。

6：もらい泣きの例は鎌田修氏に提供していただいたものである。

7：小説をデータとする趣旨については，序章第3節で述べたとおりである。

8：この文章は中国の美術品を（表現は悪いが）肯定的にとらえたものである。この文章を引用することに，中国人を揶揄蔑視する意図は無いということ，念のために付記しておく。

9：この男性の名は，実は読みがはっきりしていないことを断っておく。新潮文庫の『細雪』では「おくばたけ」とルビが振られているが，映画『細雪』（東宝，1983年）の，この男性の名が載った新聞記事が映る箇所では，名に「おくばた」とルビが振られている。ここでは仮に新潮文庫版に従った。

10：挨拶に代表されるファティック・コミュニオン（phatic communion，言語交際）を紹介する人類学者・マリノウスキーのことばには（Malinowski 1923：石橋訳，2008），「言語が自由に目的もなく」（訳 p. 404），「あることを知らせるためでもなく，またこの場合には，ある活動に人を結束させるためでもなく，思想を表現するためではなおさらなくして，ただ漠然と取り交される。かような言葉は共通の情操を起こすに役立つ，といってさえ妥当でないとわたしは思う」（訳 p. 404）といった非目的論的なものだけでなく，「社交用に用いられる」（訳 p. 404），「それは社会的機能を果たすものである。そしてそれが主要な目的である」（訳 p. 406）といった，目的論を思わせるものが混じっている。筆者はかつてこれを（いくぶん大雑把な形で）指摘し，「残念と言わざるを得ない」と述べた（定延 2016：67）。だが，「目的が無い」言語が「社会的機能」を果たし，それが「主要な目的」だというあまりにも明白な矛盾を抱え込んだマリノウスキーのことばは，あるいは，筆者が「機能」とは別に「駆動」と呼ぶもの（第5章第2.3節）を指したものなのかもしれない。

11：厳密に言えば，ここで取り上げる問題は，道具論的な言語観の問題というよりも，道具論的な言語観が伝達を前提とするコミュニケーション行動観と結びついてできあがる考え，つまり「言語とは情報伝達の道具である」という考えの問題である。だが，道具論的な言語観と同様，伝達を前提とするコミュニケーション行動観も広く深く浸透しているので，両者の結びつきの問題を指摘しておくことは多くの読者にとって意味があるだろう。道具論的な言語観のその他の問題や，伝達を前提とするコミュニケーション行動観の問題については定延（2016）を参照されたい。

12：詳細は第4章第1節の【注4】で紹介する。

第3章　伝統的な人間観の重要性

前章で見たように,伝統的な人間観はさまざまな問題をはらんでいる。にもかかわらず，この人間観は，我々の疑念や批判をも長らくかいくぐり，それどころか，我々を拘束し,「伝統」となりおおせている。この人間観はなぜそのような力を持っているのだろうか？——この章ではこの問題を検討してみよう【注1】。

以下，この伝統的な人間観が我々にいかに浸透しているか，その実態を示した上で（第1節)，その浸透の原因を論じたい（第2節)。最後に全体をまとめて補足する（第3節)。

第1節　伝統的な人間観の浸透の実態

伝統的な人間観つまり静的で意図を前提とするコミュニケーション行動観は,「無学な一般大衆」に見られる民間信奉といったものではまったくない。それはコミュニケーションや言語の専門的な研究の文脈にも，しばしば顔をのぞかせる。発信者が意図的なもののみをコミュニケーション行動と認めるナイダたちや（Waard and Nida 1986: 11),意図が送信者自身にはっきり意識されている場合に限ってコミュニケーション行動と認めるエクマンとフリーゼン（Ekman and Friesen 1969: 55-56）など，錚々たる大学者たちが，意図に基づくコミュニケーション行動観を持っている。また，グライスの「非自然的意味」(non-natural meaning, Grice 1957）から，スペルベルとウィルソンの関連性理論（Sperber and Wilson 1986）の「伝達意図」(communicative intention),「情報意図」(informative intention)，そして「意図明示的推論コミュニケーション」(ostensive-inferential communication）に至るまで，さまざまな発話研究では，発話の意図や目的が前提に（少なくとも中心に）置かれている。だがここでは，それらの個別的研究ではなく，もっと一般的な傾向に目を向けたい。

もし我々が，伝統的な人間観にとらわれた研究者だとすると，我々は，たとえば以下の4つの「症状」を示すことになる。

第1.1節　症状1：意図の秘匿／露出に鈍感になってしまう。

声の調子を表す「パラ言語」という用語が，非意図的な声の調子を含まないという定義（藤崎 1994）を見ても，我々は特に不足を感じない。非意図的な声の調子を含む「パラ言語」の定義（例：Poyatos 1993）の必要性を感じない。多くの人間が何よりも気にする「人物評」（第2章第3.1節）に直結する，意図の秘匿と露出に対して，我々は鈍感になってしまう。

たとえば「コミュニケーションでは，話し手は，状況に応じて最適なスタイルを選び，そのスタイルに合わせて，話す速度や，鼻音化度など，声の調子をコントロールする」などと聞いても，我々は何ら違和感を覚えず，もっともな行動だと感じてしまう。これがコミュニケーションのごく限られた局面で成り立つ理屈に過ぎず，実際には，話す速度をコントロールしている『細雪』の奥畑や（第2章（2.11）），鼻音化の度合いをコントロールしている庄吉が（第2章（2.12）），そうした行動ゆえに嫌われているということを，我々はすっかり忘れてしまう。

またたとえば，挨拶である。相手と良好な人間関係を築き保持しようとする上で何よりも障害になるのは，「あなたと良い関係を築くために，私はあなたに挨拶しますよ。いい天気ですね」などと，「相手と良い人間関係を築き保持しよう」という意図も露わに挨拶し，相手を「この人が私に挨拶してくるのは，それなりの魂胆（目的）があってのこと」と警戒させることだろう。そのことを知りながら，我々は「人間が挨拶するのは良好な人間関係の構築・保持のためである」といった説明を信じてしまう（第2章第3.2節）。まぎれもなくそのような人間関係（そして売買関係）構築の意図で近づいてくる，街角の見知らぬキャッチセールスのアルバイタの挨拶と，知人たちの挨拶を同一視してしまう。

第1.2節　症状2:「狩人の知恵」と「クマの知恵」を同一視してしまう。

クマを追い，その生態を長年観察してきた狩人がいま，地面に残されたクマの足跡を見て，足のめり込み具合や，足指の太さなどを推し量り，「このクマの足跡は，このクマがいま最高に肉がうまいことを表している」と言ったとする。それを聞いても，我々は別段笑いはしない。だが，狩人の話を聞いた誰かが「このクマはこの足跡で，自分がいま最高に肉がうまいことを表しているのだな」と言えば，我々は「狩人の知恵とクマの知恵を同一視してはいけない。クマがそんなことを知って，わざわざ表したりするものか」と笑う。

ところで，跳躍するような上昇音調とそれに続く下降音調は，日本語の文節末尾にはよく現れるが，文末（最終文節）にはあまり現れない【注2】。たとえば文「だから，あたしは，イヤなの」の場合，「だから」をこの音調で「だからぁ」と言い，続く「あたしは」もこの音調で「あたしはぁ」と言うことは自然だが，文末の「イヤなの」をこの音調で「イヤなのぉ」と言うのは不自然である。このことに気づくと我々は，「この音調は，まだ文末でないことを表している」と言う。そしてさらに，「話し手はこの音調で，自分がまだ文末に至っていないことを表しているんだな」と，言ったりもする。この時我々は，自分が「まだ文末に至っていないことを表そう」と思ったことなど一度も無いということを，都合良く忘れている。

またたとえば，我々は流ちょうでない発話について研究し，流ちょうでない話し方にもそれなりのパターンがあることを学ぶ。日本語には，たとえば「構造改革を」と言うべきところで，「こうぞうかいかく，うーを」と言ったり，「こうぞうかいかくを，おー」と言ったりする，つっかえのパターンがあることを我々は知る。このパターンが，テレビに出てくる政治家のような権威者専用のつっかえ方であると我々は知る。すると我々は「話し手はこのようなつっかえ方で，自分が権威を持っていることを示すのだ」などと言う。政治家がテレビの前で一番やりたいことは，謙虚で庶民的な姿を視聴者に見せることであって，「自分が権威を持っていることを示す」など（実際持っているのだが），絶対にしそうにないことだということを，我々はそのとき都合よく忘れている。「狩人の知恵とクマの知恵を同一視してはいけない」ということを，我々は都合よく忘れてしまう。

第 1.3 節　症状 3：現象の説明に「カメレオンの見立て」を持ち出してしまう。

動物の進化に関する啓蒙的なテレビ番組で流れる，「カメレオンの祖先たちは，体色を環境に同化させる，保護色という進化の道を選びました」といったナレーションは，あくまでレトリカルな「見立て」である。保護色を身につけていない祖先の段階から，現在のカメレオンの段階に至るまでのプロセスに，驚嘆すべき進化の謎が隠されていることは確かだが，カメレオンの祖先が，進化や保護色という概念を実際に理解し，自分たちの前に広がるさまざまな進化の可能性から，「保護色を身につける」という道を実際に「選んだ」わけではない。そのことを我々はよく知っている。

しかし，我々はコミュニケーションや言語の現象に対して，等身大の人間からかけ離れた，異様なまでに理知的な話し手像を持ち出し，「カメレオンの祖先がその道を選んだのだ」式の説明を繰り出してしまう。すでに述べたことと重なるが（定延 2008：前書き；2016b：第 4 章；2016c：前書き），例として日本語の「「ら」抜きことば」を取り上げてみよう。ここで「ら」抜きことばというのは，たとえば「見ることが可能」という意味の「見れる」や，「寝ることが可能」という意味の「寝れる」のように，伝統的な動詞可能形（「見られる」「寝られる」）からすれば「ら」を抜いたような形式になっている可能形の動詞のことである。「ら」

抜きことばは古い時代にも見られないわけではないが（たとえば川端康成『雪国』(1948) や武者小路実篤『真理先生』(1951) の「来れない」), 現在, 若者を中心に増加傾向にある（文化庁 2011)。我々はこれを知ると,「若年層は, 助動詞「られる」の多くなり過ぎた機能を軽減しようとしているのだ」などと説明してしまう（辛（2002：113）を参照)。助動詞「られる」は,「人に見られる」では受身,「民の声に耳を傾けられる」では尊敬,「冬の到来が感じられる」では自発,「どうにか着られる」では可能というように, 現在4つもの機能（受身・尊敬・自発・可能）を担い, 負担の過重が生じているので, 若年層はこのうち可能の意味を「れる」に委ねて「られる」から切り離すことにより,「られる」の機能負担を4つから3つに軽減しようとしているのだ, というのがこの説明である。「ら」抜きことばが「何となく」「自分でも知らぬ間に」発せられることばであって, 若年層の乱れたことばとして上の世代から叩かれていること, この若者叩きに反論して, 助動詞「られる」の負担機能の多さを挙げ,「ら」抜きことば使用に踏み切った「真意」を説く若者が一人も現れないということから, 我々は目を背けてしまう。「カメレオンの見立て」が見立てであることを忘れてしまう。

第1.4節　症状4:「機能」「働き」「役割」概念を無制限に導入してしまう。

たとえば, ハサミの「機能」「働き」「役割」を問われれば, 誰でも「紙や布などを切ること」などと即答できる。だが, 秋の日や夕暮れや14歳の「機能」「働き」「役割」を問われれば, 返答に窮する。花びらの「機能」「働き」「役割」を問われてもやはりとまどうが,「植物は個体や種の保存という目的のために, 自身の身体を道具のように使う」という花びらの道具論的な見立てに思い当たれば,「虫を惹きつけること」「雄しべや雌しべを守ること」のように, それらしい答を出せる。このように,「機能」「働き」「役割」といった概念は道具論的な概念であって, どのようなモノについても想定できるわけではない。

だが我々は，どのようなコミュニケーション行動，発話，語句やイントネーションにも「機能」「働き」「役割」が常に必ずあるものと決めてかかり，それらの「機能」「働き」「役割」を論じる。そのような立論が無効な可能性を見過ごしてしまっている。

以上の症状はコミュニケーションや言語の研究において何ら珍しいものではない【注3】。このことは，伝統的な人間観がいかに浸透しているかを物語っている。

では，伝統的な人間観がこのように我々の社会に広く深く浸透し，うまくいっているのはなぜだろうか？　次の第2節では，この問題を論じる。

第2節　伝統的な人間観の浸透の原因：良き市民社会の「お約束」

伝統的な人間観が，さまざまな問題を有しながらも依然として力を持ち続けているのは，なぜか？――この問題に対して，ここで「人間が市民社会を営む上で，静的な人間観が必要だから」という説明案を提出したい。

この考えによれば，我々は伝統的な人間観を必要としているが，直接的に必要なのは伝統的な人間観のうち「人格の分裂を除けば，人間は状況に応じて変わらず，安定している」という静的な人間観の部分である。自己はともかく，他者には，ぜひとも静的で，安定していてもらわねばならないと我々は考えている。

そして，この静的な人間観を保証してくれるものとして二次的に必要とされるのが，意図に基づく人間観である。静的な人間観にとって，人間が意図とは関わり無く変わり得るということほどまずいものはない。意図に基づく人間観を認めて，人間の変化は必ず意図的なもの，つまり有責的で非難可能なものということにすれば，状況に応じて変化する他者を「意図的な偽装」のかどで告発・非難でき，抑制でき，人間を静的なものとみなすことはより容易になる。状況に応じて変化した人間を非難するには，その人間が「自分の意図とは関わり無く変わってしまう，感応力の高い火星人」ではなく，「自分の意図で変わる卑怯なコウモリ」（第2章第2節）であってもらう必要があるからである。以下，この考えを詳しく述べる。

我々が静的な人間観を必要とするのは，それがまともな市民社会を営み，お互いに付き合っていく上で，どうしても必要だからではないか。

仮に「人間は変わる」ということが非難されない「自然状態」を考えてみると，相手と別れた瞬間から，相手はどう変わるかわからない。いままで揉み手をして愛想を振りまいていた相手が，自分が相手に背を向けた途端に襲いかかってくるかもしれない。その相手の変化を「裏切り」つまり約束違反と呼んで責めることさえできない。というのは，そもそも約束とは，それを取り交わした瞬間も，次の瞬間も，さらに次の瞬間も有効と思えなければ，つまり人間は変わらず安定しているものだと思えなければ，意味をなさないからである。

こうした「万人の万人に対する戦争」（Hobbes 1642，本田訳 2008：21）という前・市民社会の状態に現在の人々が陥らずに済んでいるのは，約束というものを人々が互いに守ろうとするおかげなのだろうが，その前提にはまず，「人間は変わらない」という静的な人間観の受け入れがあるのではないか。約束を取り交わす前の問題として，約束を取り交わす場に，お互い，その場限りでなく安定して変わらない，いわば「本物」の人間として現れているのだ，という当事者間の了承が必要なのではないか。

その了解を一方の側から，敢えてことばに表せば，「私の前に現れているあなたは，明日も明後日も変わらない，本物のあなたでしょう。あなたは本物であり，正体を偽って私の前に現れたりなどしていないと，私は認めます。同じように，あなたの前に現れている私も，本物の私です。

あなたと別れた後も，私は24時間365日，360度誰に対しても変わらない，こういう人間です。認めてください」ということになる。もちろん，現実には「本物」の偽装がしばしばあり，そのことばどおりには必ずしもいかないと皆わかっているので，丁寧の接頭語「お」を付けて「お約束」と皮肉めいた形で呼ぶあたりが適当かと思われるが，とりあえずは「私たちはお互い，その場限りでない，安定的で変わらない，本物だ」というお約束を認め合うのが，良き市民社会におけるコミュニケーションの第一歩と言えるのではないか。

以上のように，静的な人間観が，否定され，捨て去られるだけのものではなく，我々の市民社会にとって必要な「お約束」でもあると考えてみると，新たに説明のつくことが少なくとも3点ある。以下それを述べてみよう。

第1点は，いま述べた「お約束」を破る人間の不安定性をあからさまに口にすることが，タブー違反の行動として避けられがちだということである【注4】。たとえば「あなたにも私の知らない面がいろいろとおありでしょうね」「このあと，私と別れてあなたがどこでどうなさるかは，私にはわからないことですが」「あなたも，いつ何時，変わられるかわかりませんね」といった発話は，よくよく考えてみれば誰についても当てはまる，当然のことを述べているに過ぎないが，口にすれば対話相手をドキリとさせ，当惑させ，飛び退かせる力を持っている【注5】。

静的な人間観が我々にとって必要な「お約束」だと考えることで，新たに説明がつく第2点は，状況に柔軟に対応しない，あるいはできないという硬直性が，否定的に評価されるのではなく，時に賞賛され，要求され，好んで実践される，ということである。まず賞賛について，3つの実例を見ておこう。

最初の実例は，高倉健という有名な俳優の死亡を伝える新聞記事で（東京新聞2014年11月18日夕刊1面），概要を述べると，「高倉健さん死去」という大見出しと同程度の大きさで掲げられているのは「孤高」「不器用」

「男の美学」というフレーズである。このうち2番目の「不器用」は,「器用」つまり状況対応の柔軟性の高さを表す語の反意語で，通常は否定的な評価のことばだが，ここでは数多くの映画で高倉健が演じてきた不器用な男（それらは映画の中で肯定的に描かれている）と高倉健自身が重ね合わされ，その魅力が讃えられている。

次の実例を【イメージ 3.1】に掲げる。これは,寿司屋チェーン店「がんこ寿司」の店舗の様子である。

【イメージ 3.1】寿司屋チェーン店「がんこ寿司」宗右衛門町店の外観

[http://soemon-cho.com/shop/eat/sushi/post-4.html]

ここでは,「がんこ寿司」というチェーン店名が，いかにも頑固そうな創業者の似顔絵と共に，大小そして縦横さまざまな看板や暖簾に記されている。融通が効かないことを意味する「頑固」ということばは,「頑迷」「頑な」「固陋」などの類義語と同様，一般的には否定的評価のことばでしかないが，ここではそれが店名に採用され，一本気な職人気質を，そして結果として料理の味の良さをアピールする宣伝に使われている。融通が利かないことを意味する語の中には,「こだわる」「妥協しない」のように，否定的な評価の場合だけでなく，肯定的な評価の場合にも現れるものがある。

最後の実例は，「武骨者（ぶこつもん）」という焼酎の名称である。ボトルの画像はインターネットに載っている（http://www.komasa.co.jp/goods/detail/bukotsugold）。先の「不器用」や「頑固」が状況に柔軟に対応しないこと，あるいはできないことを意味するのに対して，「武骨」は柔軟に対応できない人間の人柄を意味するが，一般に否定的な評価のことばである点は「不器用」「頑固」と同じである。そして，これが焼酎の名に採用されていることから推察されるように，ここでは「武骨」が肯定的な評価のことばとされている。なお，この焼酎の web ページには，商品紹介の箇所に「こだわり芋焼酎」という見出しもある。

以上で示された「不器用」「頑固」「武骨」の硬直性が，我々の市民社会にとって必要な「お約束」つまり静的な人間観に沿う方向にあることは言うまでもない。

こうした硬直性は，有名な俳優や，成功した寿司チェーン店の経営者，あるいは酒のラベルで謳われる或る種の理想像だけのものではない。もっと日常的な生活の中にも，こうした硬直性への意識的な志向が観察されることがある。

若年層を対象として電通総研が2015年に実施した調査によれば【注6】，「ふだんの生活で使うことのあるキャラの数」の平均値は，高校生が 5.7，大学生が 5.0，20 代社会人が 4.0 であり，また「Twitter 登録者の所有アカウント数」の平均値は，高校生が 3.1，大学生が 2.5，20 代社会人が 2.7 である。この調査と自身の小規模なインタビュー調査を踏まえて，社会学者・瀬沼文彰氏は「アカウントごとのキャラの使い分け」を示唆している（Senuma 2015; 瀬沼 2018）。「複数のキャラを使う」という回答は，伝統的な人間観の限界を示していると言えるが，1 つのアカウントでの発言の「触れ幅」が大きくならないよう若年層が気に懸けているとすれば，そこには硬直性への志向が見てとれる。

「複数のキャラを使う」という回答が，決して大っぴらに回答されているものではないということにも注意する必要があるだろう。電通総研の調査はWebページを介したアンケート調査であり，個人が特定されるおそれは少ない。我々はこの他にも「複数のキャラがある」という発言を第1章以降見ているが，そのうち，冗談めかした《姉御》キャラ発言（(1.22)（2.1)）の個人ブログを別とすれば（但し現在は閉鎖されている)，バイト先と学校などでキャラが違うという告白などは多かれ少なかれ匿名性が守られている電子掲示板での書き込みであり，やはり大っぴらなものではない。ここに伝統的な静的人間観の束縛を見ることは不自然なことではないだろう。

以上のことは，最近の若年層に限ったことではなく，以前から見られることである。我々は状況に柔軟に対応することを常に良しとするわけではなく，時には状況の変化に抗い，古い状況に敢えて執着する。以下，上下関係の変化という状況変化に関して，小説から3つの例を挙げる【注7】。

上下関係の変化にさっそく対応して，かつての下位者が，かつての上位者に傲慢な態度を取ることは非難されがちである。定延（2011）でも指摘したことだが，それはたとえば小説『白い巨塔』の登場人物，佐々木商店の出入り業者･野村の描かれ方に見ることができる。次の例（3.1）を見られたい。文章中，以下で直接言及される箇所には，読者が発見しやすいよう下線を付しておく（例（3.3）までも同様とする)。

（3.1）　夫の庸平が達者で店を繁昌（はんじょう）させていた時は，卑屈なほどの腰の低さで出入りし，よし江にも御寮人（ごりょうん）はんと<u>お世辞がましく</u>呼んでいた野村が，<u>掌（てのひら）を返したように</u>ぞんざいな口調で奥さんと呼び，くわえ煙草（たばこ）で，すっかり品薄になった店内を見廻した。

［山崎豊子『白い巨塔』（四）1969］

野村にとって佐々木商店は，かつては安定した大口の取引先であった。

だが，佐々木庸平の死去によって佐々木商店が没落し，いつ倒産してこちらに迷惑をかけるかもしれないリスキーな商売相手に成り下がると，それに応じて野村は態度を一変させる。ここでは，その変化が「掌を返したように」と，非難されるべきものとして描かれているだけでなく，以前の丁寧だった野村の様子も「卑屈」「お世辞がましい」と描写されており，つまり野村の人間性が，節操の無いものとして否定されている。

逆に，かつての上位者が下位に転落した場合はどうだろうか。次の例（3.2）を見られたい。

（3.2）絵島丸が横浜の桟橋（さんばし）に繋（つな）がれている間から，人々の注意の中心となっていた田川夫人を，海気にあって息気（いき）をふき返した人魚のような葉子の傍において見ると，身分，閲歴，学殖，年齢などというかめしい資格が，却て夫人を固い古ぼけた輪廓（りんかく）にはめこんで見せる結果になって，唯神体のない空虚な宮殿のような空いかめしい興なさを感じさせるばかりだった。女の本能の鋭さから田川夫人はすぐそれを感付いたらしかった。（中略）と云って今まで自分の子供でもあしらうように振舞っていた葉子に対して，今更ら夫人は改った態度も取りかねていた。

［有島武郎『或る女』1911-1913］

この例では，現在からおよそ100年前の，横浜からシアトルへ向かう船「絵島丸」での地位の変化が描かれている。乗船時には，高い身分や学歴を持っている田川夫人が圧倒的な上位にあり，早月葉子の下位は動かなかった。ところが，何十日にもわたる長い船上生活の中で，外界とつながらなければ意味の無い身分や学歴などに代わって，いまそこにある早月葉子の美しさが人々の心をとらえ，田川夫人を凌ぐほどに，葉子の地位を押し上げてきた。しかし，末尾には「今更ら夫人は改った態度も取りかねていた」とある。夫人のプライドがそれを許さないというわけである。

まったく同様のことが子供についても当てはまる。次の例（3.3）を見られたい。

(3.3)　そのころ西隣へ縫箔（ぬいはく）を内職にする家がこしてきてそこの息子の富公（とみこう）というのがあらたに同級になった。彼はさっぱり出来ない子だったが口前がいいのと年が二つも上で力が強いために忽ち（たちま）級の餓鬼大将（がきだいしょう）になった。で，自然私はこれまでのように権威をふるうことができないばかりか<u>体面上そうそう頭をさげてゆくこともならず</u>，ひとり仲間はずれの形になってしまった。

［中勘助『銀の匙』1913］

この例では，上位者と下位者の逆転ではなく，新たな最上位者が外部からやってくるというケースが描かれているが，それまでの最上位者が下位へ転落するという点では，先の例と変わらない。転落者の「私」が，下線部のように「体面上そうそう頭をさげてゆくこともなら」ないのは，子供ながらの矜恃（きょうじ）だろう。

静的な人間観が我々の市民社会にとって必要な「お約束」だという考えで，説明がつく最後の第3点は，我々がすでに見たものである。それは，社会生活を送る中で人間が最も気にする人物評が，技能評や作品評と異なり「意図となじまない」，ということである。自分の見え方や聞こえ方を意図的に操作して，自分の評価をより良くしようとすることが禁じられているとしたら，それはとりもなおさず，我々が「人間は変わらない」という静的な人間観を必要とし，内部に有しているからだろう。

第３節　まとめと補足

この第３章では，伝統的な人間観，すなわち静的で，意図を前提とする人間観が，さまざまな問題をはらんでいる（第３章）にもかかわらず，なぜ我々を拘束し，力を持っているのかという問題を検討した。

そこで提案されたのは，我々が良き市民社会の「お約束」として，伝統的な人間観，より直接的には静的な人間観を必要としているという説明案である。この案によれば，人々がお互いを信頼して，さまざまな約束を取り交わし，まともな市民社会を作るには，まず前提として「あなたも私も変わらない」という静的な人間観を受け入れてこれに頼る必要がある。意図を前提とする人間観が保持されるのも，静的な人間観を保証するためであり，これが伝統的な人間観が持つ力の源泉だというのが，この説明案である。

また，この説明案を認めれば，さらに理解できることとして，「あからさまに「お約束」の違反を口にすることがタブー違反の行動として避けられがちであること」「状況の変化に対応しない硬直性が時に賞賛され，要求され，好んで実践されること」そして「社会生活を送る中で人間が最も気にする人物評が，意図となじまないこと」を見た。

現在，コミュニケーションや言語の研究では，意味について，文法について，辞書について，その他さまざまなものについて，これまでの静的なとらえ方に代わって，動的なとらえ方が打ち出され，注目されている。静的であることはそれだけで悪で，動的であることが無条件で正しい，と言わんばかりの風潮が感じられることさえある。確かに，「静的なとらえ方から動的なとらえ方へ」という推移は，コミュニケーションや言語を外から客観的に観察する研究者という「狩人」にとっては，妥当なものなのかもしれない。だが，そのコミュニケーションの中で言語を日々実践する言語生活者という「クマ」にとっては，必ずしもそうではない。もしも静的なものに頼っていかなければ「クマ」が生きていけないとしたら，静的ということは「クマ」にとっては意味あるものだろう。「狩人」もそれを，「クマ」にとって意味あるものとして，括弧に入れてではあるが，尊重しなければならないだろう。この章で述べたことが多少とも妥当なものであれば，我々は「静的」であることの良さにも目を向けなければならないのではないか。

では，日本の人々が，静的な人間観という良き市民社会の「お約束」を破る人間の不安定性を，「キャラ」という形で口にし始めたというのは，どういうことだろうか？　次の第4章では，この問題を考えてみよう。

【注】

1：伝統的な人間観からの逸脱は研究者からも否定的な評価を下されることがあるが（例：Erickson1968・ギデンズ 1991，バウマン 2004，岩木 2004），それらの評価は各研究者の学問的立場に深く関わっているので，ここではむしろ，伝統的な人間観が一般社会において有している力に目を向けてみたい。

2：「腹が立つぅ！」など，例外が無いわけではない。

3：これらの症状の一部は，現実の研究者のものでもある。但し，それらについては定延（2016）で具体的に取り上げたので，ここでは触れない。なお，これらの症状は言語研究における合意理論（consensus theory）の主流化，葛藤理論（conflict theory）の傍流化の傾向（小山 2018）とも部分的に関連するだろう。

4：ここで「タブー」と述べたものは，第1章第3.1節で「タブー」と述べたものと異なる。第1章第3.1節で「タブー」と述べたのは，「変わってはならない」という禁忌である。だが，ここでは「「人間とはその禁忌を破って変わるものである。つまり「変わってはならない」とは「お約束」に過ぎない」とあからさまに口にしてはいけない」という禁忌を「タブー」と呼んでいる。2つの「タブー」の内容はずれているが，「変わってはならない」がタブーであれば，「「「変わってならない」とは「お約束」に過ぎない」とあからさまに口にしてはいけない」もタブーになる。

5：この点が「キャラ」に関するインタビュー調査にとって大きな問題となり得ることは，序章第4節で述べた。

6：関東・関西・東海圏の未婚の若年層（高校生～20代社会人）3,000人を対象に，電通総研が電通若者研究部と2015年2月に実施したwebアンケート調査（電通総研2015）。

7：小説をデータとする趣旨については，序章第3節を参照されたい。

第4章　タブーとカミングアウト

先の第3章第2節で述べたように，良き市民社会に生きる我々にとって，静的な人間観という「お約束」を破る，人間の不安定性をあからさまに口にすることは，タブーに違反する行動として避けられがちである。では，まさにその人間の不安定性を，日本の人々が20世紀末あたりから（第1章第3節），「キャラ（クタ）」という，英語“character”にならない独自の語形で口にし始めたというのは，どういうことなのだろうか？――この章ではこの問題を，3つに分けて論じてみたい。

第1の問題は，人間の不安定性を口にするという近年の日本の人々の行動は，昔から洋の東西を問わずなされてきた行動なのか，なにか新しいものがそこにあるのか，という問題である。

第2の問題は，口にし始めたのがなぜ日本の人々なのか，という問題である。

第3の問題は，なぜそのために「キャラ」という語が持ち出されるのか，という問題である。

以下，第1の問題を第1節で，第2の問題を第2節で，第3の問題を第3節で扱う。最後の第4節はまとめと補足の節である。

第1節　欲求の相克と共同体のカミングアウト

人間の不安定性を口にするという近年の日本の人々の行動は，「人間の不安定性をあからさまに口にしてはいけない」というタブーに違反するものである。それだけに，この違反はあからさまな形でなされてはいない。

それは「自分はバイト先ではああいうキャラだが，学校では別のこういうキャラだ」とバイト先と学校の関係者双方に知らせるような，あからさまなものでは決してなく，基本的には多かれ少なかれ匿名性が保たれるインターネットを介した吐露（第１章第3.1節）だからである。ここには，タブーを敢えて破ろうとする姿勢よりもむしろ，タブーを尊重し，抗おうとしない姿勢が感じられる。そこでまず，この姿勢を踏まえて，人間の不安定性を，２つの欲求の相克，せめぎ合いとしてとらえてみよう。

２つの欲求とは，「変わりたい」という欲求と，「変わりたくない」という欲求である。仮に「バイト先では暗いキャラだが学校では騒がしいキャラ」という例（(1.23)（2.2)）に即して具体的に言えば，学校には学校の状況があり，バイト先にはバイト先の状況がある。それぞれの状況に対応したいというのが「変わりたい」という欲求である。他方，学校にいてもバイト先にいても自分は自分だというのが「変わりたくない」という欲求である。「変わってはいけない」という静的人間観に由来するタブーは，後者の欲求を後押しする。人間はできればこれらの欲求のいずれをも尊重し，従いたいが，それはできず，２つの欲求の間で揺れ動く。

このような，「変わりたい」「変わりたくない」という２つの欲求の相克は，いつの時代にも，どんな地域にもあることだろう。この相克の摩擦を解消する（というより軽減する）一つの形態として，ここで「共同体のカミングアウト」という考えを紹介する。題材として取り上げるのは，カツラと化粧，その他諸々である。

まず，カツラから取り上げよう。現実のカツラには，イギリスの裁判官が法廷でかぶるカツラ，演劇のカツラ，対戦型ネットゲームの中で登場人物に装着させる攻撃用・防御用のカツラ，さらにペットのカツラなど，さまざまなものがあるが，カツラを利用する大多数の人々にとって，カツラとはハゲを隠すための道具であろう。ここではこの種のカツラにかぎって話を進めることを断っておく。

カツラの価値とは，カツラだと見破られないところにある。もしも装着されたカツラが地毛ではなくカツラだと発覚すれば，それは，ハゲを隠そうとする装着者の意図が露見することに等しい。どうなるか？　展開の一例を，マンガから挙げておく（【イメージ 4.1】を参照。登場人物の発言を（4.1）に書き出しておく）【注 1】。

【イメージ 4.1】カツラ装着が露見した際の展開の一例

[花輪和一「三二九一九六九六（みにくいくろぐろ）」『新今昔物語――鵺』pp. 181-182，双葉社，1982]

（4.1）　まあまあ……何とさもしい男じゃろう　若くしてはげることなどちっとも恥ではないのに………　熊の毛皮で隠すとは……　こやつめ！　見損なったわ　もみじとて紅葉すればやがて散る……あるがまま自然のままが一番美しいのにこやつは中味より外見をとりつくろう貴族だわい！

ここに挙げたのは平安時代を舞台とするマンガの一節で，藤原長道という貴族が恋人の家で酒に酔いつぶれ寝てしまったシーンである。額に貼り付けていた熊の毛皮のカツラがはがれてハゲがばれると，長道はハゲを隠そうとする心根を恋人の母に罵られ，頭まで蹴られてしまう。

こうした悲劇は，男が「自分を実際よりよく見せたい」つまり「変わりたい」という欲求に衝き動かされて，「変わりたくない」という欲求をはね除けた，つまり「自分の人物評を操作しようとしてはいけない」というタブー（第2章第3.1節）を破った結果と考えることができる。

もちろん，カツラをかぶる人の事情はさまざまであって，一概に「さもしい」などと片付けられるものではないし，カツラは何ら恥ずかしくないという考えも広く行き渡っているのが今日の現状であろう。しかしその一方で，長道のようにハゲを恥ずかしいと思う感性や，恋人の母のようにハゲ自体よりもハゲ隠しを嫌う感性が現代日本語社会にも存在していることを我々は知っている。インターネット上，(4.2) のような問答を見ることは珍しいことではない。

(4.2)　質問（XXXX さん , 2010 年 1 月 9 日 5 時 58 分）：
のっけから恐縮ですが，私はかつらをつけています。（中略）
女性の方々にお聞きしたいです。かつらの男性は嫌ですか？
かつらを取った男性をどう思いますか？
回答（YYYY さん , 2010 年 1 月 9 日 11 時 30 分）：
ハゲていても気にしませんが，それをコンプレックスとして，
隠そう隠そうとする男性は嫌です。
[http://komachi.yomiuri.co.jp/t/2010/0109/286667.htm]

ところが，カツラについて以上で見たことは，化粧については，部分的にしか当てはまらない【注2】。たとえば，自らの化粧品や化粧法について一人の女性が公衆の面前で語り，結果としてその女性が化粧の実践者であることが白日の下にさらされたとしても，その女性は何ら非難されない。「自分を実際よりよく見せたい」つまり「変わりたい」という欲求に衝き動かされて，「自分の人物評を操作しようとしてはいけない」というタブーを破っている点では，化粧はカツラと同じであるにもかかわらず，である。

念のため言えば，化粧がタブーとは無縁のものとして，完全に許容さ

れているわけではない。そう考える第1の根拠は，公の場での化粧は謹むべきものとされていることである。第2の根拠は，「厚化粧」ということばがマイナスのイメージを持っているのに対して，「薄化粧」ということばが，どちらかといえばプラスのイメージを持っていることである。そして第3の根拠は，化粧法のバリエーションである。実際よりも化粧していないように見せる化粧法はあるが，実際よりも化粧しているように見せる化粧法は無い。前者の化粧法の例として「ナチュラルメイク」を紹介する。

「ナチュラルメイク」の意味は，実は話者により揺れており，2通りの意味がある。一つは，素顔に見える化粧，という意味である。この意味で解釈できる実例を（4.3）（4.4）に挙げる。

（4.3）成功したナチュラルメイクは「メイクしてるように見えないのになんだかキレイ」に見えるもの。つまり，自分の魅力を最大限に引き出しつつ，個性を邪魔しないメイクがナチュラルメイクなのです。
[https://allabout.co.jp/gm/gc/49199/]

（4.4）この結果から，女性はすっぴんになったフリをして，実はすっぴんに見えるようなナチュラルメイクをしていることも時と場合によって必要かもしれません。
[http://www.dreamnews.jp/?action_press=1&pid=0000007234]

これらはいずれも，化粧法を紹介する文章である。順に紹介すると，（4.3）は生活情報サイトを運営する株式会社オールアバウトのページで美容ライター・岡田さちこ氏が執筆したもので，「メイクしてるように見えない」とあるのは，素顔に見えるということである。また，（4.4）

は美容商品を扱う株式会社ドクターシーラボのPR記事から採ったもので，冒頭の「この結果」とは，「女性が素顔でいてもいいと思うが，女性の肌を意外によく見ている」という，男性を対象としたアンケート調査の結果である。直後の「すっぴんになったフリをして」とあるのは，素顔に見せるということだろう。

「ナチュラルメイク」のもう１つの意味は，「自然な化粧をしている」ように見える化粧，というものである。この意味で解釈できる実例を（4.5）（4.6）に挙げる。

（4.5）ナチュラルメイクは手抜きメイクとも違うし，ノーメイクに近いというわけではありません。
・きちんとメイクしているのにナチュラルに見える
・すっぴんもキレイなんだろうなと思わせる
そんな上級者メイクなのです。
[https://blog.bihada-mania.jp/9406]

（4.6）「ナチュラルメイク」と「薄いメイク」は別物です。きっちり全プロセスこなしていても，薄く上品に見えればなんの問題もありません。「すっぴんもあんまり変わらなそうだよね」と男子に言わせるメイクのポイントをまとめました。
[https://googirl.jp/biyou/785usugesyou139/]

先の（4.3）（4.4）と同様，これらもやはり化粧法を紹介する文章である。まず（4.5）は，化粧品の成分が表示されているサイト「美肌マニア」に掲載されているもので，「すっぴんもキレイなんだろうなと思わせる」とあることから，化粧をしていることが周囲にわかる化粧と解釈できる。また，（4.6）は，株式会社life isが運営するGoogirlという「女子力アップ」のサイトでフリーライター・中野亜希氏が執筆したものである。最終文に男性のセリフとして「すっぴんもあんまり変わらなそう」とある以上，やはり化粧していることが男性にわかる化粧と解釈できる。

このように「ナチュラルメイク」という語の意味については，異なる2つの考えがあるが，実際よりも少なく（(4.3)（4.4）の考えによればゼロに，(4.5)（4.6）の考えによれば少量に）見せかける化粧法であることに変わりは無い。

以上で示したように，化粧もやはり，「自分の人物評を操作しようとしてはいけない」というタブーと無縁のものではない。しかしながら，化粧とカツラには許容度に大きな違いがある。この許容度の違いを生んだ原因については，さまざまなことが考えられるが，そもそも両者の許容度が違っているということ自体は，どのように理解すればよいのだろうか？

こうした化粧とカツラの違いは，「共同体レベルのカミングアウト」が，化粧についてのみなされているものと考えることができる。化粧はカツラと異なり，成人女性を中心に多くの人間が日々至る所でしているものである。それらの１人１人が「皆に言うぞ，私は化粧しているのだ！」とカミングアウトした（つまり誤解や偏見を受けかねない自身の素性を公表した）わけではないが，日本社会全体が「成人女性を中心に多くの人間が化粧をする。それが当たり前だ」と，化粧のタブー違反にかなりの程度，鈍感になっている。これを筆者は個人ではない，共同体のカミングアウトと呼んでいる。といっても，この本では個人のカミングアウトは扱わないので（インターネットの書き込みは匿名であり「カミングアウト」と呼ぶにはふさわしくないだろう），以下では共同体のカミングアウトを適宜，ただ「カミングアウト」と言う。

カミングアウトは，さまざまな分野に広がっている。たとえば古美術・骨董・古道具・アンティークなどと呼ばれる分野を見てみると，焼き物・能面・根付け・仏像・家具・家屋には「古色付け」という，わざと古びた風格のある色合いを出す工夫がしばしば凝らされる。能面など，紐穴周りの塗装をサンドペーパーで落として，何度も能舞台で使われているうちに塗装が剥がれてしまったかのように，紐ズレの跡まで付ける。

重要なことは，これらの技法は古い年代物の本物に似せて，贋作を作ろうという際にこっそりと用いられるのではなく，正当な工程の一つになっているということである。ものを古く，格好よくしようとする意図が,「古色付け」や「紐ズレ付け」という形で,公然のものになっている。カツラとは大きな違いである。

古色や紐ズレ跡を付けるかどうかは，焼き物や能面の「作り手」の問題であるから，カツラのような「使い手」（装着者）の問題とは別なのだろうか？

いや，そうではないだろう。「作り手」の問題と「使い手」の問題の間に区別の線を引いても，カツラと化粧の違いは（ともに装着つまり「使い手」の問題であるから）見えてこない。また，「作り手」の問題といっても，作品の向こうにいる作り手も含めて鑑賞対象となる場合，あからさまな意図の露出がやはり嫌われがちであることは，すでに見たとおりである（第2章第3.1節（2.7）～（2.10））。モノの作り手は，単に作るだけなら，綺麗で格好良く，気が利いたモノを作っていればいいが，モノを通して自分をも見てもらおうとするなら，あからさまな小細工は却って余計で,鋭い鑑賞者には逆効果を与えてしまいかねない。したがって古美術などの場合，古びているようにわざと見せかけるのは御法度のはずである。しかしそれが「古色付け」や「紐ズレ付け」に関しては許容されており，我々はそのわざとらしさに鈍感になっている。これも一つのカミングアウトである。

そして，カミングアウトがどのような分野でどの程度なされるかは，共同体によって異なる。たとえば，化粧やカツラと似たものとして整形手術（美容外科手術）を取り上げると【注3】,日本では許容度は低く,「あの人は整形手術をしている」というのは悪口になり得る。一例として，或る女性話者が語る「ちょっと面白い話」を挙げておく（【イメージ4.2】

を参照。語り手の発言を（4.7）に書き出しておく）【注4】。

【イメージ4.2】整形を取り上げた「ちょっと面白い話」の模様
[http://www.speech-data.jp/chotto/2011/2011021.html，1分5秒前後]

（4.7）えっとー，えーうちの職場に35歳の人　70歳の一人がいてまあちょと年齢がばらばらなんですけれどもー，あのー，ま1人の35歳の人はロシアから，まーこちらの方に来てるんですけれどもー　でー，あのーその子がー，70歳の人すごくまあ70にしたら綺麗，なんですね肌が張って綺麗だってって　私に，「あれはー，何かしてる」と（笑）「あれはきっと，あのー整形してるはずや」とあたしに言ってきたんですよ（笑）。「あっそうなん」って言ってあたしもその興味ー，まあああすす無いのでー「あっそうなん」ってあんまり人のことも言いたくなかったんで言ったんですけどそしたらー，今度はーその70歳の人がまー，あのーそのロシアの子ーの顔を見て，ますごく綺麗な顔立ちをしてるんでー，でー，しばらくーまちょっとあのビザとかそういう関係でーまあロシアに帰って戻ってきたときに，「あの子またロシアで，整形し

> てきたな」って私に言ってー（笑） お互いなんか言い合ってて一，それで，まあ２人は言い合ってはったらいいわって思ってたんですけど，また私がーなんかこう，好きな大好きなソウルにまたこの間また行ってたんですけれども　そしたら，どうやら私のことまでー（笑） ソウルにプチ整形（定延注：小規模な美容整形のこと）しに行ってるらしいって言われて（笑） あれっと思って，火の粉がこっちにかかってきたと思って（笑） あの，まそういうちょっと面白い職場に通ってます（笑）。

話の最終部に現れている「火の粉がこっちにかかって」くるとは，慣用句「火の粉が降りかかる」（物事の悪影響が直接関係しないものにまで及び始める意）に基づく表現で，「プチ整形をしている」と言われることを，この話し手が悪影響，つまり迷惑に感じていることがわかる。

ところが韓国では，たとえば親が娘の誕生日プレゼントとして「プチ整形」を受けさせることは何ら問題ではないという。これだけを日本の感覚で受け取ると，なかなかショッキングな話で，「現代韓国特有の，まったく新しい現象」と見えるかもしれない。

しかし，整形と同じく「自分の人物評を操作しようとしてはいけない」というタブーに違反している化粧が，日本でかなりの程度許容されていること，そのくせ，化粧と何ら違わないはずのカツラの許容度が低いことまでを考え合わせると，現象の見え方は変わってくるだろう。韓国における整形の許容度の高さは，韓国独特の何かが現れていると即断するよりも，まず原理としては，韓国にも，日本にも，どの国にも，どの時代にもある，人間の「変わりたい」という欲求と，「変わりたくない」という欲求の相克を考え，さらに共同体のカミングアウトを考えるべきではないだろうか。もちろん，韓国が整形のカミングアウトをかなり活発におこなっていることには，韓国独特の何かが現れている可能性はある。だが，それはたとえば古美術などの「古色づけ」や「紐ズレ付け」に関する日本のカミングアウトに，日本独特の何かが現れている可能性があるのと同じである。

以上では，カツラ，化粧，整形などを，「変わりたい」欲求（よく思われたいきもち）と「変わりたくない」欲求（「自分の人物像を操作しようとしてはいけない」というタブーを破ることを怖れるきもち）の相克，そして共同体のカミングアウトという観点から観察してきた。「変わりたくない」欲求の内実は多少異なるが（「変わってはいけない」というタブーを破ることを怖れるきもち），コミュニケーションの状況に応じた人間の変化についても，同様ではないだろうか。

この第1節で解答すべき問題は，「人間の不安定性を口にするという近年の日本の人々の行動に，なにか新しいものがあるのか？」というものである。これまでに述べてきたことから読者は正しく予想されると思うが，筆者の見解は，概ね否定的なものである。

伝統的な静的人間観は破綻しているが（第2章），それにもかかわらず人間は，良き市民社会の一員であるなら，現代人でも，そして若者でも，伝統的な人間観を必要としている（第3章）。伝統的な人間観では説明できない，コミュニケーションの状況に応じた人間の変化を，現代の若者は口にしているが，それはインターネット上の匿名の書き込みであって，伝統的な人間観の破綻をあからさまに述べ立てるものではない。ここにあるのは，「変わりたい」欲求と，「変わりたくない」欲求の相克であり，その相克においては，「変わりたくない」欲求の強さ，つまり「変わってはいけない」というタブーを破ることを怖れるきもちの強さが目立っている。「変わりたい」欲求が「変わりたくない」欲求を圧倒し，日本が「人間はコミュニケーションの状況に応じて変わる。それが当たり前だ」とカミングアウトする日は，依然来ていない。

だが，いま「概ね」否定的と断ったように，現代の日本には，これまでに無い新しい現象が生じているという可能性が，まったく無いわけではない。少なくとも1つ，新規性を感じさせるものが確かにある。我々はそれを，この本の最初から問題にしている。

それは，日本の人々が，「キャラ（クタ）」という語に，借用元の英語“character”には無い，人間の不安定性を衝く意味を持たせ始めた，ということである（繰り返し言うが，筆者はただこれを専門語として取り入れたに過ぎない）。

たかが語の一つ，と読者は思われるかもしれない。だが，語を持っているということ，つまり，ある事柄を語の形で，「すでに世にあるもの」として端的に言い表せるということが，日々の日常会話におけるさまざまな「論戦」において，劣勢をいかに挽回させ，戦局を有利に展開させ得るか，我々はよく知っているのではないか。たとえば，ある平等な取り決めに不満を持つ人間が，「でも，それって，悪平等でしょう？」と言うことが，単に「でも，それって，悪いでしょう？」などと言うよりもっともらしく説得的に響くなら，我々は「悪平等」という語の力を認めるべきだろう。

日本語社会に「キャラ」という語があり，日本語話者がそれを口にできるということは，「コミュニケーションの状況に応じて，人間の言動のスタイルだけでなく，人間自体が，人格の偽装や分裂でなくても，変わり得る」ということが，日本語社会であからさまになり始めたということである。もちろん，それが許容され，当たり前のものとして日本語社会にカミングアウトされるところまでつながるものかどうかは別問題だが，コミュニケーションの状況に応じた人間の不安定性を日本語社会が端的に一つの語という形で認知したのは，これまでに無いことだろう。この点に関して時代論（たとえば第1章第1.2節で触れたポストモダン論）が持ち出されたとしても，筆者は意外には思わない。

第2節　関節の分担

次に取り上げるのは,「コミュニケーションの状況に応じた人間の変化を, 口にし始めたのがなぜ日本の人々なのか？」という問題である。これは, そうした変化を表す語「キャラ」が, なぜ日本発なのか, という問題と言うこともできる。

「キャラ」という語はともかく, その概念（コミュニケーションの状況ごとに変わり得る人間のあり方。より厳密な定義は第1章第3.1節（1.32）を参照）は, どのような人間の社会にも存在するだろう。ただ, その概念がどの程度顕在的なものかは, 社会ごとに違っていてもおかしくないだろう。ここで再び, 関節のたとえ（第1章第3.2節）を見てみよう。

【イメージ 4.3（＝イメージ 1.11)】手の動きを調節する関節のような, 人間の「対応」の調節器3種

スタイル・キャラ・人格は, 手首・肘・肩が人間の手の動きを調節しているように, 人間の「対応」を調節する調節器である【イメージ 4.3】。そして, ここで考えてみたいのは,「対応」の調節には, 社会ごとに流儀があるのではないか, ということである。この考えによれば, どの関

節がどの程度顕在的か，つまりものをつかむのにどの関節をどの程度動かすのかという基本的な動きは，社会ごとに決まっている。社会Aでは，大抵のものは手首の関節（スタイル）を変動させてつかみ，肘関節（キャラ）はほとんど変動させない。他方，社会Bでは，手首の関節（スタイル）だけでなく肘関節（キャラクタ）も，というよりむしろ，主として肘関節（キャラ）を動かし，事に当たる。

もちろん，ここで「社会B」として念頭に置いているのは，日本語社会である。この位置づけを支持する例を一つ挙げておこう。次の（4.8）は，男性アイドルグループ「嵐」がテレビの新番組『嵐にしやがれ』の記者発表をおこなった際（2010年4月20日），「どんなゲストが来たら緊張するか？」という記者からの質問に対して，櫻井翔という「嵐」の一員がおこなった返答発話である。

（4.8）オーレー，は，村尾さんかなー。オレの，温度としてやっぱり，報道の温度でしか会ってないからー，オレここで「アハー!!」とか言ってんの見られるのちょっとつらい。

ここで「村尾さん」と呼ばれているのはニュース番組『NEWS ZERO』のメインキャスターを当時務めていた村尾信尚氏のことで，同番組には櫻井氏もキャスターとして出演している。もしも櫻井氏が，ニュース番組では「村尾さん」と共にニュース番組らしくおとなしくまじめな「スタイル」で振る舞い，バラエティ番組『嵐にしやがれ』ではバラエティ番組にふさわしく，ふざけた「スタイル」で振る舞っているのであれば，村尾氏が『嵐にしやがれ』に登場しても櫻井氏は何ら問題を感じないはずである。だが実際には，櫻井氏は村尾氏がゲストで来れば「ちょっとつらい」と述べている。これは，ニュース番組での櫻井氏は，単におとなしくまじめな「スタイル」を選択しているというよりも，おとなしくまじめな「キャラ」を発動させており（櫻井氏はこれを「温度」と呼んでいる)，いまこのバラエティ番組ではふざけた「スタイル」ではなく，ふざけた「キャラ」を発動させようとしていればこその話である。ここに村尾氏が現れると「えっ，櫻井君って，こんな人だったの？」などと，櫻井氏の番組に応じたキャラつまり人間の変化というタブー違反が村尾氏に露呈されることになり，櫻井氏は「ちょっとつらい」ということになる【注5】。

このように日本語社会を，肘関節（キャラ）を活発に動かす社会とたとえてみると，日本語母語話者とさまざまな他言語母語話者との文化摩擦の一部も自然に理解できる。他言語母語話者が見知らぬ他人に対してとる冷たい態度と，知人であるこちらに対してとる「掌(てのひら)を返したような」暖かい態度のあまりの違いに，日本語話者は『白い巨塔』に登場する出入り業者・野村（第3章第2節（3.1））を目の当たりにするようなショックを時に受ける。だが，それは他言語母語話者にとっては，何ら恥じる必要のない，ただのスタイルの変換なのだろう。大抵のものは手首の関節（スタイル）を動かしてつかんでしまう社会Aのメンバーは，社会Bのメンバーからすれば，キャラつまり人間が変わっているとしか思えないような幅広い手首関節（スタイル）の可動域を持っている。これは逆に言えば，社会Bの手首関節（スタイル）は自由度があまり大きくないということである。日本語社会では（たとえば長谷川町子氏のアニメ『サザエさん』に登場する「磯野フネ」のような）《いい人》には，際どい冗談を言ったり，シニカルな態度に出たり，声を荒らげて他人を追い払うようなスタイルは認められていない。

腕をよほど曲げる必要のある状況になると，普段あまり動かない根元の肩関節（人格）にも負担がかかる。肩関節の脱臼（人格の分裂）が生じやすいのは，肘関節（キャラ）の変動をほとんど持たない，社会Aだろう。多重人格が1970年代以降のアメリカに多い，社会病ではないかと指摘する斎藤環氏の論考（斎藤2011）では，日本に多重人格が相対的に少ないことについて，「日本人は，自らキャラ化することで，これらの病理を免れているのではないか」と論じられている(p.230)【注6】。

状況に応じて人間が非意図的に変わるというタブー違反の現象を，「キャラが変わる」と公然と言い表す形で，日本語社会がカミングアウトし始めたことは，以上の考えからすれば，日本語社会の性質と無縁ではない可能性がある。日本語社会は状況の変化に，スタイルよりも人間（キャラ）を変動させて対応する傾向があり，それだけ，タブー違反に自覚的であったことが，こうしたカミングアウトにつながったのではないか。

第3節 「キャラ」の誕生

最後に取り上げるのは，カミングアウトになぜ「キャラ（クタ）」ということばが作られ，持ち出されることになったのか，という問題である。

といっても，ことばが生まれたプロセスについて，或るプロセスが唯一絶対のものであり，他のプロセスではあり得ないと示すことは，容易ではない。ここでは，「キャラ（クタ）」の発生について，最もありそうな1つのプロセスを指摘するにとどめる。以下，この指摘を4点に分けておこなう。

第1点。ここで問題にする「キャラ（クタ）」ということばは，「状況に応じて非意図的に変わる人間の部分」という，従来のことばには無い，独自の意味を持っている。だが，だからといって，これがたとえば写真用品を扱う会社の名称 “Kodak” のように，それまでにあったどのことばとも無関係に新たに創造されたとは考え難い（ちなみに，こういった語形成のプロセスは一般に「語根創造」と呼ばれる）。まず検討してみるべきは，問題の「キャラ（クタ）」（つまり第1章の「キャラ3」）は，英語 “character” に似せて作られた外来語「キャラ（クタ）」（第1章の

「キャラ1」）という既存語から，意味が拡張してできた，という可能性だろう。

第2点。外来語「キャラ（クタ）」（キャラ1）はさまざまな意味を持っている（第1章第1節）。これらの意味のうち，「キャラ3」の意味の源になった意味としてまず検討すべきは,「文字」や「記号」などではなく,「登場人物」や「性格」「人格」という意味だろう。なぜかというと，これらと「キャラ3」には,「人間あるいはその一部分」という点で，類似が認められるからである。

第3点。キャラ1の「登場人物」「性格」「人格」という意味から,「状況に応じて非意図的に変わる人間の部分」へという意味の派生を思わせる発言が，特に，マンガの二次創作に関する会話に見られないか，検討してみる価値があるだろう。

ここで言う二次創作とは，作品の登場人物や設定を（典型的にはその作品の作者ではない別人が）用いて別の作品を創作することを指す。著作権侵害の法的な問題を別としても，二次創作はしばしば論争の種となっている。というのは，二次創作には，原作の設定を忠実に継承した，さながら原作のような作品もあるとはいえ，原作の設定を逸脱したものが少なくないからである。以下，それを紹介している文章を2点挙げておく。

次の例（4.9）は,「ニコニコ大百科」【注7】という用語解説サイト上の,「二次設定」（二次創作の設定）を解説するページからの抜粋で，主な二次設定の一つとして「キャラクター改変」を挙げている。

（4.9）キャラクター改変

その作品に登場するキャラクターの性格や傾向を出す二次創作物の方向性に合わせて変える事。

原作ではシリアスかつハード傾向だったキャラや世界観がその二次創作内ではギャグキャラだったり平和的だったり，逆に原作では善良で真面目とされるキャラが二次創作内ではなんか問題のある奴だったりと，あたかもオリジナルとは正反対のイメージで描いたり，あるいは元から開示されているキャラクターの性格や思考を極端化もしくは反転，さらには新しい属性や記号を追加して本来とはベクトルの違うキャラとして扱うなどその描き方は作者によって様々である。
［http://dic.nicovideo.jp/a/二次設定］

ここでは，原作の登場人物と同じ外見（つまりキャラ2）を保つ登場人物に,原作と同じ内面を持つとは思えない言動をおこなわせることが,二次創作者の意図的な技法として取り上げられている【注8】。但し,「キャラクター改変」は意図によらない形でも生じる。次の例（4.10）を見られたい。これは，情報サイト「numan」【注9】における「キャラ崩壊」の解説記事である。

(4.10) キャラ崩壊（きゃらほうかい）
キャラクターの言動がそのキャラクターの性格と一致していない様子。または，それまでのキャラクター像とかけはなれてしまうこと。
二次創作における演出方法の一つでもあり，意図的にキャラ崩壊を起こして，そのキャラクターらしくない言動をとらせることで魅力を引き出す場合もあれば，原作のキャラクターの個性を掴みきれずに，結果として“キャラ崩壊”となってしまう場合もある。
特定のキャラが急に強くなったり，逆に弱くなったり，あるいは積極的になったり，性格上ありえないミスを犯したりして，読者に不審に思われてしまうこともキャラ崩壊の一種である。

［https://numan.tokyo/words/EcZ2K］

ここでは「キャラ崩壊」の説明に続いて，二次創作者が原作の登場人物のキャラ崩壊を，意図的・非意図的を問わず起こし得ることが特記されている。

若者を中心とするマンガ愛好家たちは，自分が関心を寄せていた原作の登場人物が，二次創作で，その人物とは相容れない（したがってその人物の「スタイルの使い分け」などとは受け取れない）言動をおこなっているのを目にすれば，「この二次創作で，あの登場人物のキャラ1（性格・人格）が原作から変わっていること」，さらに提喩的に【注10】「この二次創作で，あのキャラ1（登場人物）が原作から変わっていること」を話題に会話したくなるとしても，不思議は無いだろう。

第4点。二次創作という事情はさらに，キャラ1（性格・人格）からキャラ3への意味拡張をも動機づける。性格や人格の変化は，時間の進展に沿って生じる。たとえば第1章第3.2節の（1.33）の場合，ナスという人物が，或る時間帯には共通語の人格Aで行動し，それに続く時間帯には島ことばの人格Bで行動し，さらにその後の時間帯には共通語の人格Aに戻るという具合である。だが，マンガの登場人物の「キャラ1（性格・人格）が変わっている」の場合は，それとは異なり，原作と二次創作という同時並行的な2つの場にまたがって見出されるものである。「原作ではこのキャラ1（性格・人格），二次創作ではこのキャラ1（性格・人格）」という形は，現実世界でタブー視され秘匿される，状況に応じた「キャラ3」の変化に近い。それだけ，キャラ1からキャラ3への意味拡張は生じやすかったと言える。学校には学校の状況があり，バイト先にはバイト先の状況がある。それぞれの状況にスタイルを対応させて言動を調整しているつもりが，いつの間にか我知らず「自分」が変わってしまっている。それはちょうど，アニメの登場人物が，原作と二次創作で「キャラ1（性格・人格）」が違うのと同じ，ということである。

以上，ここでは，マンガの登場人物（キャラ1）に対して，二次創作者たちが，基本的な描画パターン（キャラ2）を保持しつつ，意図的・非意図的におこなった内面の改変が，若者を中心とするマンガ愛好者たちの間に，登場人物の状況に応じた変化に関する談義を生じさせ，その中でキャラ3が生じたという可能性を示した。

もし，「キャラ3」の発生プロセスが実際にこのようなものであったとすれば，第1章第3節で紹介した先行研究，すなわち若者が自分や友人のあり方を1999年頃から「キャラ」と呼び始めたとする瀬沼文彰氏の観察（瀬沼2007）や，「キャラ（クタ）」特に「キャラ」が書きことばに2000年からよく現れ出したとするイレーナ・スルダノヴィッチ氏の観察（スルダノヴィッチ2018）も，年代の観点からうまく理解できる。というのは，伊藤剛氏によれば，マンガの二次創作が定着し，量的にも拡大していったのは，1990年代だからである（伊藤2003：91）。

第4節　まとめと補足

この第4章では，人々が，静的な人間観という「お約束」を破って，人間の不安定性をあからさまに口にし始めたことを取り上げ，これがなぜ20世紀末の日本語社会に「キャラ（クタ）」という形で生じたのかを論じた。

結果として述べたのはまず，この動きは「変わりたい」「変わりたくない」という人間が本来的に持っている2つの欲求の相克の中で生じた，共同体のカミングアウトの一つであり，これ自体は時代や地域を問わない普遍的な現象だということである（第1節）。但し，これが日本語社会で生じたことには，もともとスタイルの自由度があまり無く，多くの人々がキャラ3を駆使して行動を調整しているというこの社会の個別事情が背景となった可能性が考えられる（第2節）。また，カミングアウトが「キャラ（クタ）」という，もともと「登場人物」「性格」「人格」

などを意味していた外来語“character”の意味拡張という形で生じたことにも，20世紀末のマンガの二次創作の増大という時代的な要因が可能性として考えられる（第3節）。社会心理学やマンガ史の考察を待たねば，はっきりしたことは言えないが，仮説として考えられるのは以上のようなものである。

第1節で述べた普遍性の認識に基づいて，時代論（20世紀末）あるいは世代論（マンガに親しんでいる若年層）を，あくまで可能性として限定的に述べるに留まるという姿勢に，読者は物足りなさを感じられたかもしれない。だが，現代の日本語社会に見られる現象が「時代や地域を問わず，他のいかなる人間社会にも見られない，真にユニークな現象」だという結論づけは，さまざまな吟味検討を経た上でも遅くはない。通文化的な吟味検討を可能にするような，一般的な把握を試みたのは，そのためである。

【注】

1：創作マンガをデータとする趣旨については，序章第4節を参照されたい。

2：化粧もカツラと同様，死に化粧をはじめとする祭儀用の化粧など，現実にはさまざまなものがある。ここで取り上げる化粧が，最も一般的で日常的な化粧に限ったものであることを断っておく。

3：カツラや化粧と同様，整形手術（美容外科手術）にも実際はさまざまなものがある。ここでは顔面を対象とするものだけを取り上げる。

4：ここで言う「ちょっと面白い話」（正式名称「わたしのちょっと面白い話」）とは，筆者が2010年度以来，毎年度開催している「わたしのちょっと面白い話コンテスト」に出品されたビデオ作品を指す。作品は話し手の許諾のもと，コンテスト終了後も「わたしのちょっと面白い話コーパス」としてインターネット上に公開され，日本語字幕の他，一部は英語・中国語・フランス語・ロシア語の字幕も付されて，動画・字幕ともダウンロード可能な状態になっている。収録作品数は2020年3月現在，日本語母語話者の話が264話，アメリカ・イギリス・インド・インドネシア・オーストラリア・カザフスタン・カナダ・韓国・スペイン・タイ・台湾・中国・ドイツ・トルコ・ハンガリー・フランス・ブラジル・

ベトナム・ベルギー・ポーランド・メキシコ・ロシア・その他の日本語学習者の話が272話である。詳細については定延編（2018）・Sadanobu（2018）を参照されたい。

5：もちろん，櫻井氏の「ちょっとつらい」発言は記者発表という公の場でなされているだけに，完全に額面通り受け取るわけにはいかない。自身の「キャラ」変わりを本当に隠したいのであれば，よりにもよって公の場で自身の「キャラ」変わりに言及するはずは無い。してみると櫻井氏の「ちょっとつらい」発話は真剣なものではなく，バラエティ番組の記者発表の中での，楽しく演じられたものだということになる。だが，たとえ楽しく演じられた「ちょっとつらい」発話であっても，それが意味不明の発話にならず，楽しく演じられた「ちょっとつらい」発話として記者や視聴者に理解されるのは，櫻井氏が公然と切り替えてよいスタイルではなく，公然と切り替えられない「キャラ」の変化を口にしているからだろう。この本が，素性の知れないインターネットの書き込みや作家の創作物などを，「そのようなものとして自然に受け取れる限りにおいて」データとみなしていることは，すでに述べたとおりであり（序章第4節），ここでもその方針に基づいて櫻井氏の発言を取り上げている。この例には第5章第1.4節でも再び触れる。

6：ここでの「キャラ化」とは，たとえば「学校ではあのキャラだがバイト先ではこのキャラ」というように，「キャラ3」を発動させることと筆者は理解している。

7：大百科ニュース社が運営する辞書・辞典サービス。

8：なお，例（4.9）の文章中にある「世界観」は第1章第1.2節で紹介した，新しい意味での「世界観」である。

9：「numan」とは，乙女企画と株式会社サイバードが運営する女性向け情報サイトである。

10：ここで言う「提喩」（synecdoche）とは，全体一部分の関係にある2つのモノの一方の属性を，他のモノの属性として表現することを指す。たとえばターボエンジンを搭載された車の速さを「ターボは速い」と言うのは，提喩表現である。

第5章　まとめと補足

この第II部では，日本語のコミュニケーションを中心とした観察を通して，伝統的な人間観の限界（第2章）と重要性（第3章）を明らかにした。さらに，この人間観の限界性を示す語「キャラ（クタ）」（つまりキャラ3）の発生を「共同体のカミングアウト」の現れとする考えを提出した（第4章）。人間の意図をあまりにも前提とし過ぎる伝統的な人間観は，コミュニケーション・発話・言語の現象を見る研究者の目を曇らせ,議論を空転させている。「人間は状況に応じて非意図的に（キャラ3の部分が）変わり得る」という筆者の論は何よりも，この人間観の限界を明らかにするためのものである。「変わってはならない」というタブーへの違反を口にすることだけに，「良き市民」である読者の目には卑しい露悪趣味と映り，反感を招いたかもしれない。だが，排泄や生殖から目を背けることが医学において許されないとしたら，人間のコミュニケーションについて考える我々も，「キャラ3」という，ある意味での「暗部」から目を逸らせるべきではないのではないか。

以下ではまず，筆者の「キャラ」論に対して予想される反論を挙げ，それらの反論に再反論する形で，考えられる誤解を予防しておく（第1節）。その上で，第1章で述べきれなかった，他の「キャラ」論との関係を論じながら，適宜補足をおこなう（第2節）。

第1節　予想される反論と再反論

この節では，筆者のキャラ論に対して予想される4つの反論を取り上げ，再反論しておく。これらは，コミュニケーションに関する近著（定延2016：第4章）の中でも述べたことだが，読者の誤解を防ぐために，繰り返し（そして第2・第3の反論については近著よりも詳しく）述べておく（第1.1節～第1.4節）。なお，筆者のキャラ論に対しては，これら4つの反論の他に，より根本的な反論が予想されるが，それについては第2節で斎藤環氏の論考を取り上げた上で応えることにする（第2.3節）。

第1.1節　予想される反論1：「意図のある行動はどうするのか」

予想される第1の反論は，「すべての行動のすべての面に意図が無い」わけではないだろう，というものである。

この反論は，筆者のキャラ論を誤解している。ここで論じたのは「すべての行動のすべての面に意図が無い」ということではない。意図を前提とするコミュニケーション観，目的論的な発話観，そして道具論的な言語観が有効に働く部分が一切無いという主張は，筆者はおこなっていない。筆者が述べているのは，意図のある行動と共に，意図が無い行動，あるいは意図が無い面も認めざるを得ない，ということである。そして，行動の非意図性を認めなければならない局面は，我々が予想するよりも遙かに多い，ということである（詳細は定延2016：第4章を参照されたい）。

第1.2節　予想される反論2：「当たり前のことではないのか」

予想される第2の反論は，「意図の無い行動もある」とは当たり前のことであって，わざわざ述べ立てるまでのことではないのではないか，というものである。以下，この「当たり前のことではないのか」という反論を2種に分け，それぞれに再反論を加える。

第1の「当たり前のことではないのか」論とは，若者のアイデンティティに関する先行研究を踏まえた，次のようなものである：今日では，社会内に自分の定位置を築ける生活環境（安定した職業・家庭内関係）や「大きな物語」（第1章注8参照）のような確固とした世界観が得られない。そのために，若年層はエリク・エリクソン（Eric H. Erickson）の言う「自我アイデンティティ」【注1】の確立が困難になっている（例：Lifton 1967・Gergen 1991）。いまや注目の的になっているのは，求めても得られぬ非現実的な自我アイデンティティではなく，それに代わる分裂的な多元的自己ではないのか。そして，この多元的自己を否定的に評価する立場（例：Gidens 1991・Bauman and Vecchi 2004・岩木 2004）とは別に，これを多かれ少なかれ肯定的に評価し擁護する立場に立つ日本の研究者が（例：岡本 2010・土井 2009・浅野 2013），これを呼ぶ名こそ「キャラ」なのではないのか。だとすれば，今さら「キャラ」を声高に叫ぶことは，これらの研究の後追いでしかないのではないか。

確かに，この本で筆者が述べてきたことは，アイデンティティをめぐる若者論の動向を考えれば，当たり前に見えるかもしれない。だが，そうした研究動向を全面的に妥当と認めても，ここで述べたことはそれらに還元しきれるわけではない。その場その場で異なる自己像を発動する若年層の行動を擁護する立場で主張されているのは【注2】，これが，その場その場に合ったわかりやすい自己像の呈示であって，相手を偽物で騙すことには必ずしも当たらないということである。これに対して，この本で筆者が問題にしているのは，そうした主張においても，若年層の行動描写に「演技」「演出」「使い分け」といった多分に意図的な概念が混在しているということ，意図がいつの間にか前提にされているということである。第1の「当たり前ではないのか」論については以上である。

第2の「当たり前ではないのか」論とは，人間が状況に応じて非意図的に変わり得るということは，日頃の我が身を省みてみれば誰しも直ちにわかることではないか，意図を前提とする伝統的な人間観の限界はあまりにも明らかであり，わざわざ言い立てる必要などないのではないかというものである。

そのとおりかもしれない。だが，このような論は，アーサー・ケストラー（Arthur Koestler）の短文「死に馬に鞭うつなということについて」（Koestler 1967：付録 II）を思い起こさせないだろうか。この短文の中でケストラーは, 自身が或る種の還元主義的な心理学を批判するたびに, 周囲から「死に馬に鞭うつな」とたしなめられることを記している。つまり周囲の言い分によれば, ケストラーが批判する還元主義的な心理学が不当なことは既に明らかであり, そのような心理学は(少なくとも元々の形のままでは) もはや誰も信じていないので, これ以上批判する必要など無い。だが実際は, そうたしなめる人々の頭にも還元主義的な心理学は力強く残っており, 衰える気配を見せないとケストラーは言う。彼のことばを次の (5.1) に引用しておく。

(5.1) つまりこの人たちは正直に, 自分らはすでに年長者の不毛な正統主義を乗りこえて育っていると信じているのだが, その用語法やこむずかしい術語はすでに彼らの血流の中に入りこんでいるので, 刺激, 反応, 条件づけ, 強化, 自発的 (operant) などの用語を使ってものを考えることを脱却できないのである。(中略) 伝統の中に育った学者たちは, ……そこに含まれている原則に, そうとは知らずに縛りつけられたままなのである。

[Koestler 1967：訳 464-465]

ここに現れている「刺激」「反応」「条件づけ」「強化」「自発的」と同様に, 言語の「機能」「働き」「役割」「使用」, あるいは発話の「意図」「目的」, そしてことばの「使い分け」といった概念が常に必ず当然のものとして認められ, 「狩人の知恵」と「クマの知恵」が同一視され, 「カメレオンの見立て」が持ち出され, 現象説明が言語使用者の意図・目的に沿った形でなされるとしたら (第３章第１節), 言語やコミュニケーションの研究においてもケストラーの言うようなことが生じていないか, 考えてみてもよいのではなかろうか。第２の「当たり前ではないのか」論については以上である。

第1.3節　予想される反論3：「代案は？　さもなくば」

第3の反論は，筆者が数十分のかいつまんだ講演をおこなった際に，聴衆の1人から実際に受け取ったものである【注3】。この本をここまで読み進んでこられた読者が，果たして同様の反論に思い至り得るものなのか，筆者には想像がつかないが，念のために述べておく。

その反論とは，「筆者のキャラ論は理論の形をなしていない」というものである。この反論の内容自体は正しいが，筆者のキャラ論を否定する論拠とはならない。以下このことを説明する。

何度も述べてきたように，「キャラ(クタ)」(キャラ3)ということばは，日本語社会に暮らす人々，特に若年層が口にし始めた日常語である。つまり，キャラ（状況に応じて変わり得る人間の部分）とは，現代日本語社会に生きる人々が感じている「現実」の一部である。そして筆者のキャラ論は「この現実は，道具論的な言語観，目的論的な発話観，意図を前提にするコミュニケーション観，ひいては伝統的な人間観では，受け入れることができない」と示すものに過ぎず，理論ではない。

もしもキャラをめぐって理論的対立というものがあり得るとしたら，それは，キャラという現実を受け入れられない現行の諸理論と，これを受け入れられる理論の間にしか無い。が，後者はまだ存在していない。筆者のキャラ論は，そのような伝統的な理論と対立する新たな理論（言語観，発話観，コミュニケーション観，人間観）の必要性を示すものに過ぎない。「理論の形をなしていない」という上述の意見は，筆者のキャラ論を妥当と認めた上で，新たな理論の構築を待望する声としてなら意味をなすが，このキャラ論の妥当性を否定し伝統的な理論を正当化する根拠にはなり得ない。つまり反論にはなっていない。

この「反論」は，突き詰めれば，「コミュニケーションや発話，言語を観察する際に立てられていた，意図を前提とする説明案が必ずしも正しくないと言うのなら，その代案はどういうものなのか。代案が出せないのなら結局は，意図を前提とする説明案しか無いではないか」というものであろう。

こうした「反論」はそもそも，学問的な問題を，とにかく何らかの方策を講じなければならない行政的な問題のように見誤ってしまっているだけでなく，筆者の根本的なスタンスをも根本的に誤解している。この第II部で述べてきたのは，学問を進めていく際に，解明されていることと解明されていないことを区別しようということに尽きる。解明されていない，わかっていない現象を，解明されていることのようにそれらしく説明しても，その現象説明は無効だということである。その現象説明に代わる別の現象説明が出せるか否かは，別問題とすべきだろう。

ついでながら言うと，筆者は近著（定延 2016：第4章第7節）において，「新たな発話観」について，身体性という観点から若干の肉付けをおこなっている。かつて「人間は脳で情報処理し，身体を道具として使って目的を達成する」としていた認知科学は，いまでは「身体で考える」「身体が覚える」ということ，つまりアフォーダンス（Gibson 1979・佐々木 2004）や状況に埋め込まれた学習（Lave and Wenger 1991）を取り込んでいる。言語学においても，近代的な人間像の乗りこえを検討すべきではないだろうか【注4】。

第1.4節　予想される反論4：「タブー違反は否定的な反応を必ずしも呼び起こさない」

第4の批判は，「変わってはならない」という，これまでタブーとして述べてきたものは，違反しても否定的な反応を必ずしも呼び起こすとは限らない，つまりタブーではないというものである。

確かに，人間がガラリと変わっても否定的に反応されないことはある。だが，それは無秩序に生じるわけではなく，特定の場合に限られる。それは，遊びの場での冗談という場合である。冗談発話での人間の変化は，最近始まったことばの乱れ，というようなものではない。日本語話者は昔から，こういうことをずっとやってきたと言える。たとえば檀一雄の『火宅の人』には，主人公（私）の愛人が，ふだんは女らしく振る舞っているのに，突然《ヤクザ》キャラを発動させて結婚を迫る（それを私が後になってから回想する）という，(5.2) のような場面がある。

(5.2)　見たところあまり利口そうにも感じられないが，その実，大変に聡明だ。日常の会話と表現がバカに面白い。これは随分後の話だが，たとえば，突然，裾まくりしてアグラを組み，その両腿をかわるがわる打ちたたいて，
「おい？　どうする気だ？　いつオレをヨメに貰ってくれんだよ？　ハッキリしなよ。一体，どうしてくれるんだ？」
　その心にある焦燥を，突然，ユーモアで実演して見せるのである。
「おろした子が，ズラリと並んでさ，オレとそっくりのアグラをかいて，みんな一緒に凄んでるんだぞ。見えねえのかよ？」
　それから調子がガラリと変り，
「フフフ……，アタシとそっくりの，短い足してるんだろう，ね？　一さん」
[檀一雄『火宅の人』1961-1975]

これは心の焦燥を「ユーモアで実演」したもの，つまり冗談というわけである（もちろん，その底にある悲愴なものを檀氏が感じていないわけは無いだろうが）。

また，太宰治の戯曲『春の枯葉』には，同じ家に暮らす若い男女（野中弥一・奥田菊代）が会話の中で突然「〜じゃからのう」と，《老人》口調で嘆息してみせ合う次の (5.3) のような場面がある。

(5.3)（菊代）　ええ，でも，同じうちにいても，なかなか二人きりで話す機会は無いものだわ。あら，ごめん。誘惑するんじゃないわよ。

（野中）　かまいませんよ。いや，よそう。兄さんに怒られる。あなたの兄さんは，まじめじゃからのう。

（菊代）　あなたの奥さんだって，まじめじゃからのう。

［太宰治『春の枯葉』1946］

これらの冗談発話では，キャラ変わりは相手の否定的な反応を呼び起こしてはいない。だが，このことは「キャラ変わりは「変わってはならない」というタブーに対する違反であり，人々に否定的な心情を抱かせる」という筆者の観察の撤回を迫るようなものではない。その理由としては，「冗談は冗談に過ぎないから」というもので十分なのかもしれないが，ここでは冗談でのキャラ変わりについてもう少し目を向けてみたい。

そもそも冗談は，「意図的にやっている」ということが相手にわからなければ冗談と理解されない。冗談を冗談として成立させるには，自身の意図を相手に了解させねばならない。つまり冗談発話におけるキャラ変わりは公然と意図された「キャラ変え」であり，スタイル変えと近い。

だが，冗談発話におけるキャラ変えは，スタイル変えと完全に同じというわけではない。このことを示す上で重要なのは「行動とキャラクタの連動」という原則である。冗談だからといって，キャラ変えが無秩序に生じるわけではない。キャラ変えは原則として，話し手の行動と連動する形で生じる。つまり，各々のキャラクタには得意とする行動があり，話し手が或る行動を繰り出そうとすると，それを得意とするキャラクタが発動されるという形でキャラ変えが生じる。

先に挙げた（5.2）の場合，愛人が《ヤクザ》の口調でしゃべっているのは，愛人が（冗談とはいえ）脅しをおこなっている場面である。脅しという行動を得意とするのがヤクザであるから，愛人は《ヤクザ》キャラを発動させていると考えられる。また（5.3）の場合，若い男女が《老人》の口調でしゃべっているのは，彼らが「人間，そこまでまじめでなくてもよいのに」と嘆息している場面である。このような嘆息は，達観した老人が得意としそうであるから，彼らは《老人》キャラを発動させていると考えることができる。

このような行動とキャラクタの連動が，作品の中で自覚的に触れられることもある。たとえば，椎名誠氏の自伝的エッセイ『哀愁の町に霧が降るのだ』には，主人公（椎名）が，それまでの「ぼく」口調から「おれ」口調に変わる，つまり《ぼく》キャラから《おれ》キャラに変わる場面がある。次の（5.4）を見られたい。

(5.4)　そこでおれは静かに立ちあがった。もう《ぼく》なんて言っていられない。

[椎名誠『哀愁の町に霧が降るのだ（上）』1981]

この変化は，筆者自身が「もう《ぼく》なんて言っていられない」と書き添えているように，そこで描かれている状況，そしてそれに応じて筆者が繰り出そうとした行動と関係している。この口調の変化は，筆者が会話相手の態度に腹を立て，立ち上がって荒っぽい行動に出ようとし，それを得意とする《おれ》キャラが発動されればこそだろう。

なお，同作には，再び自称詞が「おれ」から「ぼく」に変化する部分がある。これについて椎名氏は「男と女の愛の物語を書こうと思うから」と説明している。愛の物語を「おれ」で書いていくなら，出だしは霧の波止場で，というように「ハードボイルド」にいかねばならないが，自身の恋愛履歴を思い返すと，そういうわけにはいかない，つまり「おれ」では合わない，ということが述べられている。

同作の中で筆者のキャラクタは，さらに別のキャラクタにも変化している。筆者の友人の木村晋介氏は，司法試験合格を目指して，家の庭に専用のプレハブまで親に建ててもらって勉強しようとしている。その木村晋介に「皆でアパートを借りて共同生活をしよう」と持ちかける行動は，誘惑以外の何物でもない。この暴挙を椎名はいかにおこなったのか？

椎名は（5.5）のように，木村氏に流し目でにじりより，「銭湯なんかに入って，将棋やってカツ丼食べましょうよ，ネエ」などとあやしく言い，木村のひざをつねった，とある。

（5.5）「おまえも来いよ」
と，おれは木村晋介のプレハブ造りの勉強部屋で，すこしビールに酔いながら言った。
（中略）
「お酒を飲もうよ，毎日……」
　流し目でにじりよった。
「銭湯なんかに入って，将棋やってカツ丼食べましょうよ，ネエ」
　ひざを軽くつねった。
［椎名誠『哀愁の街に霧が降るのだ（上）』1981］

ここでは，「誘惑」を得意とする《水商売の女性》キャラ（強烈な《女》キャラ）が発動されている。

まんまと共同生活に連れ込まれ，炊事役まで引き受けさせられた木村氏が，「ワイシャツが濡れて困るのでせめて割烹着を買ってくれ」と願い出て，椎名氏らに聞き届けられる場面がある。この場面で木村氏は「うれしいわあ」と，「なかばやけくそ気味にシナを作ってみせた」と記されている。ここで記述されている木村氏の振る舞いは，「割烹着を買ってもらえると喜ぶこと」を得意にしていそうな《主婦》キャラ（ほどほどに《女》で《年配》のキャラ）の発動によるものだろう。

もちろん，一般の男性が《水商売の女性》や《主婦》といった女性キャラを発動させることは，冗談にせよ，親しい仲間うち以外ではふつう無いだろう。《水商売の女性》キャラや《主婦》キャラが発動されかかったところで，「いけない。男なのにこんなキャラクタを発動させたら，恥ずかしくてたまらない」とストップがかかる。このストップをかけるもの，いざそうなってしまうと恥ずかしくてたまらないもの，それは人格である。

「話し手が或る行動を繰り出そうとすると，それを得意とするキャラクタが発動される」という，行動とキャラクタの連動は，このように多くの場合，人格の統制下にあり，連動は人格によって阻害されることがある。連動をあくまで「原則」としているのは，この意味である。

愛人の例（5.2）と先の例（5.5)，さらに「うれしいわあ」とシナを作ってみせた木村氏の例については，さらに読者の注意を促したいことがある。それは，「行動とキャラクタの原則的連動」と言う際の「行動」には，しゃべること，つまり言語行動だけではなく，アグラをかく・左右の腿を叩く・流し目をする・にじりよる・ひざをつねる・シナを作るといった非言語行動も含まれるということである。つまりキャラクタの変化はことばだけでなく身体全体に影響を及ぼすということである。

このことは，いまや世界的に有名になった日本のマンガにおける，登場人物のコマごとの「変身」技法を理解する上でも重要である（Sadanobu 2009)。たとえば，魔夜峰央氏の『パタリロ！』には，マライヒという人物をさんざんからかっていた主人公のパタリロが，マライヒから「つぶれアンパン」とひとこと反撃されると，自分のそれまでの振る舞いを棚に上げて，それにいちゃもんを付けるという場面がある【イメージ5.1】。

パタリロは子供でふだんは共通語をしゃべるが，いちゃもんをつけるコマでは，「えらい言われ方やんけ われ」と関西弁をしゃべっている。その頬には刀傷ができており，キセルタバコ，サングラス，派手な柄のコートなど，或る種の関西のヤクザを思わせる姿に変身している。そして，後続のコマでは何事もなかったかのように，元の子供の姿に戻り共通語をしゃべっている。

【イメージ 5.1】マライヒ（左側）にヤクザの口調，風体でいちゃもんをつけるパタリロ（右側）

［魔夜峰央『パタリロ！』第４巻，p. 11，白泉社，1980　© 魔夜峰央／白泉社］

このような「変身」技法は，日本のマンガを手にする海外の読者にとっては，不可解な謎に違いないが，これも行動とキャラクタの原則的連動の現れとして理解できる。いちゃもんをつけるに当たって，パタリロは，いちゃもんつけを得意とする《ヤクザ》（この例の場合は関東に比べてより派手でわかりやすい《関西ヤクザ》）キャラを発動させ，これが言語～非言語行動の全面に影響したというのが問題のコマであろう。このように，キャラクタの発動は，マンガではことばだけでなく，身体にも及ぶことがある。

類例を挙げる。画像 5.2 に挙げるのは，一丸（いちまる）氏の『あんこ坂のお医者さま』の連続する２コマである。左のコマでは，若い女医が老練の看護婦に耳の痛いことを言われており，それに対する反応が右のコマで描かれている【注５】。そこでは女医は，三頭身の幼児体型になり，回転イスの上で回転しながら，「わかりまじたよ〜〜〜い」という幼児じみたことばを発している。

【イメージ 5.2】女医の普段の姿（左）と，三頭身で回転しながら幼児じみたことばを発する姿（右）

[一丸『あんこ坂のお医者さま』第４巻，p. 181，小学館・ビッグコミックス，2005]

このような「変身」は，女医がいじけるに際し，いじけを得意とする《幼児》キャラを発動させ，それがことば・しぐさ・身体に及んだものと理解できる。

もちろん，変身技法を取り入れておらず，登場人物がコマごとに変身しないマンガは現在の日本にも少なくないが，そこに見られることばの変化は，やはり行動とキャラクタの原則的連動の現れとして理解できる。たとえば藤子・Ｆ・不二雄氏の『ドラえもん』には，ドラえもんをだまして未来社会の道具を手に入れた野比のび太が悦に入り，誰もいないところで「これはたいへんなものですよ」と，丁寧な口調でひとりごとを言う場面がある（藤子･F･不二雄『ドラえもん』第７巻，p.159，小学館，1975）。この丁寧口調を理解するには，「のび太は自分が手に入れたものを品定めするに当たって，品定めを得意とする《評論家》のキャラクタを発動させてそれらしく鑑定してみせることで，自分の喜びを倍加させようとした」という想定が有効ではないだろうか。この想定に基づけば，評論家は品定めにおいて丁寧にしゃべる（というイメージがある）ので，のび太のひとりごとも丁寧な口調になったという理解ができる【注6】。

以上のように，冗談発話でのキャラ変えは，冗談ゆえに公然と意図されているという点ではスタイル変えと近い。だが，たとえば《関西ヤクザ》キャラのようなキャラクタの存在を前提にして，これを利用しているという点で，単なるスタイル変えとは異なる。そして，この前提とされているキャラクタについては，冗談発話に関係しない一般のキャラクタと何ら違いは無い。たとえば《関西ヤクザ》だったはずの男が愛人に甘えて《幼児》になり「ボクちゃん，〜でしゅ」などと話し出す，といった想像が身震いを誘うなら，「キャラ変わりに対して我々は否定的な心情を抱く」という観察が妥当しないと考えるべき根拠は見当たらない。冗談発話でのキャラ変えがこの観察の「反例」ではなく「例外」だというのは，このような理由による。

なお，ここでキャラクタに焦点を当て，「行動とキャラクタとの連動」として述べたものは，実はキャラクタにとどまらず，人間が状況に対応するための3つの調節器（スタイル・キャラクタ・人格）を全て巻き込んだ，全体的な連動，つまり「行動と，スタイル・キャラクタ・人格との連動」と考えることができる。たとえば，脅しをおこなうには，《ヤクザ》キャラであるだけでなく，ぞんざいなスタイルと，暴力を厭わない人格（もちろんこれは遊びの中で不徹底な形で偽装されたものに過ぎないが）が必要であろう。

さらに言えば，この「行動と，スタイル・キャラクタ・人格との連動」は，冗談の場合に限るものではなく，実は日常生活の全般において成立していると言うこともできる。冗談ではない場合，キャラクタの変化（たとえば男性が《水商売の女性》キャラや《主婦》キャラを発動させること）

に人格がストップをかけると先に述べたが，それはより厳密に言い直せば，そうしたキャラクタの変化に伴って人格が（女性寄りに）ズレることを人格が拒絶する結果，人格とつながっているキャラクタも《男》のまま変化しない，ということになる。人格が不動の存在ではなく，高い剛性を備えながらもさまざまに揺れ動くものだということは，第 2.3 節で紹介する斎藤環氏の強調するところである。

スタイルとキャラが連動するということを，我々はアイドルグループ「嵐」の櫻井翔氏の発言の形で（第 4 章第 2 節（4.8)），すでに見ている。ニュース番組に単にまじめなスタイルで出演しているつもりが，いつの間にか「私はこのニュース番組を離れたところでも，いつでも，どこでも，基本的にこのようなまじめな人間です」という人間の請け合いをしてしまう。その一方で，バラエティ番組に単にくだけたスタイルで出演しているつもりが，やはりいつの間にか「私はこのバラエティを離れたところでも，いつでも，どこでも，基本的にこのようなくだけた人間です」という請け合いをしてしまう。つまり，「まじめ」―「くだけている」というスタイルの切り替えがスタイルの切り替えに終わらず，《まじめ》―《くだけている》という人間（キャラクタ）の変化を伴っている。そのため，バラエティ番組でふざけているところをニュース番組の関係者に見られたら，「櫻井君がこんな人だとは思わなかった」などと，人間の変化を見られ，指摘されてしまう，それが「ちょっとつらい」理由であった。こうしたスタイルとキャラクタの連動に，これらと同じ調節器の 1 種である人格がまったく応じないと考える理由は無いだろう。

第 2 節　他の「キャラ」論との関わり

最後に，第 1 章でも取り上げた伊藤（2005）と瀬沼（2007 他）の「キャラ」論，そして，第 1 章では取り上げられなかった「キャラ」論，具体的には岩下（2013）・斎藤（2011）・ベケシュ（2018）を 1 つずつ取り上げ（第2.1節〜第2.5節），筆者の「キャラ」論との関わりを論じる形で，筆者の主張を補足しておく。

第2.1節　伊藤（2005）の「キャラ」（Kyara）論との関わり

第1章では，論の前提として「キャラ」という語を3つに大別し（キャラ1〜キャラ3），伊藤剛氏が提唱された「キャラ」（Kyara）（キャラ2）と，インターネットの掲示板などでささやかれる一部の「キャラ（クタ）」（キャラ3）を峻別した。しかしながら，峻別したということは，両者が無関係であることを意味しない。

実際のところ，キャラ2とキャラ3は，人物の同一性の認定基準という点でよく似ている。キャラ2は図像世界における人物の形式的同一性基準，キャラ3は現実世界における人物の内容に踏み込んだ同一性基準と言うこともできるだろう。

但し，だからといってキャラ2とキャラ3を統一して論じることが有益とは思えない。というのは，多くのマンガは現実世界を模した世界を図像で描いており，結果として，キャラ2とキャラ3が同時に違った形で現れ得るからである。その実例を我々はすでに見ている。家庭教師派遣会社「家庭教師のトライ」のテレビコマーシャルでは，アニメ『アルプスの少女ハイジ』の登場人物である重厚・寡黙なアルムおんじが，軽快にラップを口ずさんでおり，これを見た視聴者を「えっ，あのアルムおんじが?!」と驚かせる（第1章第2節画像1.6）。視聴者の驚きは，「これはアニメ『アルプスの少女ハイジ』の登場人物であるアルムおんじである」という図像形式（キャラ2）の同一性認知に基づいて，「『アルプスの少女ハイジ』の時と，中身が違っている」という人物の内容（キャラ3）の違いを認知することから生じる。キャラ2とキャラ3を統一してしまうことは，いたずらに論をわかりにくくするばかりだろう。この本がキャラ2とキャラ3を峻別するのは，以上の理由による。

第2.2節　岩下（2013）の「キャラ（Kyara）人格」論との関わり

すでに触れたように（第1章第2.1節），伊藤氏の「キャラ」（Kyara）の概念は，マンガ研究の文脈において，岩下朋世氏によって継承・発展されている。

伊藤氏の「キャラ」（Kyara）が実は純粋に形式的な概念とは言い切れず，フォースターの「扁平」（flat）な登場人物を感じさせる記述もあると指摘する岩下氏の論考（岩下2013）では，「キャラ」（Kyara）が，形式的な概念と，人物の内容に関する概念に細分され，前者は「キャラ（Kyara）図像」，後者は「キャラ（Kyara）人格」と呼ばれている（pp.124-130）。この指摘自体には筆者も異論は無い。したがって，マンガ世界の概念か現実世界の概観かを別とすれば，岩下氏の「キャラ人格」は，筆者の「キャラ3」と近い。

だが，岩下（2013）で「人格」と呼ばれているものには，「キャラ3」だけでなく，筆者の言う「人格」も含まれていることになるので，両者は同一視できない。岩下氏はこれまでのところ，マンガにおける人物表現に考察を集中させているようなので，この本ではこれ以上の言及は避ける。

第2.3節　斎藤（2011）の「キャラ（クタ）」論との関わり

日本人が多重人格になりにくいのは，「日本人は，自らキャラ化することで，これらの病理を免れているのではないか」という斎藤氏の論（斎藤2011：230）が，筆者の論と無理無く接合して見えるように（第4章第2節），斎藤氏の「キャラ（クタ）」論は，筆者の「キャラ（クタ）」論に非常に近い部分がある。

斎藤（2011）は，「キャラ（クタ）」が多様な研究文脈に現れ，文脈ごとに意味合いを違えていることを認めつつも（p. 11），それらの「キャラ（クタ）」を敢えて細かく区分せず，伊藤剛氏の「キャラ2」をも含めて，マンガ，文学，アート，ゆるキャラ，世相，そして日本文化に見られる

「キャラ(クタ)」を統一的に論じたものである。結論として,「キャラ(クタ)」が,コミュニケーションの中で揺れ動く人間の,人格に近いもの(「ある種のコミュニケーション・モードが凝集された疑似人格」, p. 33)と位置づけられている点は,筆者の「キャラ(クタ)」論と非常に近いと言える。

もっとも,いま述べたように射程が極めて幅広いだけに,斎藤(2011)には筆者の目から見て,表現そして主張が一貫しているのか否か,不明な点も無いわけではない。以下,特に重要と思える3点を述べておく。

第1点は,「キャラクタ」と「キャラ」の関係である。伊藤剛氏の論考に触れられた箇所では(p. 38),「キャラクタ」には固有性を積極的に認める一方で「キャラ」には固有性が乏しいとされているように,両者の区別は堅持されている。だが,「キャラクタ」が最終的に「(実質的に人間にしか適用され得ない)同一性を伝達するもの」として定義され(p. 234*ff*),また,すべての「キャラ」に共通するのは「同一性」を伝達する機能とされている箇所を見ると(p. 238),両者はあまり区別されていないようにもとれる。

第2点は,「キャラ」と「解離性同一性障害の交代人格」の関係である。斎藤氏によれば「キャラ」とは,解離性同一性障害(DID,いわゆる多重人格)を持つ人間の,交代人格(「本来」の人格に準ずる仮想的な存在, p. 33)である(pp. 63, 240)。ところで,解離性同一性障害とは,解離(「こころ」の時間的・空間的な連続性が損なわれること)の一種で,解離には軽いものから,「離人症」(自分自身をもう一人の自分が外から見ている感覚),「健忘」もしくは「全生活史健忘」(いわゆる「記憶喪失」)や「遁走」(かつて「蒸発」と呼ばれた行動),そして「解離性同一性障害」があるとされる(p. 47)。これらの記述に従えば,たとえば学校とバイト先でキャラが変わることは解離性同一性障害であるから,夫婦喧嘩における妻の記憶喪失(第1章第3.2節(1.33))よりも重い症状となり,常識的な位置づけ(学校とバイト先でキャラが変わることの方が記憶喪失よりも軽い）とは相容れないことになる。だが，斎藤（2011）の論述には，キャラと解離性同一性障害の交代人格について，厳密には近似的と言うべきところだが敢えて極端に同一と言い切っている，と感じられる箇所もある。例を次の（5.6）に挙げる。

(5.6)　僕の考えでは，もっとも「キャラ」に近い存在とは，解離性同一性障害（DID＝多重人格）だ。私見ではあれは「キャラに近い」どころではない。むしろ「キャラそのもの」である。［斎藤（2011：44）］

何よりも，もしキャラが解離性同一性障害の交代人格と本当にまったく同じものであるなら，「日本人はキャラ化することで，多重人格（解離性同一性障害）を免れているのでは」という上述した氏の論は意味がとれなくなってしまう。そこで，ここでは斎藤氏の論を，キャラと解離性同一性障害の交代人格が**近似**していると指摘したものと暫定的に判断しておく。

そして第3点は，「キャラ」と「意図」の関係である。斎藤氏の論考では，解離性同一性障害の交代人格においては演技の意図どころか意識が無いとされ，「キャラを演じている」場合とは異なるとされている（p. 61)。このことは，上の第2点において，斎藤説を，キャラと解離性同一性障害の交代人格との文字通りの同一関係ではなく，近似関係を論じたものと判断する根拠として追加できるかもしれない。だが，その一方で，瀬沼文彰氏・荻上チキ氏・土井隆義氏らの論（2007；2009，荻上2008，土井2009）を取り上げる際には，彼らと同様，児童が他者から割り当てられたキャラを「演じる」「（状況により）演じ分ける」そして「演じ疲れる」と，「演技」式の記述がなされている。

以上3点に示したように，「意図的な演技は，斎藤氏の「キャラ」あるいは「キャラクタ」に含まれるのか否か」という，ごく根本的な部分で，斎藤氏の説には不明確な部分があると言わざるを得ない。だが，精神分析という，筆者とは大きく異なる分野の研究の中で，人格とキャラ（クタ）の間に「機能分担」的な関係が認定されていることは，心強い限りである。斎藤氏の「キャラ（クタ）」論と筆者の「キャラ（クタ）」論の類似点を，この本の問題意識に沿ってまとめておこう。

この本が現代日本語社会の観察を通して取り組んできたのは，結局のところ「「1人の人間に1つの精神」という古典的な図式は妥当か？」という問題と言うことができる。この問題の答はもちろん否定的なものである。人間はもともと，この古典的な図式に収まりきらず，さまざまな形でこの図式から逸脱し，あるいは逸脱を夢想してきた。

人間は，たとえば「本当の自分」があると思いたがり，それを探し，尊重しようとする【注7】。また，人間はたとえば「これまで眠っていた，もう1人の自分が覚醒」といった物語に打ち興じる。さらには，解離性同一性障害（多重人格）という文化的な病を患う。あるいは「憑依（乗り移り）」という霊的現象を体験する（と信じる）。だが，この古典的な図式からの逸脱は，以上の方法と連続するが，もっと身近でありふれた形で日々生じている。それがキャラ3の変化である。人間は状況に応じて，自らの意図とは関わり無く変わり得る。このことを，解離性同一性障害の方面から論じてきたのが斎藤氏の「キャラ（クタ）」論であり，まず先行するキャラ論を整理した上で「キャラ3」を取り出し，キャラ3の問題として論じてきたのが筆者の「キャラ（クタ）」論である。

なお，多くの日本語母語話者が多重人格などを「キャラ化」によって免れているのではないかという斎藤氏の「人格とキャラのプレッシャー分担論」に共感し，自らも「キャラ3」の説明に関節のたとえを持ち出す（第1章第3.2節）ということは，筆者も実は或る意味では機能主義に近いところにあると言えるだろう。機能主義言語学者アンドレイ・ベケシュ（Andrej Bekeš）氏が筆者の「キャラ（クタ）」論に興味を持たれたのも，それを見てとられたのかもしれない。ここで，この点について説明を補っておきたい。

それを「機能主義」と呼ぶかどうかに関わり無く，筆者が認めなければならないと考えるのは，人間だけでなく，動物に広く備わっている「より生きやすい方向に向かっていく本能」とでも言えるような駆動である【注8】。但し，たとえば走光性（phototaxis）を持つ羽虫が誘蛾灯に近づき身を焦がすように，「より生きやすい方向（この場合は明るい方向）」が個々の状況において本当に「より生きやすい」というわけでは必ずしもない。つまり，この駆動は，時には個体や種族全体を，よりまずい方向に向かわせることもある。特に人間の場合，この駆動は状況ごと，個人ごとの思惑に隠されがちだが，無いわけではない。追い詰められた状況で「もう１人の自分（人格・キャラ3)」を作り出すことは，当該の個人にとって，よりまずい結果を生んでしまうこともあるけれども，それは「状況にふさわしい対応をする」という，人間に備わった駆動によって生じたものだというのが筆者の考えである。

筆者がこれまで疑問視してきた，意図を前提にするコミュニケーション観・目的論的な発話観・道具論的な言語観が依拠する「機能主義」は，この駆動の是認とはかなり違っている。たとえば，「見られる」と言うはずのところを「見れる」と言うような，日本語の「ら」抜きことばに対する「機能主義」的な説明を思い出してみよう。これは，「ら」抜きことばが現在広まっているのは，助動詞「られる」の意味を軽減するためなのだという説明であった（第３章第１節）。こうした説明に見られる「機能主義」は，「言語という道具によって人間は，誘蛾灯に引き寄せられる羽虫と異なり，よりよく生きることに常に成功する」という前提を持っている。また「この現象は説明できない」という限界を持たず，常に言語の全体をよく説明するという点において，上述の「駆動」とは異なっている。したがって，「駆動」を認める一方で，こうした「機能主義」への疑問を呈することに矛盾は無いというのが筆者の考えである。

だが，もしも「駆動」と「機能主義」の区別が程度の差としてさえ，どうしても保持できないというのであれば，キャラ3と人格の「プレッシャー分担論」は，関節のたとえもろとも，進んで撤回したい。その場合，キャラ3は「謎の人間変位単位」へと後退することになるが，我々が何よりも避けるべきは，わかっていないことと，わかっていることの区別がぼやけ，一緒になってしまうことだろう（第1.3節）。

第2.4節　瀬沼（2007他）の「キャラ」論との関わり

上に上げた問題の他に，ここまで取り組んできた問題はもう1つあった。それは，「「1人の人間に1つの精神」という古典的な図式の不当性を暴く日本語の語「キャラ」は，なぜ借用元である英語の“character”に訳せないのか？」という問題である。

筆者の見るところ，この問題には韓国語社会の整形事情とも通底する一般的な面があり，それについて，ここでは「タブー」「社会レベルのカミングアウト」という一般的な概念を持ちだして説明を試みた。

その一方で，この問題には「「キャラ」という語によるカミングアウトが，なぜ他の社会ではなく日本語社会で，前世紀末あたりに，若年層を中心に生じたのか？」という，日本語社会の個別性，前世紀末という時代の個別性，若年層という世代の個別性に関わる面もある。これらの個別性の問題を通じて，筆者の「キャラ」論は，日本論，ポストモダン（あるいは後期モダン）論，若者論とつながり得る。

日本語社会の個別性について筆者は，日本語社会はもともとスタイルの自由度があまり無く，多くの人々が主にキャラ3を駆使して行動を調整しているという事情を可能性として挙げた。この考えはたとえば，日本は昔から多元的自己の社会であったという浜口恵俊氏の「個人主義」ならぬ「間人（かんじん）主義」（浜口1982），さらに，人間どうしが遍在的自己という「場」を共有することにより融合するという「場」の考え（清水2000・Ide 2012・藤井2016）とも接合可能である。多元性の進行時期が1990年代以降であることを示唆するデータを紹介しつつもこの「間人主義」に触れる浅野智彦氏の論考（浅野 2013）では，「自己は単に多元的であるだけではなく，少なくともこの 20 年間，多元化し続けているようにも思われる」（p.174，傍点は定延）などとあるように，日本の元来の多元性はひとまずは認められているようである。「なぜカミングアウトが他ではなく日本で生じたのか？」という問題に答えようとする筆者の論も，こうした日本論を排除するものではない。これらは，カミングアウトの下地を明らかにするものとして受容可能である【注 9】。

同様のことは，時代論や世代論についても言える。カミングアウトが前世紀末に，若年層を中心に生じた要因として筆者は，20 世紀末のマンガの二次創作の増大を挙げ，若年層をそれらの主たる読者と位置づけた。だがこれは，より根本的なポストモダン論や若者論を排除するものではない。これらはその背景を説明するものとして受容可能である。

さて，現実世界における人間の姿を「キャラ」の名のもとに追究した研究の中で，瀬沼文彰氏の一連の若者論は，伊藤剛氏の「キャラ 2」（Kyara）の強い引力に捕らわれなかった数少ない存在と言える。まず調査対象者と直接対面し，そこで得られた情報から論を組み立てるという氏の一貫したボトムアップな方法論が，「専門語「キャラ」をどう設定すれば諸現象が整理しやすいか？」という問題よりも，「調査対象者たちが口にしている日常語「キャラ」はどのような意味か？」という問題の検討へと氏を向かわせ，結果として「キャラ 2」の不用意な援用を防いだのではないだろうか。「日常生活やコミュニケーション・発話・言語の研究文脈において，あまりにもしばしば，意図性が当然の前提とされること」への懐疑という問題意識を持つこの本では，対面式のアンケート調査という氏の方法論のはらむ危険性についても指摘することになったが（序章第 4 節），そもそも氏は意図的な人格偽装も含めた「キャラ」の実態解明という，筆者とは異なる問題意識を有しているのであるから，氏の研究の意義は筆者の指摘によって損なわれるものではないだろう。若者論の中で，たとえば学校のクラスが数人から成る閉鎖的な小集団に分かれており，その小集団の中で誰かに何かの拍子に「おまえって○○だな」と指摘されれば，その指摘が不当であり意に染まぬものだとしても自身の言動をその指摘に合わせて「○○」を演じていかねば集団から疎外されてしまうという若者事情を取り上げる際には，意図的な人格偽装は当然，観察の中心に位置づけられねばならないだろう。このことを念のために述べておく。

その上での話だが，氏の調査研究においても，意図的な人格偽装と，非意図的なキャラ（つまりキャラ3）の変化は，区別される方がよくはないだろうか。そもそも，我々は意図の有無には昔から敏感ではなかったか。たとえば千年以上前に書かれた，次の（5.7）を見てみよう。

(5.7)　また，さもあるまじき老いたる人，男などの，わざとつくろひひなびたるはにくし
[清少納言『枕草子』池田亀鑑校訂，岩波文庫]

「そう年寄りでもない人や男なんかが，わざと田舎くさく取り繕っているのは気にくわない」，つまり田舎くさいのはあくまで非意図でなければ楽しめないという清少納言の感覚はそのまま，現代を生きる我々の感覚，意図された「ゆるさ」を嫌う，みうらじゅん氏の感覚（第1章第1節(1.3)）と言えるだろう。「私は，これをやったら豪快だと思われるか，あれをやったらどうかと，いつも考えて，意図して振る舞ってきたんです」と言う人物は，《ニセ豪傑》であって《豪傑》ではない（第2章第3.1節）。もしも，意図的に取り繕っていたと判明したにもかかわらず，その人物を，若年層が《ニセ豪傑》ではなく《豪傑》として扱うようになっているのなら，まさに驚天動地の世代変化と言うべきだろうが，氏の調査によれば若年層はそのような場合「天然じゃねーのかよ。計算かよ！」「汚ねーな！」と，やはり否定的に反応するという（序章第4節）。このような偽装された《ニセ豪傑》を，偽装に目をつぶって「《豪傑》キャラ」

として記述したり，またたとえば，「猫をかぶる」という慣用句の形で伝統的に知られてきた偽装人格を「おとなしいキャラ」として記述することが氏の調査目的とよく合致するのだろうか。若年層が口にする日常語「キャラ」の意味検討を通して若者コミュニケーションの実態を明らかにするという氏の研究の意義は，（対面式インタビューという調査手法上の困難さはあるだろうが）非意図的なものと，意図的なものを区別することによって，なお増すのではないか。

第2.5節　ベケシュ（2018他）の「キャラ」論との関わり

筆者の「キャラ」論に対してアンドレイ・ベケシュ（Andrej Bekeš）氏が指摘されたのは，欧米の研究には，筆者が批判的に検討した，意図を前提とする伝統とは別に，社会学者ピエール・ブルデューの「ハビトゥス」論（例:Bourdieu 1980）をはじめとする，筆者の「キャラ（クタ）」概念と親和的な思想の系譜があるということである（ベケシュ 2018）。

筆者のことばで述べると，「ハビトゥス」とは，日々のさまざまな社会的文脈を経験する中で個人の身体に染みつき，個人の言動に見出される「型」のようなもので，個人が社会から意図的に学んだものだけでなく，社会に非意図的に植え付けられたものをも広く含む。この点で「ハビトゥス」には，確かに筆者の「キャラ3」との両立可能性が見てとれる。古い日本語を知る読者なら，「習い性（ならいしょう）」ということばを思い浮かべられるかもしれない。

重要なことは，「ハビトゥス」が，「個人」と「社会」との動的な関わりの中に位置づけられる概念だということである。「キャラ3」を「ハビトゥス」と接合することによって，社会的な広がりを備えた新しい段階へと，「キャラ」論をさらに発展させる可能性があることをベケシュ氏は指摘しておられる。

多少ともわかりやすいと思える具体的な事例として，(5.8) を挙げておこう。

(5.8)　右の地域の漁業組合に行ったとき，一人の少年が兄貴分にくっついて小舟に乗ろうとしているのを岸壁から見た。兄貴分が舟にとびのるとき，掻き切るような威勢よさで手洟(てばな)をかんだのだが，おかしかったのは，即座に弟分の少年が小鼻に指をあてておなじ所作をしたことだった。私がふきだすと，横にいた漁業組合長さんが，

「あんな真似までしやがるんです」

　と，いった。

　少年たちは，すぐれた能力をもつ兄貴分につきたがるのである。たまに「沖へつれて行ってやる」といわれると，仔犬のようによろこんで舟に乗る。

「あれで，兄貴分を尊敬しているんですよ」

　と，組合長さんがいった。そうかもしれなかった。相手に対して尊敬の姿勢をとるとき，相手の持っているものが，水が上から流れるようにして，少年の中に入るのかと思われた。それには，相手のくせまで無意識にまねをしてしまうことになるのかもしれない。

「あの兄貴分の若い人の手洟も，たれかから伝承したものかもしれませんな」

「それは，よしさんという人でした」

　よしさんという，老人（だと思う）が，兄貴分の少年のころの師匠だったらしい。そういう手洟の系譜をたどれば，よしさん以前にまでさかのぼれるのではないかとおもったりして楽しかった。

[司馬遼太郎 1982『菜の花の沖（二）』文藝春秋，あとがき，傍点は司馬氏による]

ここで小説家・司馬遼太郎が（多分の想像を交えて）観察しているのは，掻き切るような威勢よさで手洟をかむ仕草が，少年から少年へと「無意識にまね」つまり非意図的に習得され，受け継がれていく様子である。手洟を「弟分」に真似される《できる漁師》つまり《一人前の男》が，いつどこで誰の前でも《一人前の男》であるならそれはそれで結構なことだが，現実は必ずしもそう単純ではないだろう。「弟分」の前での《一人前の男》は，自身の「兄貴分」の前では相変わらず《子供》なのかもしれないし，また，漁村から都会に出れば，自ら《地方人》として振る舞ってしまうのかもしれない。手洟をかむ仕草が《一人前の男》キャラのハビトゥスの一部として，社会の中でどのように生まれ，広がり，また消えていくのか，個人がそれを（意図的・非意図的を問わず）どのように身につけ，継承・改変し，そして捨てていくのか――こういった生々しい問題を扱える，新しい「キャラ」研究の可能性をベケシュ氏は示されている。

この可能性は，今後，ベケシュ氏をはじめとするさまざまな研究者との協働の中で【注10】，現実のものとしていきたい【注11】。

では，次にコミュニケーションから言語に目を転じ，現代日本語における「キャラ（クタ）」のあり方を観察してみよう。これは，「それを「キャラ（クタ）」（キャラ3）ということばでカミングアウトし始めたのは最近だが，我々日本語話者は昔からずっと，スタイルと人格に加えて，キャラを状況に対応するための調節器としてきた」という筆者の考えを，言語的な面で支えるものでもある。

【注】

1：自我アイデンティティ（ego identity）とは，様々な自己イメージが取捨選択され統一されたもの，「自我が特定の社会的現実の枠組みの中でうまく機能する自我に発達しつつある」という確信を指す。Erickson（1959：訳 10，1968：訳 48-49）を参照。

2：「発動」の定義は第6章第1節で述べるが，ここでは常識的な理解で差し支え無い。

3：2014 年 4 月 4 日，ボルドーモンテーニュ大学。

4：但し念のために言えば，身体的な発話観は「新たな発話観」の一案に過ぎない。仮にこれが不当であったとしても，それは筆者のキャラ論の不当性に直結しない。

5：原典（右綴じ）とこの本（左綴じ）の製本方式の違いを考慮し，ここでは2つのコマの左右を原典とは逆に配置したことを断っておく。

6：先に述べたように『ドラえもん』は古典的なマンガであり，変身技法は採用されていないが，もし採用されていれば，のび太はこのコマだけ，たとえば髪をオールバックになでつけてパイプをくゆらしたり，あるいは（テレビによく登場する某鑑定士のように）和服姿でチョビヒゲを生やしていたりといった，評論家らしい知識層の中高年男性の姿に変身していてもよいところだろう。

7：この「本当の自分」が土井隆義氏の「内キャラ」である（第 1 章第 2.1 節）。これに拘泥することは，土井（2009）では「新しい宿命主義」と呼ばれている（pp.34-36）。

8：この駆動は「あらゆる生命体は「良くあること」（well-being）を実現すべく全力を尽くしている」と菅原（2002：311）が言うものである。

9：但し「間人主義」については，筆者の「キャラ」論との接合可能性はあくまで部分的なものに留まるだろう。というのは，間人主義とは，人間を自律的な行動主体である「個人」ではなく，「間人」すなわち「人間関係の中で初めて自分というものを意識し，間柄を自己の一部と考えるような存在」（浜口 1982：5-6）とする考えを指すものではあるが，これは西洋との対比の中において，日本のみならず東洋全体に対して，心理人類学者・許烺光（Francis L.K. Hsu）が提唱した考えだからである。「なぜ他ではなく日本で」という問いに答えようとする筆者の「キャラ」論に接合すべきは，東洋論よりむしろ日本論であろう。なお，間人主義と似た考えは，人間を不可分な「個人」（individual）ととらえず，可分な「分人」（dividual）とする小説家・平野啓一郎氏の「分人主義」（平野 2012）にも見られる。但し，平野（2012）には日本あるいは東洋という視点は特に持ち込まれていない。

10：西田隆政氏によって構想・実践されている「役割語史研究」は，何らかのキャラを発動させた話し手の発することばを，日本語史の中でとらえようとする研究である（例：西田 2015; 2016）。ベケシュ氏によって示唆されたのは，ことばの側ではなく人間の側からの，より微視的な，生活に密着させた歴史研究という点で違いはあるが，西田氏の構想と響き合う部分があるのではないか。

11：次の第6章で紹介する「口をとがらせる」「口をゆがめる」の観察は，その端緒の一つである。

第 III 部
日本語におけるキャラ（クタ）

第 II 部では，キャラ 1（物語世界の登場人物）やキャラ 2（図像世界における人物の形式的同一性基準）に注意を払いながらも，あくまで現実世界のキャラ 3 を中心に論じてきた。それは，「人格分裂のような病理的な場合を別とすれば，人間は変わらない」という良き市民のお約束に縛られつつ，さまざまな状況への対応を迫られるという現実の人間の不幸に，この本が光を当てようとしてきたからである。だが，人間が状況に応じて変わり得るということは，いまや日本語社会全体が，「キャラ」をキーワードにカミングアウトし始めていることでもある。

第 II 部において「キャラ」とは，何よりもそのようなことばであった。そしてそれは，この第 III 部でも変わらない。カミングアウトと時代の関与・不関与について，日本語の観察を通して，さらに考えてみよう。

この第 III 部で考えてみたいのは，「カミングアウトに対する時代の関与，あるいは不関与」である。もちろん，この問題は第 II 部でも取り上げてきた。「キャラ」という語によるカミングアウトが始まったのは，20 世紀末にマンガの二次創作が増大したせいかもしれない（第 4 章）。また，ポストモダンの時代になって，エリクソン流の「アイデンティティ」の確立が困難になったということも，カミングアウトを招く契機になったのかもしれない（第 5 章）。だが，もっと以前から，さらに根本的な下地はあったのではないか？　日本語社会は「キャラ」（キャラ 3）という語ができる以前から，多重キャラ生活が否応無しに強いられる社会だったのではないだろうか？　この第 III 部ではこの問題を，言語の問題として検討したい。

断っておくが，キャラに関わる人間の行動は，言語に限られるわけではない。たとえば定延（2011：第 2 章第 7 節）で「片手直立左右振り」と仮称した否定の身振りや，「両手肘つき A 字合わせ」と仮称した待機の姿勢は，基本的に《大人》キャラのものであり，これらはマンガの中でも《大人》キャラの振る舞いらしく描かれている【イメージ III-1】【イメージ III-2】。

【イメージ III-1】「片手直立左右振り」が描かれたマンガのコマ

［中崎タツヤ『問題サラリーMAN』第 4 巻，p. 102，日本文芸社，1995］

【イメージ III-2】「両手肘つき A 字合わせ」が描かれたマンガのコマ

［さいとう・たかを『ゴルゴ 13』第 108 巻，p. 178，リイド社・小学館，1998］

こうしたキャラと非言語行動との関わりは，キャラと言語行動との関わりと比べて，重要性に欠けるものではない。本来は，言語と非言語を併せて，キャラとの結びつきを考えるべきであろう【注 1】。以下で観察対象を言語に限定するのは，言語と比べて，非言語の観察が大きく立ち遅れているからにほかならない。

この第 III 部は全部で 4 つの章から成る。最初の第 6 章は準備的な章で，ここでは，キャラ 3 と関わる 2 種類の行動が日本語に即して紹介される。続く第 7 章・第 8 章では，それら 2 種類ごとに，上記の問題が検討される。最後の第 9 章はまとめと補足の章である。

【注】

1：僅かな研究の例として，金田（2018）を挙げておく。

第6章　キャラに関わる2種類の行動

この第6章では，キャラに関わる行動として，「キャラの発動」と「キャラの付与」の2種類を日本語に即して紹介した上で（第1節），両者の違いについて補足する（第2節）。

第1節　キャラの発動と付与

人間は，自身のキャラがキャラではなく，人格であるかのように振る舞うことがある。また，人間は，何らかの対象に対して，「これはこういうキャラなのだ」と，或るキャラを貼り付けることがある。ここで前者の行動を「キャラの発動」と呼び，後者の行動を「キャラの付与」と呼ぶことにする【イメージ6.1】【注1】。

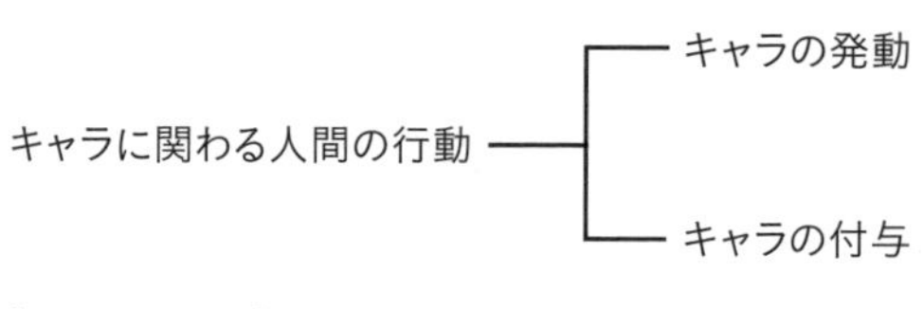

【イメージ6.1】キャラに関わる人間の行動の分類

キャラの発動と付与は，それら自体は互いに大きく異なっているが，定延(2011: 119)で述べたように，1つのことばがこれら2種類の形でキャラと結びついていることも多い。ここでは，2種類を1つずつ簡単に紹介した後（第1.1節・第1.2節），説明を補足しておく（第1.3節）。

第1.1節　キャラの発動

ここで言う「キャラの発動」には，第Ⅲ部冒頭で触れた「片手直立左右振り」「両手肘つきA字合わせ」のような身振りや姿勢も《大人》キャラの発動として含まれる。が，これも第Ⅲ部冒頭で述べたように，ここでは言語的なキャラの発動のみを取り上げる。さらにその中でも，近現代言語学が言語の中心に位置づけている音声言語（例：Sayce 1900, Gray 1950, Hockett 1960, Potter 1975, Lyons 1981，詳細は定延 2016b を参照)，つまり発話する，話すという行動に限ってキャラの発動を取り上げることを断っておく【注2】。

ことばを発する人間のキャラを，筆者の慣例に従って「発話キャラ（クタ)」と呼ぶ。行動に際して発動されるキャラを全般に「行動キャラ（クタ)」と呼ぶことにすると，発話キャラは身振りの行い手や姿勢のとり手のキャラと並んで，行動キャラに含まれることになる。さらに，「或る発話キャラ（クタ）を発動させた人間がこれこれこのような話し方をする」ということを換喩的に「或る発話キャラ（クタ）がこれこれこのような話し方をする」のように述べることにする。

では，発話キャラと結びつく「話し方」の方は，どのように呼べばよいだろうか？　これまで筆者は，これを金水 (2003) にならって「役割語」と呼んできた。金水（2003）の「役割語」の定義を（6.1）に挙げる。

(6.1)　ある特定の言葉づかい（語彙・語法・言い回し・イントネーション等）を聞くと特定の人物像（年齢，性別，職業，階層，時代，容姿・風貌，性格等）を思い浮かべることができるとき，あるいはある特定の人物がいかにも提示されると，その人物像が使用しそうな言葉づかいを思い浮かべることができるとき，その言葉づかいを「役割語」と呼ぶ。
[金水 2003：205]

ここでは「役割語」が，「役割」という，目的論を思わせる名こそ付いているものの，目的論から切り離された形で定義されている。したがって，目的論を無条件で認めることを警戒している筆者が，この「役割語」を採用したとしても問題は無いだろう。

注意すべきは，少なくとも現代日本語共通語に関するかぎり，「役割語」は特殊なことばではないということである。「役割語」といえば，たとえば「地球人ニ告グ。タダチニ降伏セヨ」などと言う《宇宙人》キャラの平坦なイントネーション，「そうでおじゃる」などと言う《平安貴族》キャラの「～でおじゃる」，「そうだワン」と言う《イヌ》キャラの「ワン」といった，現実の現代日本語の話し手ではない，非現実の発話キャラ（クタ）の話すことばだけを指すのだという理解が一部でなされているが，これは誤解と言わざるを得ない【注3】。以下，そう考えられる理由を2点挙げる。

第1点は，この理解がそもそも「役割語」に対する誤った認識に基づいているということである。いま紹介した「役割語」の定義（6.1）を見るかぎり，役割語は発話キャラ（クタ）の実在／非実在とは関係しない。この誤認識は，金水（2003）のタイトルに「ヴァーチャル日本語」とあり，同書の本文が「いかにも「博士」らしいことば「そうじゃ，わしが知っておる」を発する博士など現実にはいない」という出だしから始まっていることと関係しているのかもしれない。だが，この「ヴァーチャル」とは，日本語社会に見られる「話し方」というものが，話し手の実際の性別年代ではなく，発動される人物像つまり人物イメージに応じて変わるということを示したものであり，また同書の出だしは，「役割語」のイメージをつかむためのわかりやすい例示ではあっても，「役割語」の定義ではない。仮に「そうじゃ，わしが知っておる」などと言う博士が現実に見つかったとしても，このセリフが役割語でなくなるわけではない。

第2点は，上の定義（6.1）に基づくかぎり，日本語のすべてのことばは多かれ少なかれ「役割語」だということである。「役割語」と「ふつうのことば」があるのではない。というのは，たとえば平坦ではなく起伏のあるイントネーションで話すのは《宇宙人》キャラ以外の発話キャラ（クタ），「まろ」「～でおじゃる」ではなく「私」「～です」と話すのは《平安貴族》以外の発話キャラ（クタ）という具合に，「役割語」でないことば，つまりすべての話し手が発話キャラ（クタ）に関わりなくしゃべることばは，実は見当たらないからである。濃淡の程度差はあれ，すべてのことばは「役割語」と考えることができる。この点で「役割語」は，言語をポリシステムととらえるファース（John R. Firth）やハリデー（Michael A.K. Halliday）らのロンドン学派，岩崎勝一氏の「多重文法仮説」（Multiple Grammar Hypothesis，Iwasaki 2005，兼安・岩崎 2017）【注4】と共に，「現代日本語共通語は一つ。その文法も一つ」という伝統的な通念に対する疑念を具現した考えと位置づけられる。伝統的な通念を継承しようとすると，この通念に合わない「役割語」を，限られた特殊なものと位置づけたくなるかもしれないが，それは当を失していると言わざるを得ない【注5】【注6】。

もっとも，第1章で紹介した「キャラ（クタ）」ほどではないが，近年は「役割語」という用語にも，研究の立場による，定義（少なくとも外延）のズレが生じている。というのは，先に掲げた役割語の定義（6.1）は，「特定の人物像」とはどのようなものか，「思い浮かべる」のは誰か，といった問題に関しては，オープンになっているからである。

「特定の人物像」とはどのようなものか，とは，この人物像を「特定の社会的・文化的グループのメンバーに広く共通する人物像」に限定するのか，あるいは「○○さん」と言えるような，一個人の人物像も含めるか，という問題である。また，「思い浮かべる」のは誰か，とは，当該の言語社会（たとえば日本語社会）のメンバーの（ほぼ）全員が思い浮かべられねばならないのか，それとも，一部（たとえばマニアックな小集団。極端を言えば一個人）が思い浮かべられればそれでよいのか，という問題である。これら2つの問題はいずれも程度の問題である。また，お互いに別個の問題ではあるが，傾向としてはつながっている。社会的・文化的グループのメンバーに広く観察される人物像の話し方であれば，当該言語社会の話者全般に気づかれていやすい。反対に，特定の個々人の話し方は，その人物を知る話者にしかわからず，当人が有名人でなければ，ごく一部の話者に限られる。

Kinsui and Yamakido (2015) や金水 (2016) 以降の金水氏の論考では，「役割語」を特定の社会的・文化的グループのことば遣いに限定され，それまでの「役割語」は「キャラクター言語」と呼び換えられている。物語における登場人物は，自身が属する社会的・文化的グループらしいことば（つまり役割語（狭義））を発することもあるが，その一個人独自の話し方をすることもある。後者のことばは「役割語（狭義）」ではないが「キャラクター言語」ではある。金水氏は物語の登場人物は「すべてなんらかのキャラクター言語を話すと言うことができる」（金水 2018：55）と述べている。

物語と登場人物（キャラ1）の関係を述べる中で（第1章第1.2節），新城カズマ氏の論考（新城 2009）に触れたが，新城氏と同様，金水氏は「ヒーローの旅」とまとめられそうな物語に注目しており，キャラクター言語の観点から，登場人物を基本的に3つのクラスに分けている。その3クラスとは，(i) 基調として標準語を話すクラス，(ii) 多くは役割語（狭義）を話す，あるいはそれを逸脱させた話し方や，まったく新しい話し方をするクラス，(iii) 逸脱の無い役割語を話すクラスの3種である。これらは物語の展開との関わり方（(i)は主人公や準主人公，(ii)は導師や仲間，敵などの重要な役回り，(iii) は1度しか登場しないチョイ役）と対応していると述べられている（金水 2018）。

また，社会的・文化的なグループとは別に，性格的なグループのメンバーに共通する人物像（たとえば「ツンデレ」）に注目する西田隆政氏は，この人物像の話すことば（ツンデレを例とすれば「べ，べつにあんたのために～するわけじゃないんだからね」など【注7】）を「属性表現」と呼んでいる（西田 2010：8）。そして，ツンデレとその属性表現を結びつけられるのは，アニメなどに親しんでいる一部のメンバーに限られるとしている。

だがこの本では，これらの社会的・文化的グループや性格的なグループの詳細に立ち入る余裕が無い。そこで，発話キャラの人間が話すことばを，内部グループにこだわらず，この本では一括し，その名称については，新しく「キャラ発話」とも呼ぶことにする。

以上により，キャラの発動とは，次の【イメージ6.2】のようにまとめられる。

【イメージ6.2】キャラの発動

キャラ	キャラと言語の関係	言語
発話キャラ（クタ）	話し手が発話にあたり キャラを発動	キャラ発話

では，キャラに関わる，人間のもう1種類の行動を見てみよう。

第1.2節　キャラの付与

キャラに関連する人間の行動には，「キャラの発動」の他に，「キャラの付与」というものがある。「キャラの発動」の場合と同様，ここでもまず断っておかねばならないのは，身振りや仕草の除外である。たとえば或る人物について「なにしろあの人は，ね」などと言いながら，両手を腰に当てて体を反らし，偉そうなポーズをとることで，その人物に《ボス》キャラを（からかい・侮蔑混じりに）付与するといった非言語的な「キャラの付与」行動は，以下では取り上げられない。なお，或る対象に対して人間が或る言語表現でキャラを付与する際，その付与されるキャラを「付与キャラ」と呼ぶことにする。また，その言語表現を「キャラ表現」と呼ぶことにする。

キャラ発話を紹介する中で持ち出した問い「日本語にキャラ発話でないことばはあるか？」と並行する問いを，ここでも取り上げておこう。日本語にキャラ表現でないことばはあるだろうか？　つまり表現対象に何らキャラを付与しない，まったく中立的で無色透明な言語描写というものはあるだろうか？

この問いに対する筆者の答は，イエス・アンド・ノーである。イエスと言うのは，キャラ付与を伴わない中立的な言語描写と思えそうなものが，確かにあるからである。いわゆる「客観的」な言語表現がそれに当たる。そして，ノーと言うのは，そうした「客観的」な言語表現が無い，あるいは，あるけれども役に立たず，キャラの付与が実質的に避けられないことがあるからである。以下，この二律背反的な答を詳しく説明する。

まず，中立的な言語表現が存在する場合の例として，直立姿勢の持続行動を見てみよう。この行動を表す表現「じっと立つ」は，中立性が高く，対象を選ばない。これに対して「たたずむ」は，それなりの落ち着いた雰囲気を備えた《大人》キャラを付与する。たとえば，長谷川町子氏のアニメ『サザエさん』に登場する幼児・タラちゃんは，「たたずむ」ことは（文脈に工夫を凝らさなければ）難しい【注8】。

キャラを付与する対象が人間に限られるわけではないことを示すために，動物の場合も挙げておこう。ツルなら「湖のほとりにたたずむ」ことはできるが，ヒヨコなら，いや，親のニワトリでさえも「たたずむ」のは難しいと我々が感じるなら，それは我々が人間だけでなく動物にもキャラづけをしていることの現れだろう。スラリとした長身で，動かないことも多いツルには《大人》キャラを当てはめやすく，相対的にずんぐりしていてよく動くニワトリには《大人》キャラを当てはめにくい【注9】。しかし，「たたずむ」と異なり，「じっと立つ」ことは，ツルだけでなくニワトリやヒヨコにもできる。このように，直立姿勢の持続行動の場合は，「じっと立つ」という，中立的に思える表現が存在する。

だが，そのような場合ばかりとは限らない。

たとえば,微笑を「ニタリとほくそ笑む」と表現されるのは《悪い奴》キャラであり，《正義漢》は「笑みがこぼれる」ことはあっても「ニタリとほくそ笑む」ことは無い。「ほほえむ」「微笑する」も《子供》らしくはない。つまり微笑については完全に中立的な表現は見当たらない。

「あてどなくさまよう」や「さすらう」は，或る種の「格好良さ」を備えており，《幼児》キャラには難しい，「うろつく」は「格」や「品」が高いキャラにはふさわしくない，「徘徊する」は《老人》キャラの臭いがきついという具合に，類義的とされることばでも表現キャラが大きくずれていることは珍しくない。そして，野良犬やハイエナは「うろつき」やすいと我々が感じるなら，我々はこれらの動物にキャラを当てはめていることになる。

類義的なことばが見当たらず，1つのことばを用いるしかないという場合もある。「しがみつく」がその例だが,このことばは動作だけでなく,動作主の弱々しいキャラをも表してしまう。「コアラが木にしがみついている」と言う時，我々はコアラに《弱者》というキャラを付与していることになる(この例外は第8章第1.2節で後述)。さらに,次の【イメージ6.3】のような，カエルアンコウという魚の胸ビレによる「歩行」はどうだろうか？

【イメージ6.3】カエルアンコウの「歩行」(左から右への連続5コマ，著者撮影)

これは，カエルアンコウが海底を「歩行」する様子を撮影したものである。この「歩行」ぶりは，「えっちらおっちら」としか言いようがないのではないか。実際，これを「えっちらおっちら」と書いているサイトは珍しくない。以下に例を3つ挙げておく。まず，次の（6.2）を見てみよう。

（6.2）　カエルアンコウ（旧名イザリウオ）

1. 泳がず，ヒレでえっちらおっちら海底を歩く魚。
   ・しかし「ロケットカエルアンコウ」という名前の種もいる。
2. 単純な反応速度ならサメやカジキを凌ぐ魚類最速だとか。
   ・が，最近ミノカサゴが最速の座を更新したらしい。
3. でかすぎる魚を飲み込んで窒息死したバカもいるらしい。

[https://wiki.chakuriki.net/index.php/海水魚]

これはWikipediaよりもくだけた百科事典Chakuwikiにある「海水魚」という項目の中の「カエルアンコウ」の記述で，1では，その「歩行」の様子が「えっちらおっちら」と記されている（該当箇所には下線を付してある。以下も同様）。

次の(6.3)は「海好き」という名のダイバーズショップの宣伝を兼ねた，ダイビング日誌の一部である。

（6.3）　人気のイロカエルアンコウも健在！！
黒色，オレンジ色，あずき色と行方不明になっていた黄色の個体がえっちらおっちらと岩を移動しているのが目に飛び込み撮影！！
[http://umisuki.jp/old/rog_2008_1.html]

ここでは，イロカエルアンコウというカエルアンコウの一種が移動する様子が「えっちらおっちら」と記されている。

最後の（6.4）は個人のブログで，ここではテレビの動物番組を観た感想が綴られている。

(6.4)　そんなカエルアンコウですが，アンコウの一種だけあって，泳ぎが上手でなく，水底を泳ぐというよりも，むしろ歩いています。
ゆっくり，よちよち，えっちらおっちら。
その姿が，堪らなく可愛いのです。
[http://srhblog.blog47.fc2.com/blog-entry-129.html?sp]

ここに現れている「えっちらおっちら」は，直前で表されている歩行の表現であろう。

だが，「えっちらおっちら」と表現することは，この魚を鈍重なものとしてキャラづけすることでもある。近づいてきた獲物にこの魚が食らいつく速さは，(6.2) の2にも記されているように，魚類の中でも群を抜くと言われているにもかかわらず，である。

このように対象の性質を見誤らせてしまいかねない，「危険」なキャラづけ表現を避けようとして「客観的」な表現を繰り出し，「コアラが木にしがみついている」と表現する代わりに「コアラが自身を木にほぼ付着した状態に固定させようと力を出している」，「カエルアンコウがえっちらおっちら歩いている」の代わりに「カエルアンコウが体を左に傾け，右の胸ビレをゆっくり高く挙げて前方に降ろすと同時に今度は体を右に傾けて，……」のような記述をしても，効果的とは言えないだろう。そのような記述は，実物を目撃した体験を持つ読者をそれと思い当たらせることはできるかもしれないが，実物を体験していない読者にはさっぱりわからないものだからである。これはちょうど，シェイクスピアの恋愛悲劇『ロミオとジュリエット』を宇宙人の視点から描いたマンガ『宇宙人レポート サンプルAとB』(藤子・F・不二雄 (作)・小森麻美 (画) 1977) と同じである。ヒバリの鳴き声に，朝の訪れを知ったロミオがもう行かなくてはと言うと，ジュリエットはロミオを引き留めようと，「あの鳴き声はヒバリではない。ナイチンゲール（夜の鳥）だわ」と言う【注10】。それが『サンプルAとB』では「ちがう　あの大気振動は昼行性飛行小型生物によるものではない。あれは夜行性飛行小型生物のものである」となっている。これは宇宙人が「科学的」で「客観的」な意味はわかるが微妙なニュアンスは解さないという設定によるものだろう。だが，このようなジュリエットの硬直的なセリフの意味がわかるのは，『ロミオとジュリエット』を知っていればこそであって，『ロミオとジュリエット』をまったく知らない者に，マンガの絵も見せず，シェイクスピアの戯曲と同じくこのセリフだけを読ませてもわけがわからないだろう。「しがみつく」や「えっちらおっちら」を避けた「客観的」な表現も，これと同じである。

以上で述べてきたように，キャラ表現によるキャラ付与は，「客観的」な表現が存在しない，あるいは存在しても役に立たず，避けられないという場合には，避けられない。これが「イエス・アンド・ノー」という筆者の解答の趣旨である。

以上のキャラ付与を，先に見たキャラ発動と併せて，次の【イメージ

【イメージ6.4】キャラ発動とキャラ付与

キャラ	キャラと言語の関係	言語
発話キャラ（クタ）	話し手が発話にあたり キャラを発動	キャラ発話
付与キャラ（クタ）	話し手が言語表現を 通してキャラを付与	キャラ表現

6.4】にまとめておく。

では，第1.1節で紹介したキャラ発動と，ここで紹介したキャラ付与について，若干の説明を補っておこう。

第2節　キャラ発動とキャラ付与に関する補足説明

以上で紹介したように，キャラ発動とキャラ付与という概念自体は単純なものである。だが実際には，キャラと言語の関係はしばしば複雑になる。たとえば，発話を表現する場合，キャラ発動とキャラ付与はしばしば重なる。というのは，発話とは話し手が発話キャラを発動させる行動であり，また，表現とはしばしば，表現者が，話し手に付与キャラを付与する行動だからである。そして，その表現が文章の形ではなく，発話によってなされるなら，その重なりの上に，さらにキャラ発動が重なってくることになる。

そこで，キャラと言語の関係が多少複雑な2例を挙げて具体的な観察をおこなうことにより，読者の理解を助けておきたい。2例とは，「口をとがらせる」発話（第2.1節），そして，「口をゆがめる」発話（第2.2節）である。さらに，善悪尺度との関連性如何を観察することによって，キャラ発動とキャラ付与の違いに関する読者の理解を深めておきたい（第2.3節）。

第2.1節　「口をとがらせる」

ここでは，「口をとがらせる」という発話行動の行い手と，「口をとがらせる」ということばで表現される行動の行い手がズレていること，つまり口をとがらせた話し手が発動する発話キャラと，「口をとがらせる」という言語表現が口のとがらせ手に貼り付ける付与キャラがズレているということを示す。便宜上，「口をとがらせる」ということばを先に，「口をとがらせる」という発話行動を後に取り上げる。

初めに断っておくと,「口をとがらせる」ということばで表される行動は,発話を伴っているとは限らない。行動者の心情とも,必ずしも強い関係を持たない。たとえば,ひょっとこの面が「つんと口をとがらし」ている(芥川龍之介『ひょっとこ』1915),またたとえば,鰻を「フーフー口とがらせて食べ」る(織田作之助『夫婦善哉』1940)というのは,それにあたる。

だが多くの場合,ことばで表現されている行動はただの身体行動ではなく,行動者のきもちと結びついた心身行動である。たとえば子供が「一心不乱に口を尖らせて切りぬきをやりはじめる」という表現の場合(宮本百合子『「保姆」の印象』1941),子供のとがった口は,子供の心内の集中状態と結びついている。

さらに,「口をとがらせる」という表現は慣用句になっていることもある。その場合,意味される心身行動とは,不満というきもちの表出である。たとえば松村編(2019)では「口をとがらす」という,「口をとがらせる」の変異体について,「唇を突き出して,怒ったり口論したりする。また,不満そうな顔をする」と説明されているように,不満のきもちが発話に現れていれば,実際に口がとがっていなくてもよい。「口をとがらせる/とがらす」の実例として,次の(6.5)~(6.8)を挙げておく(下線は筆者による。以下も同様である)。

(6.5) 彼の口調が,棄鉢な風で,そして不平さうに口を尖らせてゐるのを,彼女は,自分が煩さがられてゐることも気付かず,彼が遠方の自分の母に向つて反抗してゐるものと思ひ違へて——にやりとして,狐となつて彼を諌めたりするのであつた。[牧野信一『鏡地獄』1925]

(6.6) その日はそのままきりあげて,翌日も一度小野君はやって来ました。私が行った時は，もう絵は終りかけていました。小野君のうちには，前日とちがって，熱っぽい真剣さが見えていました。眼付が鋭く……恐らく前日来何か頭の中で模索し続けたのでしょう……顔付もとげとげしているようでした。最後に筆を投じて，じっと画面を見つめて，それから不満そうに口を尖らしました。

［豊島与志雄『肉体』1935］

(6.7)　「あんな出鱈目（でたらめ）を言ってはいけないよ。僕が顔を出されなくなるじゃないか。」そう口を尖らせて不服を言うと，佐吉さんはにこにこ笑い，

「誰も本気に聞いちゃ居ません。始めから嘘だと思って聞いて居るのですよ。話が面白ければ，きゃつら喜んで居るんです。」

［太宰治『老ハイデルベルヒ』1942］

(6.8)　「目の見えない人はカンが良いというが，あなた方には，隣室なぞに人の隠れている気配などが分りやしないかね」

「そのカンは角平あにいが一番あるが，私らはダメだね」

弁内が答えると，角平が口をとがらせて，

「オレにだって，そんな，隣りの部屋に忍んでいる人の姿が分るかい。バカバカしい」

［坂口安吾『明治開化 安吾捕物』1952, 改版 2008］

これらはいずれも小説から採ったものだが，このうち（6.5）（6.6）（6.7）は，口をとがらせる様子が「不平さうに」「不満そうに」「不服を言う」と書かれているので説明は省く。最後の（6.8）はそうした描写が無いので説明を補うと，これは探偵・結城新十郎の質問に対して弁内がいい

加減な返答をし，その返答の中で「隣室の人の気配がわかるカンの鋭い人間」にされかけた角平が弁内に抗議するという場面の描写である。角平が不満のきもちで口をとがらせていることは，文脈から明らかだろう。

このように不満の表明を「口をとがらせて」おこなうと表現される者には，不満表明の常習者である（つまり不満表明を「得意」とする——第5章第1.4節を参照）《幼児》キャラがうっすらと付与される。これらの者が幼少というわけでは必ずしもないが，イメージとして若干の子供っぽさは否めない。貫禄ある裁判長は被告に対して，重々しく「苦言を呈する」ことはあるかもしれないが，「口をとがらせて」不満を述べることは無い（そうなれば貫禄は消え去ってしまう）だろう。「口をとがらせる」ということばについては，以上である。

口をとがらせておこなわれる発話の中には，以上で見た「口をとがらせる」という言語表現の網をかいくぐってきたものがある。以下でそれを紹介するが，その前に，紛らわしい場合を除外しておきたい。

ここで「紛らわしい場合」と言うのは，語句が派手目に発せられた結果，母音 /u/ や /o/ の箇所で円唇度が高まったという場合である。この場合，口のとがらせが発話全体ではなく母音音 /u/ や /o/ の箇所に集中している点で（口をとがらせた「発音」ではあるだろうが）あまり「口をとがらせた発話」らしくはない。筆者らがインターネット上に公開している字幕付き動画音声コーパス・通称「わたしのちょっと面白い話」（第4章第1節【注4】を参照）から，具体例を【イメージ 6.5】～【イメー

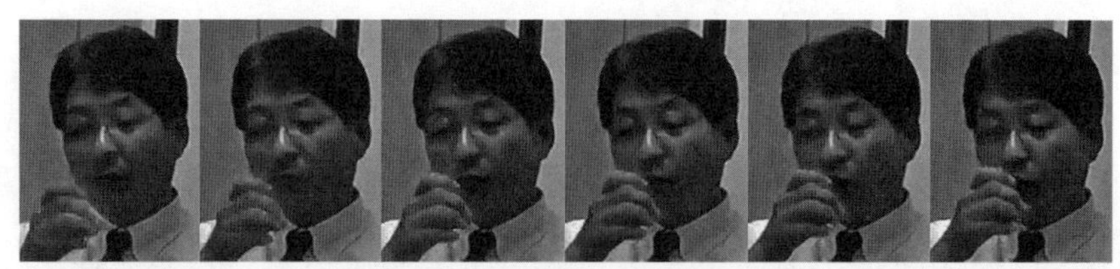

【イメージ 6.5】オノマトペ「チュー」が発せられる様子

[http://www.speech-data.jp/chotto/2010_sub/html5/2010001s.html, 1分13秒前後]

ジ 6.7】の形で挙げる。

【イメージ 6.5】は，飲料を（おそらくはストローで）飲む動作を再現し，オノマトペ「チュー」を発し始めようとする中年男性の話し手の様子を連続写真で映したものである。架空のグラスを持つ右手を口に近づけていくにつれて，男性の口はとがり，そのとがった口のままオノマトペ「チュー」が発せられている。グラスが近づき口がとがる過程は，1 分 13 秒から 1 分 14 秒にかけての 1 秒間のうち，後半にある 0.2 秒ほどの区間にほぼおさまっている。【イメージ 6.5】はその区間を 1/30 秒間隔で，合計 6 枚の写真で映したものである【注 11】。右手と重なることもあって一目瞭然と言えるようなものではないが，左から 3 枚目以降，上唇の外縁の傾き（中央部から端にかけての下がり）が増しているのは，口のとがりの現れであろう。この話し手の口唇の動きについて，日本語を母語とする大学生 37 名にアンケート調査したところ，34 名が「口がとがってきている」と回答し，「口がとがってきていない」と回答した被験者は 3 名にとどまった。

【イメージ 6.6】と【イメージ 6.7】は，麻婆ナスが腐敗し蠅やウジ虫が発生しているという状景を再現する際に,「チョカー」「うにゅにゅにゅにゅにゅにゅにゅにゅ」と，やや創造的なオノマトペを発し始める若年男性の話し手の様子を連続写真で映したものである【注 12】。

「チョカー」の始まりにほぼ当たるのは，1 分 42 秒から 1 分 43 秒にかけての 1 秒間のうち, 前半にある, 1/6 秒程度の短い区間である。また,「うにゅにゅ…」の始まりにほぼ当たるのは，2 分 15 秒直前の，やはり 1/6 秒程度の短い区間である。【イメージ 6.6】【イメージ 6.7】はこれらの区間をそれぞれ 1/30 秒間隔で，合計 6 枚の写真で映している。やはり上と同じ大学生 37 名にアンケート調査したところ，【イメージ 6.6】では全員，【イメージ 6.7】でも 34 名が「口がとがってきている」と回答し，【イメージ 6.7】について「口がとがってきていない」と回答した被験者は 3 名にとどまった。

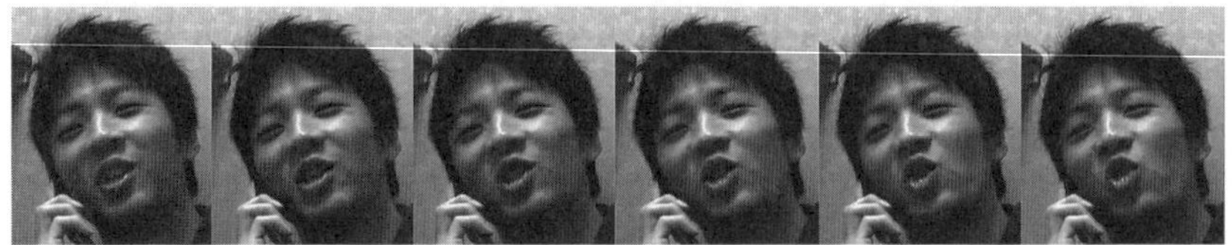

【イメージ 6.6】オノマトペ「チョカー」が発せられる様子

[http://www.speech-data.jp/chotto/2010_sub/html5/2010008s.html, 1 分 42 秒前後]

【イメージ 6.7】オノマトペ「うにゅにゅにゅにゅにゅにゅにゅにゅ」が発せられる様子

[http://www.speech-data.jp/chotto/2010_sub/html5/2010008s.html, 2 分 15 秒前後]

以上のように，多くの日本語母語話者にとっては，これらのオノマトペを発する話し手たちの口はとがっている，つまり話し手は「口をとがらせている」と言える。だが，先に述べたように，これらの口のとがりは /u/ や /o/ の箇所以外には見られないので，ここでは除外しておきたい。

以上とは別物の「口をとがらせる」発話とは，年輩の大人が上位者に向かって恐縮しながらおこなうものである。やはり「わたしのちょっと面白い話」から，具体例を見てみよう（2011 年度の作品 47 番）。

この話の 2 分 43 秒あたりから 3 分 30 秒あたりにかけて，中年女性の話し手が一人二役で演じているのは，或る会社の部長と，その部長を訪ねてきた別会社の社長との対話である。おそらくは会社どうしの関係によるものであろうが，ここでは部長が社長より上位者として語られていることに注意されたい。

この対話の焦点は，この社長がズボンの片方を靴下の中に入れたままこの会社にやってきたという珍事である【注13】。「社長，最近流行のファッションとかあるのか？」というあたりからやんわり問いただして，「あんたはズボンがおかしなことになっているぞ」という核心の指摘に至るまでの部長の発音は「ふつう」の発音だが，他方，部長の問いに対して「いや自分はファッションには疎いもので……」などと答える社長の発音は，全体に口をとがらせたものになっている。

この部長と社長の対話には，感動詞「いや」で始まる発話が頻発している。部長の発話としては「いやいやいや，近頃ー，街でー何か服とか何か流行ってるー何かファッションとか，あんのー？」（2分49秒～2分56秒あたり）があり，社長の発話としては「いやーはやー私ファッションーなんかに，疎(うと)いんですわー」（2分57秒～3分01秒あたり），「いやーそれはー」（3分09秒～3分11秒あたり），「いやいや私そんなー」（3分15秒～3分16秒あたり）の3つがある。部長の発話と違って社長の発話は口がとがっているという筆者らの観察は，あくまで発話全体についてのものだが，この観察が，発せられる語の違いや発話内位置の違いによるものでないということを示すために，以下では発話冒頭の感動詞「いや」の口唇の形状を比べてみよう。

【イメージ6.8】は，部長の発話冒頭の「いやいやいや」のうち，最初の「いや」が発せられる様子を連続写真で示したものである。

【イメージ6.8】発話冒頭の感動詞「いや」が部長役で発せられる様子

[http://www.speech-data.jp/chotto/2011/2011047.html，2分49秒前後]

この「いやいやいや」は全体が早口で発せられており，最初の「いや」

にほぼ当たる区間は，話し手が顔の向きをやや右手前方から僅かに正面に直す，2 分 49 秒から 2 分 50 秒にかけての 1 秒間のうち，終盤近くの 1/3 秒程度である。【イメージ 6.8】はこれを 1/15 秒間隔で，合計 6 枚の写真により映している【注 14】。

これに対して【イメージ 6.9】～【イメージ 6.11】は，社長の 3 つの発話冒頭の「いや」が発せられる様子を 6 枚の連続写真で示したものである。

1 つ目の発話冒頭の「いや」にほぼ当たる区間は，話し手が頭を左に傾げてみせる，2 分 57 秒から 2 分 58 秒にかけての 1 秒間であり，【イメージ 6.9】はこれを 0.2 秒間隔で，合計 6 枚の写真により映している。

同様に，2 つ目の発話冒頭の「いや」にほぼ当たる区間は，話し手がやはり頭を左に傾げてみせる 3 分 9 秒少々から 3 分 10 秒少々にかけての 2/3 秒間であり，【イメージ 6.10】はこれを 2/15 秒間隔で，合計 6 枚の写真により映している【注 15】。

また，3 つ目の発話冒頭の「いや」は，一息に早口で発せられる「いやいや」の前半部で，これほぼ当たるのは，話し手が頭を横に（まず右から）振る 3 分 14 秒少々から 3 分 15 秒に至るまでの，僅か 1/3 秒の短い区間である。【イメージ 6.11】はこれを 1/15 秒間隔で，合計 6 枚の写真により映している。

以上の【イメージ 6.8】～【イメージ 6.11】を見ると，部長役で発せられている「いや」よりも，社長役で発せられている「いや」の方が，正面方向から見える話し手の口幅が狭く，つまりとがっている。社長役で発せられている「いや」は，話し手の頭が傾いたり回転したりしているが，【イメージ 6.8】～【イメージ 6.11】の連続写真を見るかぎりでは，傾斜や回転のせいで口幅が短く見えているというわけではないようである。先ほどと同じ大学生 37 名を対象にアンケート調査したところ，「話し手の口にとがりが最も見られないのは部長役の「いや」発話【イメージ 6.8】」と回答した被験者は 34 名にのぼり，社長役の「いや」発話と

【イメージ 6.9】発話冒頭の感動詞「いや」が社長役で発せられる様子1
[http://www.speech-data.jp/chotto/2011/2011047.html，2分57秒前後]

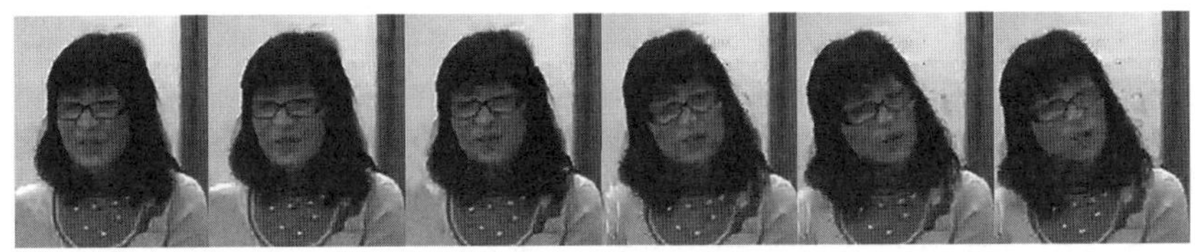

【イメージ 6.10】発話冒頭の感動詞「いや」が社長役で発せられる様子2
[http://www.speech-data.jp/chotto/2011/2011047.html，3分9秒前後]

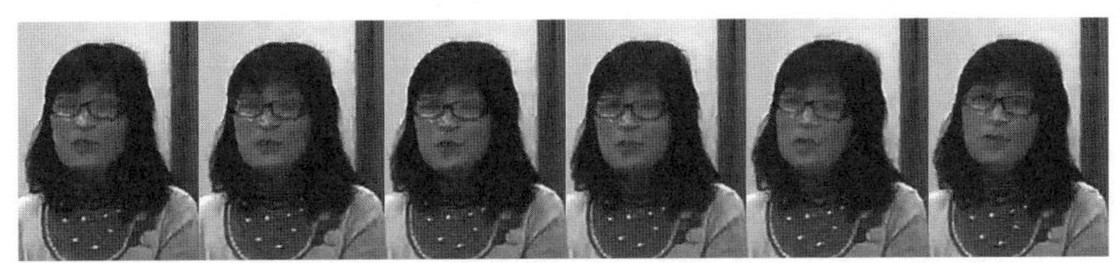

【イメージ 6.11】発話冒頭の感動詞「いや」が社長役で発せられる様子3
[http://www.speech-data.jp/chotto/2011/2011047.html，3分14秒前後]

回答した被験者は3名（【イメージ 6.9】は0名,【イメージ 6.10】が2名,【イメージ 6.11】が1名）にとどまった。

但し，既に述べたように，社長役で発話する話し手は，発話冒頭の感動詞「いや」の部分にかぎって口がとがっているわけではない。口のとがらせは，部長に対する社長の発話全体にわたって観察され，この点でこの話し方は，先述の【イメージ 6.5】～【イメージ 6.7】の話し方とは異なる。

【イメージ6.5】～【イメージ6.7】の口のとがらせと，【イメージ6.8】～【イメージ6.11】の口のとがらせは，さらに他の点でも違っている。【イメージ6.5】～【イメージ6.7】の口のとがらせが《幼児》キャラあるいはそれに近い話し方であるのに対して，【イメージ6.9】～【イメージ6.11】の口のとがらせは，恐縮という行動からも想像されるように，《年輩》キャラの物言いである。

手洟をかむ仕草の伝承に思いを馳せた司馬遼太郎氏の文章（第5章第2.5節（5.7））を取り上げた際，筆者は「「弟分」の前での《一人前の男》は，自身の「兄貴分」の前では相変わらず《子供》なのかもしれない」と述べた。目上に対して恐縮する《年輩》キャラに，もしもそうしたことが起きているとすれば，《年輩》ではあるものの，キャラは目上の前では意外に子供っぽく，「口をとがらせて」不満を言う《幼児》キャラと近いと言うべきかもしれない。但し，両者を完全に同一と見ることはできない。というのは，両者の発話は意味が明らかに違っているからである（前者は不満の表明。後者は恐縮）。

以上，この第2.1節では，「口をとがらせる」という行動の，それ自体としての意味合い（後半部）と，それを表現することばの意味合い（前半部）を見た。何者かの様子を「口をとがらせる」と表現すれば，口の先を突き出してとがらすという，その者の単なる身体動作を表せるだけでなく，場合によっては，その身体動作の背後に，その者の集中した意識や，不満のきもちをも醸し出せる。さらに，口の先が必ずしも突き出ていない，《子供》キャラを中心とした不満の抗議行動を表すこともできる。以上が表現としての意味合いである。《年輩》キャラが上位者に対して恐縮しつつ発話するという意味合いは，これをすり抜けている。我々は《年輩》キャラによる恐縮発話を「口をとがらせる」とは表せないし，「口をとがらせる」と聞いても《年輩》キャラの恐縮発話を思い浮かべられない。恐縮発話をおこなう《年輩》キャラの話し手が，行動として実際に口をとがらせるにもかかわらず，である（定延・林

2016)。つまり口をとがらせた話し手が発動する発話キャラと,「口をとがらせる」という言語表現が口のとがらせ手に貼り付ける付与キャラはズレている。

第 2.2 節 「口をゆがめる」

ここでは,「口をゆがめる」ということばで表現される発話行動の行い手と,口をゆがめる発話行動で直接引用される元発話の話し手がズレていること【注 16】,つまり「口をゆがめる」という言語表現により話し手に貼り付けられる付与キャラと,口をゆがめたキャラ発話を直接引用することにより元発話の話し手に貼り付けられる付与キャラがズレていることを示す。これら 2 つはいずれも発話に関わっているが,便宜上,発話が関わらない場合をまず取り上げておく。

酸味のあるものや渋いものを口にした場合に思わず口がゆがむということと関係しているのかもしれないが,「口をゆがめる」という言語表現が意味する行動は,文字通りの口唇周辺の運動の他,嫌悪・侮蔑・からかい・呆れといった心情の発露と考えられる。たとえば次の (6.9)(6.10) を見られたい。

(6.9) 「家内の様子は,たいてい娘が探って来たそうだよ。それも,侍たちの中には,手のきくやつがいるまいという事さ。詳しい話は,今夜娘がするだろうがね。」
これを聞くと,太郎と言われた男は,日をよけた黄紙(きがみ)の扇の下で,あざけるように,口をゆがめた。
「じゃ沙金(しゃきん)はまた,たれかあすこの侍とでも,懇意になったのだな。」
[芥川龍之介『偸盗』1917]

(6.10)「ファンなんです。先生の音楽評論のファンなんです。このごろ，あまりお書きにならぬようですね。」

「書いていますよ。」

しまった！　と青年は，暗闇の中で口をゆがめる。

[太宰治『渡り鳥』1948]

このうち（6.9）で「口をゆがめた」太郎の心中には，沙金という娘への侮蔑がありそうだが，そんな娘に惚れてしまったという自己嫌悪も含まれているかもしれない。また，（6.10）の青年が「口をゆがめる」きもちとは，自嘲とも，こうした状況への嫌悪とも言えそうである。いずれにせよ，先に見た「口をとがらせる」の意味合いが，意識の集中や不満，抗議であったのとは大きく異なっている。

「口をゆがめる」という言語表現と，嫌悪・侮蔑・からかい・呆れなどとの結びつきは，発話が伴われる場合にも観察される。たとえば次の（6.11）では，脱走者に対する罵りが「口をゆがめて」おこなわれたと述べられている。

（6.11）この不祥事件のために，今後我々全員は当然今まで以上に厳重な警戒監視を受けねばならぬことをなげき，「かかる不所存者（ふしょぞんもの）こそ現在の我々の敵，我々への裏切者である」と口をゆがめて罵る長髪白皙（はくせき）の中隊長の言葉を，私は無理にでも隊長としての彼のソ軍側に対するジェスチュアだと解釈したかった。

[蓼生『徳さんのバンカー』2015（執筆は1948年）文芸社]

ここでは，口をゆがめる者（中隊長）の，他者（脱走者）に対する激しい嫌悪・侮蔑が，「私」によって描写されている。このような「口をゆがめて発話」する行動は，嫌悪・侮蔑の情を爆発させるのではなく，話しながら漏らすという点で，或る程度の大人らしさと結びついており，

《幼児》は似つかわしくない。

以上で示した場合とは別に，口をゆがめたキャラ発話の直接引用によって，元発話の話し手にキャラが付与される場合がある。この実例と考えられそうな，一般に入手しやすい音声データとしては，次の（6.12）がある。これは2代目・桂枝雀が語る落語『次の御用日』の一節で，商家のお嬢様が丁稚の常吉をお供に，稽古事に向かう場面である。お供といっても常吉は（そしてお嬢様も）まだ子供なもので，道々，丁稚がお嬢様（大阪弁で「とうやん」）をからかう。

(6.12) 常吉：とうやんどんなご養子さんをおもらいで。どんなご養子さんをおもらいなはる。
　娘：いらんこと言うもんやあれしまへん。黙ってお歩き。
　常吉：[娘の真似をして] だ，黙ってお歩き。
　娘：去（い）んでお母はんに言いまっせ。
　常吉：[娘の真似をして]去(い)んでお母はんに言いまっせって。
　娘：またあんなこと言うて。
[『枝雀落語大全第十八集』EMI ミュージック・ジャパン，1983年収録]

この対話の中で，娘の発音は比較的「ふつう」の発音であるのに対して，娘をからかう常吉が「だ，黙ってお歩き」「去んでお母はんに言いまっせ」（帰ってお母さんに言いつけますよ，の意）と娘の真似をして言う部分は，ことさらに口をゆがめた形で発音されているようである。先の第2.1節で述べた大学生37名にアンケート調査をおこなったところ，「口がよりゆがんでいると思えるのは，娘をからかう常吉の発話」と回答した被験者は32名にのぼり，「娘の発話」（4名）や「特に差は無い」（1名）を大きく上回った。但し，このデータは動画が無いため，確かなことは言いにくい【注17】。

そこで再び,「わたしのちょっと面白い話」から具体例を挙げてみたい（2011年度の作品66番）。ここでは，中年女性である話し手が，自身の70歳を越える母親がいかに軽薄な「ミーハー」であるかを語っている。そのうち2分54秒～3分16秒あたりで述べられているのは,「仮に日本が明日滅びるなら何がしたいか？」と母親に訊ねたところ，呆れたことに母親は「東京へ行って（芸能人の）福山雅治を探し当てて抱きつきたい」と答えた，という逸話である。話し手はこの母親の発言を直接引用しており,つまり母親役になってその発言を実演してみせている。「東京へ行って～」という発言が実演され始める様子を【イメージ6.12】に示す。これは具体的には，3分11秒から3分12秒にかけての1秒のうち，ほぼ中盤に当たる長さ1/3秒の区間を，1/15秒間隔で，合計6枚の連続写真で表したものである。

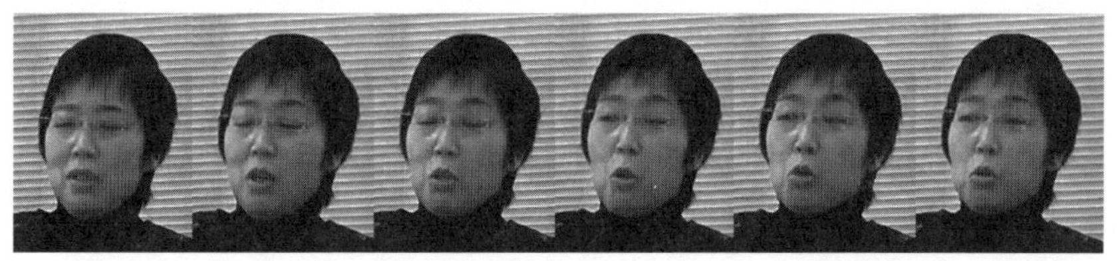

【イメージ 6.12】母親の発言「東京へ行って～」が実演され始める様子

[http://www.speech-data.jp/chotto/2011/2011066.html，3分11秒前後]

実演をしてみせた後,話し手は「って言うんです」と自身の立場に戻り，さらに「ああそこまでか,そこまでかーと思って」と笑顔で続けている。これは，自身の母が福山雅治氏にそこまで憧れているのかと，呆れたと述べたものだろう。この発言のうち，最後の「そこまでかーと思って」の「と」が発音される様子を前後も含めて【イメージ6.13】に示す。これは具体的には3分20秒をはさんだ長さ1/6秒の区間を,1/30秒間隔で,合計6枚の連続写真で表したものである。

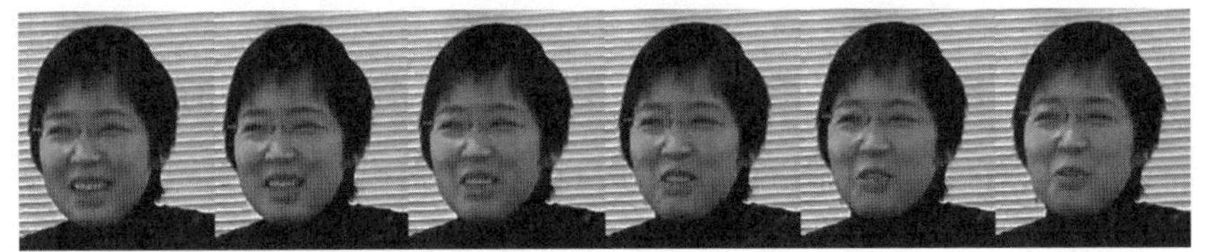

【イメージ 6.13】自身の立場から「と」およびその前後が発せられる様子
[http://www.speech-data.jp/chotto/2011/2011066.html, 3 分 20 秒前後]

このうち１枚目や２枚目は「か」の母音 /a/ が続いており，最後の６枚目では「思って」の「も」の発音に向けて両唇が近づいている。その間のどこかに「と」はあると思われる。

もちろん,【イメージ 6.12】に映し出されている「と」と,【イメージ 6.13】に映し出されている「と」は,発話内の位置や文法的性質が異なっており,同一視はできない。前者は発話冒頭の固有名詞「東京」の第１モーラ「と」であり，後者は自身の嘆息「ああそこまでか，そこまでかー」を受ける引用の助詞「と」である。だが，これらは同音ではあるため，最低限の比較検討の材料として利用できると考えた次第である。

【イメージ 6.13】には，【イメージ 6.12】に見られるほどの口のゆがみは無い。【イメージ 6.13】と比べると，【イメージ 6.12】では話し手の両眉がつり上がり,口元は下唇が突き出され,大きくゆがめられている。【イメージ 6.13】の５枚目や６枚目の口元には，若干のゆがみが感じられないわけではなく,これは,話し手がそれまで実演していた母親発話の「なごり」と言えるものかもしれないが，【イメージ 6.12】ほどのゆがみは無い――というのが筆者の判断である。これまで述べてきたのと同じ大学生 37 名にアンケート調査したところ，筆者と同じ判断の被験者は 28 名にのぼり，逆に【イメージ 6.13】により大きなゆがみを認めた被験者（6 名）や，差は無しとした被験者（3 名）を大きく上回った【注 18】。

以上，ここでは,「口をゆがめる」という言語表現を介したキャラ付与と，口をゆがめるキャラ発話の直接引用を介したキャラ付与がズレていることを見た。「口をゆがめる」という言語表現が表す行動とは，《幼児》キャラ以外の，文字通りの口唇周辺の運動の他，嫌悪・侮蔑・からかい・呆れといった心情の発露であり，これはこの行動が発話を伴うか否かに関わらない。それに対して，口をゆがめるキャラ発話の直接引用は，元発話の話し手に，侮蔑やあきれの対象となる，いわば《愚者》キャラを付与するものである。

では，最後に善悪尺度との関連性如何に関して観察してみよう。

第 2.3 節　善悪尺度との関連性如何

キャラ発動とキャラ付与は，善悪尺度との関連性如何に関しても異なる。善か悪かという観点は，付与キャラを論じる上では必要だが，発話キャラを論じる上では不要である。次の（6.13）を見られたい。

(6.13) a. げっへへ，これでよぉ，罪も無(ね)ぇガキどもをよぉ，救えるてぇ寸法だぜ。

b. げっへへ，これでよぉ，罪も無ぇガキどもをよぉ，殺せるてぇ寸法だぜ。

ここに挙げられた（a）（b）2つの発話は，善悪に関して対極的な位置を占める。無辜(むこ)の児童の救援を歓迎する（a）は善の発話であり，反対に，児童の殺害を歓迎する（b）は悪の発話である。だが，両発話は「げっへへ」「よぉ」「無ぇ」「ガキども」「てぇ」「寸法」「だぜ」など多くの部分を共有しており，結果として《下品で格もそう高くない年輩の男》という発話キャラを思わせる点で違いが無い。これは，「しゃべり方」に関しては，善悪という観点が不要であることを示している。もちろん，「内容」と「しゃべり方」の線引きは微妙な場合も少なくないし，物語における傾向としては，《悪者》っぽいしゃべり方，《いい者》らしいしゃべり方はあるだろうが【注 19】，善悪が「しゃべり方」に直接関与するとは考えにくい。

これとは対照的に，善悪は描写には直接関与する。たとえば微笑を「ニタリとほくそ笑む」と描写されるのは決まって《悪者》である。

以上，この第６章では，キャラに関わる人間の言語行動として，キャラの発動とキャラの付与を紹介した。では，これら２種類について，「カミングアウトに対する時代の関与／不関与」の問題をそれぞれ順に検討してみよう。

【注】

１：但し，キャラに関連する人間の行動のすべてが，この２類のどちらかに必ずおさまるというわけではない。野澤俊介氏が注目する「言語のキャラクター化」という人間の行動は，この分類からは除外されている。まず，野澤氏の「言語のキャラクター化」を紹介しよう。遊びの世界では，現代日本語を素材として，さまざまな「別言語」のようなものが作られている。たとえば音韻論・形態統語論・意味論は日本語と共通しそうなものの，語彙と語用論が日本語とズレている「蘭子語」（ゲーム「アイドルマスターシンデレラガールズ」に登場するアイドル・神崎蘭子の奇妙な言い回しが言語とされたもの）では，日本語の「お疲れ様です」が「闇に飲まれよ」となる。またたとえば，「ビジネス日本語」を遊戯的に発達させた「ビジネッシュ」（例：「おトライアンドエラーし頂ければ」「シナジーの送出させて頂きますデータでイノベーションコンセンサスにトリガードアップデートされるように」）や，ロールプレイングゲーム「ファイナルファンタジー」シリーズのキャラクター・デザインを務める野村哲也氏に由来する，同シリーズの専門語に満ちた「ノムリッシュ」（例:「絶対論理《ノムリシュ・コード》新生リフレクションのパルティクラーリス決議」）は，形態統語論や意味論も日本語とはズレているようで，これらについては日本語翻訳ツールが開発され，ネット上で公開されている。いささか古い類例を追加すれば，赤塚不二夫氏のギャグマンガ『もーれつア太郎』（1967-1970, 1990-1991）の中で，たとえばニャロメが「文＋ニャロメ！」と言い，ココロのボスが「文＋のココロ」と言っていたのは，蘭子語に近いだろう。そしてジャズ奏者・坂田明氏や芸人・タモリ氏らが繰り出していたハナモゲラ語（日本語らしい響きを持つが，意味はわかりそうでわからないもの）はビジネッシュやノムリッシュに近いだろう。これらについて野澤氏は日本語を「キャラクター化」したものとされており，そこでは「キャラクター」は，アーヴィング･ゴッフマン（Erving Goffman）の「フィギュア」（figure，アニメーターにアニメートされる側の存在）に相当するという。たとえば人形遣い（アニメーター）に操られ，「命あるもの」として動き出す，素材としての人形のようなもの，それがここでの「キャラクター」であり「フィギュア」である。対象をこの「キャラクター」に変容させる記号的過程が氏の「キャラクター化」である。野澤氏の「キャラクター化」をこの分類に含めるには，まず，氏の「キャラクター」とキャラ3との関係を見極める必要があると思われるが（第1章【注29】で記したように単純な同一視はできない），ここでは射程を（真性の）「日本語」に絞っているので，分類からは外した次第である。

2：文字言語については，意図的なスタイル変更（例：渋谷2018）が目立ち，書き手の意図を離れたキャラの変化は目につきにくいが，無いというわけではないだろう。文章や文字を「こう書こう」という意図から逃れた文章や文字が肯定的に評価され得ることについては第2章第3.1節（2.7）（2.10）を参照されたい。

3：誤解であることは金水氏本人に確認済みである。

4：多重文法仮説によれば，文法は環境に応じて，その下位システムのうち一部だけを活性化させる。この活性化のパターンは小文法（component grammar）と呼ばれる。たとえば「1塁に送る。俊足赤星1塁セーフ。ここで赤星の足」のような，一般の話者が口にしそうもないスポーツアナ独特のことばを生み出す「スポーツアナ文法」は小文法の一つである。

5：「日本語教師は学習者にもっと役割語を教育するべきだ」という主張に対する宿利（2018）の批判は，この点に基づいている。「もっと役割語を教育するべき」という主張は，その主張とは裏腹に，役割語の定義（6.1）に沿わない「ふつうのことば／役割語」という2分法を前提としており，むしろ「日本語教師は学習者にことばを役割語として教育するべき」と主張する方が一貫しているというのが批判の趣旨である。

6：なお，一部の文献では，「キャラ語」という用語が見られるが，この用語は筆者のものではない。人間のキャラに関する行動を複数種類に区分し，それに基づいて言語とキャラの多様な結びつきを認めようとする筆者にとって，この用語は——もちろん用語の有用性は定義次第だろうが——名称があまりに茫漠としており，誤解を招きやすいように思われる。

7：「ツンデレ」とは，普段は「ツンツン」して取っ付きにくいが，いったん親密になると「デレデレ」甘えてくるような人間，およびその人格～キャラを指すようである。「べ，べつにあんたのために～するわけじゃないんだからね」とは，「ツンデレ」の話し手が自分の秘めた恋心を相手に見抜かれまいと，自分の言動に動揺混じりに注釈を付けるという「ツンツン」段階での発言である。詳細は西田（2011）・冨樫（2011）を参照されたい。

8：前著（定延2011：42）でも述べたように，キャラ付与に対象者の体格が影響することは珍しくない。たとえば宮尾登美子の小説『寒椿』（1977）には，娼館の新経営者としてやって来た「若い男」が「小柄な躰を聳やかして威厳を作った」という描写がある。この書き方から想像されるとおり，この男は娼妓たちの尊敬を勝ち得ず，まもなく消えてゆく。ここには「威厳ある《ボス》には，それなりの貫禄ある体格が似つかわしい」という我々の偏見が反映されている。

声についても同じことが言える。たとえば山本周五郎の短編『おたは嫌いだ』（1955）には，「「お銀ちゃんを返せ」と若旦那がきいきい声で叫んだ」というくだりがある。この「若旦那」は，少し前の箇所で「色のなまっ白い，ぞろっとした着物の，にやけた若者」として導入され，すぐさま「どこかののら息子」（傍点は原著者）と描き足されているが，仮にそれらの描写が無くても，非力で頼りないというこの人物の否定的イメージは「きいきい声」だけでかなりはっきりと打ち出されている。ここには「奪われた恋人を奪還しようという勇ましい振る舞いに，細く甲高い「きいきい声」は似つかわしくない」という我々の偏見が関わっている。

もっとも，以上はあくまで「似つかわしさ」「受け入れられやすさ」の話に過ぎない。体格や声が，付与されるキャラを完全に決定してしまうわけではない。貫禄ある体格が《ボス》の他にも《怪力》《のろま》《愚鈍》《暖かい》《包容力》《金持ち》《体制側》《エピキュリアン》等々，さまざまなイメージと結びつき得るように，身体はそもそも一義的ではなく曖昧なものである。

9：念のため言っておくと，《大人》だったはずのツルがエサをめぐってけたたましく騒ぎ出し，我々がそこに，鶴の病理性（人格分裂）やしたたかさ（スタイルシフト）よりも，あられもないはしたなさを感じ，何らかの幻滅を感じるとしたら，我々がツルに当てはめているのは，人格やスタイルというより，むしろキャラだということになる。ここでは，そのようなキャラの当てはめの場合について述べている。動物の行動記述については定延（2015）を参照されたい。

10：ここでは，マンガを紹介する都合上，『ロミオとジュリエット』のセリフを忠実に引用してはいないことを断っておく。『サンプルAとB』がなぞっているのは厳密には『ロミオとジュリエット』そのものではなく，そのダイジェストである。「ヒバリが鳴いた。もう行かなくては」というロミオのセリフは『サンプルAとB』では省かれ，同内容のセリフ（「あの鳴き声はヒバリではない」）をジュリエットがしゃべるようになっている。

11：鮮明度を調整してあることを断っておく（これは以下の【イメージ6.6】～【イメージ6.13】についても同様である）。

12：この話し手は友人相手にガラス窓越しに話している。右手に携帯電話を持っているのはそのためである。

13：話し手はこれを「ズボンの中に靴下を入れている」と，ズボンと靴下の位置関係を逆に（つまりズボンが外側で靴下が内側という通常の位置関係のように）言い間違っているが，自分の言い間違いに気づかず，一度も修正を加えないまま話を終えている。周囲の聞き手たちも，言い間違いに気づかなかったのか，話し手の意図を察してか，修正を迫っていない。このようなことは自然会話では珍しいことではない。

14：こちらから見て話し手の右側に写っている縦縞は，話し手の背後にあるカーテンである。(【イメージ 6.9】～【イメージ 6.11】も同様。)

15：特に2枚目と3枚目の写真の左下の角の部分が黒くなっているのは，上体をかがめて笑っている聞き手の頭髪が写り込んだものである。

16：念のため記しておくが，日常語「引用」とは異なり，ここで取り上げている専門語「引用」とは，多分に創造的なものである。たとえば「火星人は見つかっても「私は火星人だ」とは言わないだろう」のような，現実に生じていない発話でも直接引用できるのはそのためである。ここで「元発話」と呼ぶものも，引用に先立ち実在するとは限らない。

17：たとえば，漫才コンビ「笑い飯」（西田幸治・哲夫）による漫才「行列」（2013年3月3日『日10演芸パレード』毎日放送で放映）では，「いま見たら僕の方がちょっとでかかったんでね」「僕べつに女子大行ってませんけど」という大学生（西田）の発言を相手（哲夫）が小馬鹿にし，(特に第1の発話の場合は大きく）口をゆがめて繰り返している。しかしながら著作権の問題があり，ここでの呈示は差し控えざるを得ない。この点，「わたしのちょっと面白い話」は，引用に際して生じ得る法律上の問題が全て解決されており（http://www.speech-data.jp/chotto/tile/index.html)，ネット上の一般投稿物とは一線を画している。

18：元々この母親がゆがんだ口をしている，あるいは口をゆがめた話し方をしているという可能性も無いわけではない。だが，母親を見知っていない聞き手たち（収録者を除いて2名）に対して，話し手がいきなり母親の形態模写をしてみせたという解釈は自然さに欠けるだろう。聞き手たちがこの母親のことを知らない（より厳密に言えば，母親のことを知らない者としてこの会話に参加している）ということは，会話から確信できる。

19：詳細は勅使河原（2004; 2007）を参照されたい。

第7章　キャラの発動

この第III部では，冒頭でも述べたように，「「キャラ」（キャラ3）という語ができる前から，もともと日本語社会は，多重キャラ生活が否応無しに強いられる社会だったのではないか？」という問題を，言語の問題として検討しようとしている。

この問題を「キャラの発動」に即して言えば，「もともと日本語社会は，（人格でもスタイルでもなく）キャラに応じた話し方が，強く求められる社会だったのではないか？」というものになる。第7章で検討するのは，この問題である。

以下では，検討にあたっての前提を述べ（第1節），特に関連する先行研究を手短に概観した上で（第2節），それらと結びつける形で検討をおこなう（第3節・第4節）。具体的には，発話キャラを2種類に分け（第3節），そのうちの1つの類を特に詳しく観察し，上の問題に答える（第4節）。最後に全体をまとめて補足する（第5節）。

第1節　前提

序章第3節で述べたことだが，現代日本語社会の住人には，《在来》タイプだけでなく，平坦な音調で話す《宇宙人》キャラ，「〜でおじゃる」と話す《平安貴族》キャラなど，さまざまな《外来》タイプのキャラも含まれている。また，やはりそこで述べたように，この本は基本的に共通語を考察対象としているので，さまざまな《地方人》キャラも《外来》タイプに含まれるということに注意されたい。

以下ではその他に，これまで述べていない3点を，問題検討の前提として述べておく（第1.1節〜第1.3節）。

第 1.1 節　前提 1：発話キャラの認定は発話形式の独自性にのみ基づく

読者の混乱を予防する上で特に重要と思えるのは，発話キャラの認定は発話形式の独自性にのみ基づくということである。

発話キャラとは，発話に際して発動されるキャラである（第 6 章第 1.1 節）。これは単にキャラを発話の観点から呼び換えたものではない。上に挙げた《宇宙人》キャラや《平安貴族》キャラは発話キャラでもあるが，発話キャラのリストはキャラのリストを全てそのまま引き継ぎはしない。つまり，発話キャラの分類は，キャラの分類よりも粗い分類になる。

この一例を我々は既に見ている。善悪の区別は，キャラを論じる際にはもちろん重要だが，発話キャラを論じる上では不要である（第 6 章第 1.3 節）。というのは，話し手のキャラが善か悪かで，発話の形式が変わらないからである。たとえば「げっへへ，これでよぉ，罪も無ぇガキどもをよぉ，○○○てぇ寸法だぜ」とダミ声で言う発話キャラは，《下品で，格が極端に高くはない，年輩の男》と特徴づければ十分であって，善悪の観点は，空欄部分に「救える」などが入るか「殺せる」などが入るかの違いでしかない。それは発話形式というよりも，発話内容の違いだろう。

善悪と同じことは，美醜についても言える。少なくとも創作世界では美醜の別はしばしば大きな意味を担うが，発話の形式は美醜で変わらない。変わっているように見えるとすれば，それは他の要因（たとえば《上品》～《下品》という「品」）によるものである。

またたとえば，容姿は男だが，その発話は声域も含めて《女》そのもので，どこにも《男》らしいものが無いという人物像は，キャラとしては《女》とは区別されるが，発話キャラとしては《女》である。

発話キャラの認定はもっぱら，「発話形式がどれだけ独自的か」という言語的な基準のみに基づいている。社会一般の人物像の分類が常に当てはまるわけではないということに注意されたい。

第 1.2 節　前提 2：物語内の発話は中心としない

上述のとおり，この第７章で検討する問題は「もともと日本語社会は，(人格でもスタイルでもなく）キャラに応じた話し方が，強く求められる社会だったのではないか？」という問題である。つまり，違反すると周囲の人間たちに違和感を持たれてしまうような日本語社会の「慣習」として，発話キャラとキャラ発話の結びつき（つまり「そういう人物なら当然こういう言い方をするだろう」「こういう言い方をするなら当然そういう人物だろう」といった通念）がどの程度取り出せるのか，ということがここでの焦点である。

この「慣習」に違反する発話を，無尽蔵に作り出せるのが，物語の作り手である。もちろん，物語創作にも定石というものはあり，特に人気の高い創作物では，独特の奇異な話し方をする登場人物の役回りが限定されているらしいことは，金水（2018）を挙げて紹介したとおりである(第６章第 1.1 節)。また，定石破りの物語創作においても，その定石破りには多くの場合，日本語社会の「慣習」を踏まえた上での，それなりの計算が見て取れるのかもしれない。だが,「慣習」をまったく無視した物語創作も原理的に可能である以上，物語内の登場人物の発話は，現実の話し手の発話とは区別し，周辺的な扱いをする。

第 1.3 節　前提 3：ここで述べる「発話キャラ」とは「事実上のキャラ」である

最後に断っておきたいのは，或る人間が或ることばを話す場合，その話し方がひとえにその人間の（発話）キャラに起因するもので，それ以外ではあり得ない,というわけではないということである。そこにはキャラ以外の，人格やスタイルも考えられ,「絶対にキャラだ」と言い切ることはできない。

だが実際は，非常に多くの場合，その話し方は多かれ少なかれキャラと結びついている。これは「事実上のキャラ」と言ってもよいと筆者は考えている。

たとえば，それまで「俺はよぉ，てめぇをよぉ，〜」といった調子で話していた話し手が，何かの拍子に，「わたしはぁ，あなたをぉ，〜」といった調子で話し出すとしよう。そのような話し方の変化は，大抵のところ，記憶が途絶してしまうような病理的な人格分裂によるものではないと，我々は知っている。また，その話し方の変化を目の当たりにした我々が「この話し手は状況に応じて，ぞんざいなスタイルから丁寧なスタイルに切り替えただけ」と割り切ることが必ずしもできず，往々にして，なにか居心地の悪いものを感じるということも，我々は知っているだろう。その場合，ここには，この話し手のキャラの変化という，我々の社会のタブー（「人間は変わってはならない」）に触れるものが生じていることになる。これは，「俺はよォ，てめぇをよォ，〜」という話し方が或るキャラ（以下の観察を先取りすれば《下品で格もそう高くない年輩の男》キャラ）と結びついており，「わたしはぁ，あなたをぉ，〜」という話し方が別のキャラ（《下品ではない》キャラ）と結びついていればこその話だろう。

話し方の変化が純然たるスタイルシフトであって，キャラの変化に関わらないということは，実際には珍しい。先に見たアイドルグループ『嵐』の櫻井翔氏の事例（第4章第2節（4.8）・第5章第1.4節）のように，それぞれの状況（報道番組・バラエティ番組）に応じて，ただスタイル（まじめなスタイル・剽軽なスタイル）を切り替えているつもりが，いつの間にか「自分はいつでも誰の前でもこのような人間」という素振り（そぶ）りをしているといったことは，決して少なくない。話し方の変化は，必ずではないが，ほぼ，キャラの変化と言ってもよいほどである。

次節以降の観察を先取りして，さらに具体的に言うと，冗談発話を別とすれば，各々の発話キャラは，「品」「格」「性」「年」という4つの観点から，大まかながら特徴づけられる。そして，これらの特徴はいずれも，スタイル選択による発話，つまり「あからさまに意図的な物言い」

という見方とは根本的に合わない。たとえば，上品な物言いを，自然にするのではなく，あからさまに意図的にしてくる話し手は，決して上品ではないだろう。下品な物言いを，自然にするのではなく，あからさまに意図的に選り好みする話し手は，偽悪趣味者ではあっても，真に下品とは限らない。真に格の高い話し手は，格が高い話し方を，あからさまに意図的にするだろうか。格が低い話し手が，格が低い話し方を，「私はこのとおり格が低い者です」と，あからさまに意図的にすることは，格上の相手の前ではあるかもしれないが，相手を問わず，常にそうなのだろうか。女らしい／男らしい話し方に惹かれるのは，話し手がそれをあくまで意図せず，自然に話す中から漏れ出てくるからではないだろうか。老人が老人らしい話し方をしている時，それは「老人らしくしゃべろう」と，あからさまに意図的に，そうした話し方をしているのだろうか。幼児が幼児らしい言い方をしている時，「このとおり幼児です」と，あからさまに意図的に，そうした話し方をしているとは思えない。つまり，これらはスタイル選択による発話ではない。

かといって，この話し方は，もしも変えると記憶の引き継ぎにも支障が出るような，人格によるものでもない。結局のところ，これらは「事実上のキャラ」による話し方である。

第2節　先行研究

キャラ発話の研究は，後述するキャラ付与の研究と比べ，大きく進んでいる。第6章でも述べたように，金水敏氏が「役割語」，より近年では「キャラクター言語」として，西田隆政氏が「属性表現」として，現代語にかぎらず古典語も射程に入れ，そして現実世界のことばだけでなくマンガやアニメ，小説等のことばも含めた研究を発展させている（金水 2003; 2007; 2008; 2011; 2014a, 2014b; 2014c; 2016; 2017, Kinsui and Yamakido 2016，西田 2009; 2010; 2011; 2012; 2015; 2016; 2018a;

2018b)。さらに，マンガや小説に見られる西洋人を中心とした「カタコト日本語」（依田 2015）や，他言語における役割語が考察され（例：鄭 2005; 2007; 2011，Gaubatz 2007，山口 2007; 2011，アルベケル・内川・角田 2008，細川 2011，福嶌 2012，河崎 2017)，コーパスに基づく役割語の自動抽出法が試みられるなど（麻 2019)，研究の地平は着実に広がっている。

これらの研究は，著作物に登場人物のセリフとして現れていることば，つまり純粋なキャラ発話というより，キャラ発話にキャラ付与が重なったものを多かれ少なかれ扱っているが，そのことはこれらの研究自体の価値を損なうものではないと筆者は考えている。筆者自身，このような動きに参加してもいる（定延 2007，定延・張 2007)。

これらの研究の中にあって，筆者の研究に独自性があるとするなら，それは何よりも，発話をあくまでキャラ概念（第II部参照）との関わりの中で見ようとする姿勢だろう。この姿勢は，発話キャラの二分へと筆者を向かわせる。というのは，発話キャラの中には「変わっていることが明らかになると気まずく，恥ずかしい」という，キャラ概念の本来的性質からして当然と思われるものだけでなく，「変わっても気まずくなく，恥ずかしくない」という例外的なものがあるからである。それは，「冗談」発話という遊びの発話における発話キャラである（第5章第1.4節)。つまり発話キャラの中には，冗談発話でなければ発動されないものがある。

このような発話キャラの二分は，さまざまな結果をもたらす。だが，ここではまず，この二分の意味を，先行研究と対比させておきたい。

「キャラ」（人間の状況によって変わる部分）という認識こそないが，「人々の話すことばが一様ではない」ということは，昔から気づかれていたようである。第5章でも取り上げた『枕草子』を再び見てみよう。

(7.1)　　おなじことなれどもきき耳ことなるもの。法師の言葉。をとこのことば。女の詞。下衆の詞には，かならず文字あまりたり。

［清少納言『枕草子』池田亀鑑校訂，岩波文庫］

ここでは，同じ内容でも，僧侶の言い方と男の言い方，女の言い方で印象が異なり，下品な人の言い方は必ずくどいということが述べられている。話し手の職業や性，さらに「下品」という内面に踏み込んだ属性が，発話と関わっていることが観察されている。

こういった発話の変異は，もちろん専門的な立場からも観察されている。日本に「標準語」と呼ばれるものができようという時期に，岡野久胤は次の（7.2）のように観察している。

(7.2)		
	私にも，それを下さい	通用語【注1】
	あたいにも，それ，をおくんな	男児
	私にも，それ，を頂戴な	女児
	私にも，それ，頂戴よ	芸妓社会
	僕にも，それ，呉れ給へ	書生社会
	わしにも，それ，くんねい	職人社会

［岡野 1902：88］

ここでもやはり，職業や階層，性，年齢による発話の変異が記されている。

もちろん，岡野（1902）から約100年を経た現在，事情は大きく変わっている。男児は「あたい」とは言わないし，「頂戴な」も女児の発することばではない。書生はイメージとしても消滅し，職人も「くんねい」とは言わないだろう。より現在に近いものとして，金水（2003）の前書き「役割語の世界への招待状」冒頭部の素描を次の（7.3）に挙げておく【注2】。

(7.3)　a. そうよ，あたしが知ってるわ　　女の子
b. そうじゃ，わしが知っておる　　老博士
c. そや，わてが知っとるでえ　　関西人
d. そうじゃ，拙者が存じておる　　お武家様
e. そうですわよ，わたくしが存じておりますわ　　お嬢様
f. そうあるよ，わたしが知ってるあるよ　　(ニセ)中国人
g. そうだよ，ぼくが知ってるのさ　　男の子
h. んだ，おら知ってるだ　　田舎者
[金水 2003：v]

これらを見比べると，1世紀という隔たりが小さなものではなかったことがよくわかる。

だが，その一方で，金水（2003）に限らず現在の記述全般には，岡野(1902)から変わっていない部分がある。それは，たとえば岡野(1902)において《書生》が《上品》な《男》と分けられておらず，金水（2003）においても《お嬢様》が《上品》な《女》と分けられていないというように，発話キャラが，より細かく分解できそうな場合にも分解されず，ただ等しく横並びにされている，ということである。これは言い換えれば，「発話キャラどうしはどういう関係にあるのか？」「これらが重なる場合，どのように重なるのか？」という問題が特に追究されていない，ということである。

もちろん，発話キャラどうしの重なりは，「位相」の名のもとに気づかれてはきた。物質としては同一である水と氷と水蒸気の違いを「位相(phase)」の違いとする物理化学の言い方を借りたという菊澤（1933）の「ことばの位相」研究は，田中章夫氏によって，観点が拡充され【注3】，話し手像どうしの重なりが，より鮮明に意識されるようになっている。その一節を（7.4）に挙げる。

(7.4)　言語の位相的特徴は，実際の言語表現においては，種々の面からのものが，複雑にからみ合って重層的に働く傾向が強い。これが，位相というものの特性であり，現実の言語表現が，単一の位相的観点だけで割り切れるということは，あまり期待できない。むしろ，位相の，そうした重層的な作用を認めたうえで，位相差をもたらした要因の強弱を分析していくべきであろう。
[田中章夫 1999：9]

ただ，こうしたことばの「位相」研究は，或る性別，或る世代の話し手が，或る場面でというような，発話キャラの重なり（「重層」）の複雑さを正しく指摘するものではあるだろうが，その重なりがどのような形でなされるのかという問題には踏み込んでいない。発話キャラの二分という考えは，この問題を解決する上で有効なものである。

では，この考えを次の第3節で述べてみよう。

第3節　発話キャラクタの二分

ここで「発話キャラクタの二分」と言うのは単に，これまで《在来》タイプ・《外来》タイプと述べてきたものを区別することを指している。念のため言えば，《在来》タイプとは，現代日本語（共通語）社会に昔からいる住人のタイプと言ってもよく，たとえば《大人》《娘》《幼児》《老人》などである。これに対して《外来》タイプとは，たとえば《宇宙人》《平安貴族》《関西人》などである。これら2タイプの区別は，「キャラ発動の持続性」「他言語社会における存否」「分布の粗密」「重なり方」「終助詞「よ」「わ」の生起環境」という5点から動機づけられる。以下，1点ずつ順に述べ（第3.1節～第3.5節），最後にまとめておく（第3.6節）。

なお，ここでは，物語内の発話は視野から外し，現実の発話に集中していることをあらかじめ断っておく（第1.2節を参照）。

第3.1節　キャラ発動の持続性

《在来》タイプと《外来》タイプはまず，発話キャラクタの発動のされ方が違っている。《在来》タイプの発話キャラは，一般の発話においても，冗談の発話においても発動される。それに対して《外来》タイプの発話キャラの発動は，もっぱら冗談の発話に限られている。それはあくまで臨時の一時的なものである。

話し手が「あの人はまじめじゃからのぅ」のように《在来》タイプの《老人》キャラを発動させて老人っぽくしゃべったり（第5章第1.4節(5.3)），あるいは「明日も会議でおじゃるよ」のように《外来》タイプの《平安貴族》キャラを発動させてそれらしくしゃべったりするというのは，冗談の発話に限る。それらはあくまで臨時の発動であり，長続きしない。冗談が終われば，そうした発話キャラの発動も終わり，話し手はその状況に適した《在来》キャラに戻り，そのキャラに合った話し方をする。

もちろん，そのキャラもさほど長続き・一貫せず，話し手はたとえばバイト先では地味なキャラを発動させてしゃべるが，学校では騒がしいキャラを発動させてしゃべる（第1章第3.1節(1.23)参照）ということは，第II部で問題にしてきたとおりだが，それでも束の間の冗談発話のキャラと比べれば，発動はより長期的で，安定している。

第3.2節　他言語社会での存否

《在来》タイプ・《外来》タイプという区別は，キャラ発話に関する通言語的な観察にも有効と思われる。中国語（河崎 2017）・ドイツ語（細川 2011）・英語（Gaubatz 2007・山口 2007; 2011）・ハンガリー語（アルベケル・内川・角田 2008）・韓国語（鄭 2005; 2007; 2011）・スペイン語（福嶌 2012）などの対照言語学的考察が示しているのは，他言語では日本語ほどキャラ発話が豊富ではないということであり，それが翻訳や日本語学習を難しくしているということである。但し，これらの研究から同時に見てとれるのは，《地方人》を典型とする《外来》タイプのキャラは，他の言語にも多かれ少なかれ発達しているということである。つまり《外来者》の話し方は，日本語社会に限らず他言語社会でも特徴的なものと認識されやすい。日本語社会の真にユニークな点は，そうした差異化をはかる力が《外来》タイプの発話キャラのみならず社会内部にも向かい，《在来》タイプの発話キャラをも生み出していることである。

第3.3節　分布の粗密

《在来》タイプ·《外来》タイプという区別は，分布の粗密にも関わる。《在来》タイプの発話キャラクタは，びっしり稠密(ちゅうみつ)にひしめき合っている。それに対して，《外来》タイプは散発的にしか存在しない。

まず《外来》タイプについて述べると，たとえば《平安貴族》という発話キャラクタはあるが，《平安庶民》という発話キャラクタは無い。《奈良貴族》も《室町貴族》も，発話キャラクタとしては無い。もちろん，現実には平安庶民や奈良貴族，室町貴族は存在していたが，彼らのしゃべり方は特定のキャラ発話として現代日本語社会に定着してはいない。現代日本語社会に見られる発話キャラクタとしてはただ《平安貴族》があるだけで，その周囲はない。「散発的」とはこうした事情を指す。

《外来》タイプとは違って，《在来》タイプの発話キャラクタは，隙間無くびっしりと稠密に分布している。これは2次元の平面にたとえて言うなら，平面上のどの点を指しても，その点の位置（縦軸の値，横軸の値）に応じた発話キャラクタが必ず見つかるということである。ここでたとえとして持ち出されている「平面」は，縦軸・横軸という2つの次元で構成されているが，発話キャラクタの場合はそれが「品」「格」「性」「年」という4つの次元，4つの尺度にあたる。たとえば「性」という次元において［女］という値は，［この上無く女らしい］〜［かなり女らしい］

〜［或る程度女らしい］〜［僅かに女らしい］といった連続する数多くの候補を持っている。もちろん，そのような豊富な候補は，ことばのセグメンタルな要素の調節（例：上昇調の終助詞「わ」の出現／不出現）だけでは実現できないが，声の高さ，柔らかさといった韻律的・声質的な要素が加わることで実現できる。それらの候補から1つが選ばれ，値が決まる。

稠密でない《外来》タイプのキャラ発話はひとまず措いて，稠密な《在来》タイプのキャラ発話の特徴をとらえようとすると，この4つの尺度が重要になる（これらについては第4節で後述する）。

第3.4節　重なり方

いま述べたことと重なるが，《在来》タイプの発話キャラは，「品」「格」「性」「年」という観点からの性質が重なって出来上がっていることが多い。「げっへへ，これでよぉ，罪も無（ね）ぇガキどもをよぉ，○○○てぇ寸法だぜ」と言う発話キャラについて，《下品で，格が極端に高くはない，年輩の男》と述べたのは（第1.1節），その例である。これは《下品》キャラ，《格がさほど高くない》キャラ，《男》キャラ，《年輩》キャラが或る割合で配合されて出来上がっていると言うこともできる。《老人》キャラのように，他のキャラと重ならず，尺度上の値（いまの例なら尺度「年」上の値［老人］）がそのまま発話キャラになる場合もあるが，重なる場合は，最大で以上の4つが重なり得る。

これとは対照的に，《外来》タイプの発話キャラは，普通，細部に分割することはできない。たとえば《宇宙人》という発話キャラは，どのようなキャラどうしの組み合わせでできているというわけでもなく，それ単独で完成されている。

また，《外来》タイプの発話キャラは，他の発話キャラと重ね合わせることも一般的ではない。確かに，たとえば江戸（江戸時代の首都）を舞台とした「時代劇」や「時代小説」では，《江戸っ子》に《在来》タイプの「品」「格」「性」「年」のバリエーションを重ねて，《上品な若女将風の江戸っ子》や《下品な若いチンピラ風の江戸っ子》などの発話キャラを多数登場させている。これと同様に，たとえば《宇宙人》キャラに《在来》キャラの「品」「格」「性」「年」のバリエーションを重ねて《上品な若奥様の宇宙人》キャラなどを作ることも，可能だろう。だが，そのような発話キャラが会話に登場するのは，会話の中で，宇宙人に関する「物語」の創作が（もちろん冗談として）おこなわれている場合に限られるだろう。「人格分裂のような病理的な場合を別とすれば，人間は変わらない」という良き市民のお約束に縛られつつ，さまざまな状況への対応を迫られるという現実の人間の不幸に目を向けるというところから出発している筆者のキャラ論では，キャラだけでなく発話キャラについても，何よりも現実の発話を中心に考えたい。変則的な発話をおこなう人物を原理上，無制限に作り出せる創作物語は（時代劇や時代小説も含めて），ここでは例外扱いするということ，重ねて断っておく（第1.2節を参照）。

念のために言えば，《外来》タイプの発話キャラどうしを重ね合わせることも，一般的ではない。たとえば平坦な音調で「そうだワン」などと言う《宇宙犬》キャラなど，作ろうと思えば作れるだろうが，それは会話の中で宇宙物語の創作が冗談で始まった場合に限られる。

以上で示したように，《在来》《外来》という区別は，発話キャラどうしの関係を考える上でも有効なものである。

第3.5節　ことばの生起環境

最後に，ことばの現れ得る環境という最も個別具体的な事情も述べておこう。

たとえば，《在来》タイプのキャラ発話を観察すると，「《男》と違って《女》は名詞に終助詞「よ」を付ける」という傾向が見いだせる。これは，《男》なら「朝だよ」と言うところで，《女》は「だ」なしで，むきだしの名詞「朝」に「よ」を付けて「朝よ」と言う，といったことである。

ところが《外来》タイプには同じ傾向が成り立たない。《江戸っ子》が宿屋の亭主に「明日はいつ頃この宿をお発ちで？」とたずねられたとすると，名詞「朝」に「よ」を直接付けて「朝よ」と言うのは《男》であり，むしろ《女》が「朝だよ」と言う。金水（2003：142-144）によると，《江戸っ子》の「よ」は《在来》タイプの「朝（だ）よ」の「よ」とは歴史的に別語であり（前者は江戸語，後者は近代東京語），これが現代日本語に現れ，同一の「よ」に見えているらしい。《在来》の「よ」と《外来》の「よ」を区別することは，歴史的にも妥当と思われる。

またたとえば，《在来》タイプのキャラ発話の場合，「文末の「わ」はどちらかと言えば《女》らしい。少なくとも《男》っぽくない」という傾向が見いだせる。ところが，ここに《外来》タイプを混ぜると，「おのれ，目にもの見せてくれるわ」などと言う《侍・忍者》が観察をかき乱してしまう。

このように，《在来》タイプと《外来》タイプは，ことばの生起環境も異なっている。

第 3.6 節　まとめ

以上の 5 点をまとめると，次の【イメージ 7.1】のようになる。

これらの違いに基づき，発話キャラを《在来》《外来》の 2 タイプに分けることにより，従来の発話キャラの横並び的な把握を一歩進めようというのが，筆者のキャラ発話考察の特徴である。

発話キャラを《在来》《外来》の 2 タイプに分けた場合，《外来》タイプにも，解き明かさなければならない問題はもちろん残る。代表的な問題は「それらの《外来》タイプは，なぜ，そのような形で，現代日本語社会への「殿堂入り」を果たすに至ったのか？」というものだろう。たとえば，既に述べたように（序章第 3 節），「おじゃる」は室町時代末か

【イメージ7.1】発話キャラの《在来》タイプと《外来》タイプの異なり

	《在来》タイプ	《外来》タイプ
発動のされ方	冗談発話でも 一般発話でも発動	冗談発話のみでの 一時的な発動
他言語社会での存否	存在はあまり 期待できない	存在が期待できる
分布の粗密	稠密である	散発的である
重なり方	「品」「格」「性」「年」 が重なる	原則として重ならない
終助詞「よ」など	名詞+「よ」は《女》の傾向	名詞+「よ」は《男》の傾向

ら江戸時代初期にかけての京都の庶民のことばであった（金水2003：184・金水編2014a：41-44）。だというのに，なぜ《平安貴族》が，実際にはしゃべっていなかった「おじゃる」をキャラ発話とする発話キャラになりおおせたのかという問題は，その一つである。だが，《外来》タイプは1つ1つが完成体で，細分化ができず，重なりも一般的でないので，これらについては今後，個別の観察を蓄積していくより他に無い。

以下では，現実の発話の中で，より中心的な位置を占める《在来》タイプが，「品」「格」「性」「年」という尺度で大まかながら観察できることを示そう。

第4節　《在来》タイプの発話キャラと「品」「格」「性」「年」

ここで取り上げる4つの尺度「品」「格」「性」「年」のうち，「品」と「格」は，もともと日本語の日常会話で「品が良い」「格が違う」などという形で取り沙汰されている「品」「格」と変わるところが無いが，念のために後で簡単に紹介する。また，「性」は，生物学的な性（sex）ではなく，社会～心理的な性（gender）である。同様に，ここで言う「年」も，生物学的な年齢（biological age）ではなく，社会～心理的な年齢

（socio-psychological age）である。

《在来》タイプの発話キャラは，これら 4 つの尺度上に占める値の組み合わせで，大体の特徴が記述できる。それぞれの尺度ごとに，その尺度上にとられる代表的な値をまとめれば，（7.5）のようになる。なお，尺度の値の中に「無指定」とあるのは，当該の発話キャラにとってその尺度が重要ではなく，その尺度上の値が特に指定されない場合のためのものである。

（7.5）《在来》タイプの発話キャラを記述するための 4 つの尺度と代表的な値
「品」：［上品］～無指定～［下品］
「格」：［別格］～［格高］～無指定～［格低］
「性」：［男］～無指定～［女］
「年」：［老人］～［年輩］～無指定～［若者］～［幼児］

4 つの尺度上の値は連動することもあるが，別々の動きをすることもあり，どの尺度も他の尺度にすっかり還元してしまうことはできない。以下ではまず，《在来》タイプを 4 つの尺度から順に観察し（第 4.1 節～第 4.4 節），その上で，「日本語社会は，キャラということば（キャラ3）ができる以前から，キャラに応じた話し方が強く求められる社会だったのではないか？」という，この章で扱うべき問題に答えを出す（第 4.5 節）。

第 4.1 節　発話キャラクタの「品」

ここで言う「品」とは，巷間の人間に想定される尺度であり，代表的な値は［上品］と［下品］の 2 つである。ここで言う［上品］とは，当該社会の文化的制約から逸脱せず，その中におとなしく，慎み深く，控えめにおさまるが，その行動は「制約を遵守しなければ」という意識を感じさせず，あくまで自由で美しく見える人間の素性である。他方，[下品]とは，当該社会の文化的制約から逸脱するのみならず，「制約を遵守しなければ」という意識が欠如している人間の素性である。たとえば公共の場で,周囲の迷惑にならないよう行動しようとしてうまくいかず,結果的に「がたがた」してしまうという場合，この人物は[下品]ではない。[下品]なのは，周囲の迷惑にならないよう行動しようというきもちが疎かになっていたり，そもそも無かったりして「がたがた」する場合である。

《在来》タイプの発話キャラの「品」が[上品]か[下品]かは,キャラ発話の形式に大きな影響を及ぼす。その例を以下3例挙げておく。

第1の例は，引用である。そもそも引用において，引用者は，自身が引用する内容から独立しており，その内容に関して責任を問われないのが原則である。たとえばA国での諜報活動を終え，B国に戻ってきたスパイが「A国の大統領は「B国の大統領は馬鹿だから簡単にだませる」と側近に漏らしています」とB国の大統領に報告しても，そのスパイは自身が引用したA国首相の不穏当な発言内容により責められない。

だが,《上品》な発話キャラはこの原則のはっきりした例外となる。下品な事物を口にせず関与しないという《上品》キャラの行動指針は,引用においても断固，貫徹される。例を見てみよう。まず，次の（7.6）を見られたい。

（7.6）a.　げっへへ，でよぅ，お嬢様はよぅ，オイラに頼まれたってわけよ。

b.(?)げっへへ，でよぅ，お嬢様はよぅ，「あなたにお願いしますわ」っておっしゃったってわけよ。

これは,《上品》な令嬢が《下品》な男に頼み事をした際の様子を後日,《下品》な男が仲間に語る場合の2つの発話である。このうち（a）

は問題なく自然である。これに比べれば,直接引用構造を含んでいる(b)は,話者によっては若干不自然である(文頭の括弧付き単一疑問符「(?)」はこの限定的な不自然さを示すものである)。この不自然さは,《下品》な発話キャラが,キャラにそぐわない上品なセリフ「あなたにお願いしますわ」を吐くことへの違和感から来ているのだろう。だが,それは被引用部分であるため,不自然さの程度は,さほど大きなものではなく,また,その不自然さを感じる話者も,一部に限られる。ところが,次の(7.7)はどうだろうか?

(7.7) a. その方,笑って引き受けて下さいましたわ。

b.?? その方,「げっへへ,もちろん引き受けやすぜ」っておっしゃいましたわ。

「品」の上下を逆転させた(7.7)では,不自然さは引用という事情で解消されにくい。

《下品》な男が依頼を引き受ける様子を間接的に述べる(a)と違って,これを直接引用で述べる(b)は不自然で,その不自然さは先の(7.6a)の不自然さよりも広い範囲の話者に,かつ,甚だしく感じられる(文頭の二重疑問符「??」はこの不自然さを示すものである)【注4】【注5】。

発話キャラを論じる上で「品」の値が重要であることを示す第2の例は,驚き・興味惹起のきもちで発せられる感動詞の韻律である。

驚きや興味惹起は,平静状態から興奮状態への移行であるから,それを反映して韻律は低から高へという上昇調イントネーションになるのが一般的と考えられる。だが,この考えに合わない例外的な感動詞が2種類存在する。

そのうち1種類目は,次の(7.8)の「あら」「おや」「まあ」「さあ」「なんと」のような,物語の地の文の中で,副詞のような位置におさまっている感動詞である。

(7.8)　a. 箱を開けてみればあら不思議。
b. 箱を開けてみればおや不思議。
c. 箱を開けてみればまあ不思議。
d. 箱を開けたからさあ大変。
e. 箱を開けてみればなんと中身は宝の山。

これらの感動詞は，多くの感動詞のように「いま・ここ・私」の立場（origo, Bühler 1934/1982）から発せられてはおらず，物語の中の「その時・その場・その登場人物あるいは一般的なナレーター」の立場から発せられている。これらは，頭高型アクセントで（つまり第1モーラは高く，第2モーラ以降は低く）発せられる。

そして，この1種類目と同じく頭高型アクセントで発せられるのが2種類目である。それは(7.9)のような，[上品]な発話キャラの感動詞「あら」「おや」「まあ」である。

(7.9)　a. あら，山田さんじゃございませんの。
b. おや，お久しぶりですこと。
c. まあ，大変ねえ。

これらは「いま・ここ・私」の立場から発せられているが，それにもかかわらず1種類目と同じ韻律（頭高型アクセント）になるのは，この話し手が［上品］キャラだから，つまり，我がことのように声を張り上げず（それは下品である），「他人事のように」驚くからである。

第3の例は，助詞「よ」【注6】の変種「よぉ」である。既に前章にも（第6章第2.3節（6.13）），また（7.6）にも現れているこの変種は，《下品で格もそう高くない年輩の男》キャラの物言いである。この発話キャラの中核となっているのが［下品］の部分で，たとえば人足の頭領（人足の世界で格の高い者）や若者，時に蓮っ葉な女が「おめぇはよぉ,」などと言っても許容範囲だが，［上品］あるいは品が無指定の発話キャラがこの「よぉ」を発するのは甚だ不自然である。この「よぉ」は，ポンと跳躍するように急激に高く「よ」を発し，そこから「ぉ」を低く下降させて言う形で実現される【注7】。

「品」の上下が「よぉ」発話の自然さと結びつく，つまりキャラ発話の形式に影響するという説明は以上である。なお，ついでながら述べておくと，「よぉ」発話は，現れる環境によって発話キャラを大きく変える。これまで見てきた「よぉ」は，文中の文節末に現れる「よぉ」である。これが文末に現れている，次の（7.10）を見よう。

(7.10) わかったよぉ。もうしないよぉ。許してよぉ。

ここでは「よぉ」は打って変わって，《幼児》を典型とする子供っぽい哀願，弁明の物言いになっている。「よぉ」が《下品》なキャラ発話だというのは，文中の文節末という文法環境に限っての話である。このように，発話キャラと文法は大いに関係している。

第4.2節　発話キャラクタの「格」

「格」とは,経験や力や地位などから総合的に醸し出されるものである。発話キャラが「格」に関してとる代表的な値は3つあり，それをここでは上位から順に，［別格］［格高］［格低］と呼んでおく【注8】。

「格」は，上で述べた「品」と紛らわしいことも多いが，「品」とは別の概念である。というのは第一に，「品」と「格」とは想定対象域が違うからである。「品」とは巷の人間に対して設定される概念だが，「格」はそうではない。すぐ下で述べるように，「格」の最高値［別格］をとる発話キャラは，人間ではなく神の領域の発話キャラである。この発話キャラは，もちろん［下品］ではなく，かといって［上品］と言うのもしっくり来ない（つまり「品」に関して無指定である）。

「品」と「格」の違いは，語彙についても観察される。たとえば，「あなた」「ご覧なさい」か，それとも「おめえ」「見な」かという「品」の軸と，「汝」「見るがよい」か，それとも「旦那様」「ご覧くだせいやし」かという「格」の軸は，別々の方向に伸びている。

「品」と「格」は，「高位者がしないこと」に関しても違っている。前述のとおり，「品」の高位者は，下品な事物を口にしないが，「格」の高位者がしないのは，それとは違うことである。これを少し詳しく見てみよう。

「格」の最高値である《別格》を持つ発話キャラとしては，《神》があるのみである。既に断ったように（第1.2節），この本では，物語内の発話を現実世界の発話よりも周辺的な位置に置くが，それでも読者の理解の助けになるように，物語の「傾向」を持ち出すなら，多くの物語に登場する，天から声だけ降って来るおごそかな神は，発話キャラとしては，ここで言う《神》キャラをとりがちである。といっても，その神が他の神々と恋愛沙汰を繰り広げる際にも，《神》キャラで通すかどうかは定かではない。このあたりが《神》キャラと言う所以である。

《神》キャラという発話キャラは，さまざまなことをしないが，その内容は，《上品》キャラのしないこととはズレている。たとえば，《上品》キャラは「うぇー」と大声では驚かず，「おや」「あら」などと小声の頭高型アクセントで驚く。だが《神》キャラは「うぇー」だけでなく「おや」「あら」と驚くことも無い。つまり《神》キャラは驚かない。また，《上品》キャラは「げっへへ」とは笑わず，「ふふふ」などと笑う。だが《神》キャラはそもそも笑わない。つまり，驚き方や笑い方という行動のやり方は「品」の問題であり，驚くこと，笑うことという行動それ自体は「格」の問題である【注9】。

《上品》キャラがしないこと以外にも，《神》キャラがしないことはいろいろとある。《神》キャラは方言・外来語・外国語は話さず，たとえば「それでいい」とは言っても「それでええ」「オーケー」“Ok.”とは言わない。直接引用は下品な事物に限らず全般的におこなわない。たとえば,「思い出してみるがよい。汝は『そうだ』と答えたであろう」が,「そうだ」の部分で違和感をもたらしがちなのは，そのためである。甲高い声，かすれ声，奇声【注10】，言い間違いも発しない。世俗的な語（例：「おこめ券」），幼児色の濃い語（を含んだ語）（例：「はとぽっぽ保育所」【注11】）も口にしない。流ちょうでない話し方もしない。たとえば「東に向かえば」とは言っても，「東にだな，向かえばだな,」などと，こま切れの非流ちょうな発話はせず，そうした発話に特徴的な，文節末尾の判定詞「だ」【注12】や助詞（「な」など）も言わない。

「格」の高さはしばしば，目下に向けてのぞんざいな言い方と連動し,「格」の低さはしばしば,目上に向けての丁寧な言い方と連動する。「格」の最高値［別格］をとる《神》キャラはぞんざいな言い方しか無く，つまり敬語を話さない。反対に最低値［格低］は丁寧な言い方しか無い。丁寧〜ぞんざいの違いによって言い方に幅があるのは,「格」が［格高］か無指定の場合に限られる。但し，目上・目下が相手次第であからさまに変化する相対的な概念であるのに対して，ここで言う「格」の値は発話キャラの一側面である以上，（実は変わり得るが）変わらないことになっており，両者は別物である【注13】。

読者が理解しやすいように［格高］の典型例を挙げるなら，多くのドラマに共通する「悪の首領」がこれに相当する。これは［別格］と同様,世俗的な語,幼児色の濃い語は話さないが,その一方で［別格］とは違って,「東にだな，向かえばだな,」「東にですな，向かえばですね,」などと文節末尾で判定詞「だ」「です」や助詞を発すことがある。また，公式の場ではたとえば「大学改革の」を「だいがく，うーかいかく，うーの，おー」のように，語末や文節末で特別な形式（とぎれ延伸型続行方式）でつっかえて話すこともある。

第4.3節　発話キャラクタの「性」

たとえば男女共同参画社会基本法や改正・男女雇用機会均等法が施行されるといった，新しい動きは日本にもあるが，その一方で，性に関する差別的な通念・期待というものが依然として存続していることも確かな事実である。日本語社会はまさにその通念・期待に大きく寄りかかっている。

差別的な通念・期待というのは「《男》は《女》よりも「格」が上」，そして「《女》は《男》よりも「品」が上」というものである。たとえば，「天から声だけ降ってくるおごそかな神」という第4.2節の記述に接して，女神をイメージした読者がどれだけいるだろうか？「あなたが落とした斧はこれですか？」と，女神はなぜ人間に丁寧な口をきくのだろうか？

「げっへへ」と下品に笑う人物といえば，まず《男》が思い浮かぶように，「下品」なことばは《男》のことばに偏っている。「男のような口をきく」とは，下品な，つまりそれだけ《男》に近い《女》のしゃべり方である。

いま述べた「品」「格」との結びつきの他にも，《男》と《女》には違いがある。それは，《男》と違って《女》が，判定詞「だ」の無い裸の名詞類（名詞と形容名詞【注14】）の発話を好みがち（益岡・田窪1995，金水2003，定延2011）ということである。以下，文末の「名詞類＋判定詞だ」の，3つの場合を見てみよう。

他人に知識を教えてやる場合，第3.5節でも触れたように，判定詞「だ」のある「名詞＋だよ」（例：「雨だよ」）と「だ」の無い「名詞＋よ」（例：「雨よ」）を比べると，より《男》らしいのは「名詞＋だよ」（「雨だよ」）の方であり，「名詞＋よ」（「雨よ」）は《女》に偏る。「名詞＋だよ」よりさらに《男》らしい言い方にするには，助詞を「よ」から「ぞ」や「ぜ」に変える必要があるが（例：「雨だぞ」「雨だぜ」），これら《男》らしい言い方は「だ」を必須とする（例：「?? 雨ぞ」「?? 雨ぜ」）。

また，他人の意見（例：「外は雨だ」）に同意する場合，判定詞「だ」のある「名詞＋だね」（例：「雨だね」）と「だ」の無い「名詞＋ね」（例：「雨ね」）

を比べると，これらはいずれも，さほど《男》らしくはないが，より《男》らしいのは「名詞＋だね」（「雨だね」）の方であり，「名詞＋ね」（「雨ね」）は《女》に偏る。《女》が「だ」を発するなら，《女》に偏る「わ」を「だ」と「ね」の間にはさんで，「名詞＋だわね」（例：「雨だわね」）のように言う必要がある。

さらに，モノに気づいてひとりごとを言う場合，判定詞「だ」のある「名詞＋だ」（例：「雨だ」）と「だ」の無い「名詞」（例：「雨」）を比べると，より《男》らしいのは「名詞＋だ」（「雨だ」）の方であり，「名詞」（「雨」）は《女》に偏る。《女》が「だ」を発するなら，《女》に偏る「わ」を「だ」の後に入れて，「名詞＋だわ」（例：「雨だわ」）のように言う必要がある。

なお，《男》が判定詞「だ」を好みやすいということは，文末から文中の文節末に目を転じると，さらにはっきりする。たとえば「午前中に，」「雨が，」「降ったとして，」と違って，「午前中にだ，」「雨がだ，」「降ったとしてだ，」がすべて《男》だけの言い方であるように，文中の文節末での判定詞「だ」は《男》特有のキャラ発話である。接続詞「しかも」に上昇調の「よ」を付けた「しかもよ［上昇調］，」は《女》特有の言い方だが，これさえも，判定詞「だ」を入れて「しかもだよ［上昇調］，」にすると，《男》特有の言い方になる。

名詞類の発話を好むという《女》の特徴は，準体助詞（名詞句を作る助詞）由来の「の」を好むという特徴をも動機付ける。たとえば子供に「カマキリって飛ぶ？」と訊かれた場合，《男》なら「飛ぶよ」と答えるところで，《女》は「飛ぶのよ」と，動詞「飛ぶ」に「の」を付けて名詞的な「飛ぶの」の形で答える。形容詞の場合も同様である。「それって，熱い？」と訊かれて答える場合，「熱いよ」と比べて，「の」が付いた「熱いのよ」は《女》らしい。

《女》が動詞や形容詞を名詞らしくする手だては，「の」だけではなく他に「もん（もの）」「こと」などがある。今日は欠席だと告げた後，頭が痛いと理由を付け足すところで「もん（もの）」を付けて，「今日は欠席よ。頭が痛いんだもん」のように言うのも，やはり《男》っぽくない。《男》なら「それは大変だ」と驚くところで，「こと」を加えて，「それは大変だこと」と驚くのも《女》である。

第4.4節　発話キャラクタの「年」

「年」の値が最高である《老人》から述べる。《老人》のことばは2点において，（《在来》タイプではないが）《地方人》のことばと似ている。

第1点は，たとえば「それがのぅ」の間投助詞「のぅ」が《老人》のことばであって，特に《男》《女》を感じさせないように，《老人》のことばは「性」の値が無指定となっており，《男》《女》の別が無いということである【注15】。

第2点は，たとえば「お願いですじゃ」「お願いしますじゃ」が相当数の母語話者にとって自然であるように，「です」「ます」の文の末尾に「じゃ」が現れ得る，ということである。

だが，《老人》と《地方人》のことばはまったく同じというわけではない。「駐在さんや」のように「～や」で呼びかけることや，「ここにありますぞ」「本物ですぞ」のように丁寧体で「～ぞ」としゃべることは，《老人》にしかできない。また，夏の盛りに「あづぐで，あづぐで，おら，なんも，わがんね」などと言うのは《地方人》の老若男女であって，《老人》とはかぎらない。

《老人》のことばと似て，「年」の値が最低である《幼児》のことばも，「性」の値が無指定に近く，《男》《女》の違いはほとんど無い。判定詞として《老人》が「じゃ」「です」をしゃべるのに対して，《幼児》は「でちゅ」あるいは「でしゅ」をしゃべり，そこに見られる《男》《女》の区別は，自称詞の「ぼく」「あたち」ぐらいである。

「でちゅ」「でしゅ」は「です」と比べて，現れる環境がより広い。名詞（例：「お昼寝」）や形容詞（例：「ねむい」）に関しては，「です」「でちゅ」「でしゅ」いずれも付くが（「お昼寝です」「ねむいです」，「お昼寝でちゅ」「ねむいでしゅ」)，動詞の直後に「です」は現れにくく，たとえば「食べるです」「わかったです」が不自然になりがちであるのに対して，「でちゅ」「でしゅ」は問題無く現れ，「食べるでちゅ」「わかったでしゅ」は自然である。

これは実は《幼児》の「でちゅ」「でしゅ」にかぎったことではない。「食べるでおじゃる」「食べるでござる」「食べるざます」「食べるっす」などがそれなりに自然であるように，《平安貴族》の「でおじゃる」，《侍・忍者》の「でござる」，《上流婦人》の「ざます」，《体育会系》の「っす」なども動詞に付く。これに対して「です」は動詞には付きにくい。まったく付かないわけではなく，下の（7.11）のようなものはあり，やはり話し手としてそれなりに特定の発話キャラクタ（「格」や「年」が低い，やや《幼児》に近い発話キャラクタではないか）を思わせるが，「食べるでちゅ」「わかったでしゅ」ほど広く認知されてはいない。

(7.11) a. そのあと相原君，北川君のふたりは一緒に飲みに行ったと思います。ぼくは帰ったですけど。
[松本修『探偵！ナイトスクープ アホの遺伝子』(ポプラ社，2005) 桑原尚志氏の文章の引用部分]
b. ある日，勇気をふるってお誘いしたですよ，若い部員を。
[さとなお『人生ピロピロ』角川文庫，2005]

《若者》は，いわゆる「若者ことば」をしゃべり，《年輩》はいわゆる「オヤジことば」を発するが，文法や発音の面で特有のしゃべり方と呼べるものはなかなか見つからない。偉そうな言い方や媚びへつらった言い方とは，結局のところ《格高》や《格低》のしゃべり方，つまり「格」に応じたしゃべり方であり，「年」に応じたしゃべり方ではない。《老人》と《幼児》の間の段階では，「年」よりも「品」「格」「性」が大きな意味を持つと言える。

以上の観察を仮に「年」ごとに再配列すると，次のような，日本語社会における話し手たちが「品」「格」「性」の値を変え，ある発話キャラから別の発話キャラへと移り変わっていく，出世魚のような「経年変化」のイメージを見ることができる：生まれて間もない《幼児》の時代は「年」の尺度が圧倒的な影響を持ち，「品」「格」「性」によることばの違いは無い。が，やがて《若者》へと成長してくると，ことばの「性」差が大きく隔く。さらに《年輩》の段階に進むと，社会的に成長を遂げる者，そうでない者の間で「品」や「格」の差が最大に隔く。社会の中心で，さまざまな「品」と「格」の話し手が，時に淡々と時にセクシーに，さまざまな話し方をする。「格」を極端に発達させた話し手は，《神》に迫る話し方をするかもしれない。が，やがて《年輩》の段階を終えてしまうと，再び影響力を増してくる「年」の前に，「品」「格」「性」の差は徐々に縮まり，ただの《老人》として話すようになる。

もちろん，このような話し手の「経年変化」は，現実の話し手たちが必ずたどる道筋というわけではない。だが，こうした大がかりな「経年変化」は，日本語社会において一種の「人生観」として通念化しており，「人間は変わらない」という伝統的な人間観も，さすがにこれを許容せざるを得ない（第2章第1.1節【注1】）。

こうした人間の変化に出くわすと，我々は白い目で見るよりもむしろ，「あの子も大きくなった」「あの子も色気づいちゃって」「あの人も若い時から見違えるように立派になられて」「あの方も年をとられた」などと，しばしば取り立て助詞「も」で祝福し，また嘆息する。この「も」は，「夜も更けてまいりました」「しかしあいつも頭が切れるなあ」などと言う場合の「も」と同じ「通念の「も」」であり，自分がいま述べること（[夜が更けてきたこと]［話題の人物が頭脳明晰であること］）が，この社会の一般通念（[時間が経つのは速い]［世の中，頭脳明晰な人間はいろいろといる]）の一事例であることを示すものである（定延1995）。

以上,「品」「格」「性」「年」という4つの観点が,《在来》タイプの発話キャラの把握に役立つことを具体的に示した。もちろん，この把握は大まかな把握に過ぎない。キャラ発話の，文字で書き取れるセグメントの面だけでなく，プロソディやフォネーションの面についての聞き手の印象までもすくい取り，発話キャラをより細かく把握するには,「品」「格」「性」「年」以外にも，たとえば「暖かい〜冷たい」「陽気〜陰気」という性格的な尺度や，さらには「太っている〜痩せている」といった身体的な尺度が必要になってくるだろう。このあたりは,「感情音声」と呼ばれる音声科学的研究との接合が期待されるが，この本では実験科学的なアプローチには立ち入らないので（序章第4節),「品」「格」「性」「年」での4つの観点に限って観察をおこなった次第である。

では，以上を踏まえて，この第7章で取り上げるべき問題を検討してみよう。もともと日本語社会は,（人格でもスタイルでもなく）キャラに応じた話し方が，強く求められる社会だったのではないだろうか？

第4.5節　キャラに応じた話し方が強く求められる社会

第2節では,「岡野（1902）から約100年を経た現在，事情は大きく変わっている」と述べ，現在の男児は「あたい」とは言わず,「頂戴な」も女児のことばではないなどと指摘した。また，小説ではあるが，夏目漱石の『行人』(1912-1913）では，弟が兄に対して「だって嫂さんですぜ相手は」といった具合に,現在の感覚からすると《下品》な口調で「〜ですぜ」としゃべっている。これも今日の我々の物言いではないと言うべきだろう。

だが，このような時間経過によるズレが，一部に留まるということも，また事実である。書店には100年前の文学作品が依然,（研究対象ではなく）一般庶民のための鑑賞対象として並んでいる。そして，それらの登場人物の発話から推し量られる「品」「格」「性」「年」の値は，地の文から醸し出されるその人物の特徴とよく一致する。たとえば,「ええ口へ出したのは今夜が始めてかも知れなくってよ」と言うのは,同じ『行人』に登場する嫂で《上品な女》である。「不可ねえ，不可ねえ。そんな服装で這入るもんか。此処へ親分とこから一枚借りて来てやったから,此服を着るがいい」と言う初という坑夫は,《下品な男》である（夏目漱石『坑夫』1908)。「なんの，和尚さん。このかたは画を書かれる為めに来られたのじゃから，御忙がしい位じゃ」と言う老人は文字通り《老人》で，相手の和尚は「御客が御帰りだぞよ」と言う《格高》の人物である（夏目漱石『草枕』1906)。

もちろん冒頭で述べたように，ズレが見られることもあるが，重要なことは，それらの作品の中で，それぞれの人物が——現代と同じ形であれズレた形であれ——「品」「格」「性」「年」の観点から見て，同じ相手に対しては，一貫した物言いをしている，ということである。『行人』の中で，兄に対して「〜ですぜ」と，今日の感覚では《下品》にしゃべる弟は，別の場面でも兄に「外の事だって厭でさあ」と，やはり今日から見て《下品》な「〜でさあ」という言い方をしている。

このことから推察されるのは，日本語社会は，少なくともこの100年間は，キャラに応じた話し方が，強く求められる社会だったということである。これは,「キャラ」ということば（キャラ3）ができる以前から,そのことばで指し示されるべき人と社会のあり方は出来上がっていたということでもある。

第5節　まとめと補足

以上,この第7章では,発話キャラを《在来》《外来》の2タイプに分け,《在来》タイプの発話キャラが,「品」「格」「性」「年」という4観点から大まかに把握できることを示した。その上で，100年前の小説についても，各登場人物の発話が「品」「格」「性」「年」に関して一貫した値を示していることを理由に，「もともと日本語社会は，キャラに応じた話し方が，強く求められる社会だったのではないか？」という問題に対して，肯定的に答えた。

キャラ発話について，最後に補足しておきたいのは，文法との関わりである。キャラ発話が話し方のパターンである以上，そこには文法との関わりがまずあると考えてよい。そのことを我々は，さまざまな形で見てきた。驚きの感動詞の韻律は,《上品》キャラの場合に特殊になる（第4.1節)。助詞「よ」を跳躍するように高く，ついで低く戻るように発する（「よぉ」）のは，文中という文法環境では《下品な男》の物言いである一方で，文末という文法環境では《幼児》を典型とする子供っぽい物言いである(第4.1節)。「大学改革の」を「だいがく，うーかいかく，うーの，おー」と言うような《格高》キャラの公式発話に生じる，非流ちょうなつっかえ（とぎれ延伸型続行方式のつっかえ）は，単語や文節という文法的単位の末尾でのみで生じるもので(単語末なら「だいがく，うー」「かいかく，うー」。文節末なら「(改革）の，おー」)，他の箇所では生じない（たとえば「大学」を「だいが，あーく」のように語中でつっかえることは無い）(第4.2節)。

これらにもう1つ，付け加えておきたいのは，筆者が「キャラ助詞」と呼ぶ,《外来》タイプの発話キャラの物言いである。「キャラ助詞」とは，役割語のうち「キャラ語尾」つまり「特定のキャラクターに与えられた語尾」(金水 2003：188）の一下位類である。実例として（7.12）を挙げる。

(7.12) a. ナニーッ、わしはなにもいっとらんゴホン
［まんが塾太郎（著）・小田悦望（マンガ）『マンガだけど本格派 漢字のおぼえ方 漢和字典［部首］攻略法』p. 83, 太陽出版，1997］
b. 疲れたぷぅ～
［http://clemens.cocolog-nifty.com/koi/2006/05/post_318a.

html]

c. 吊られたら怖いLWは今すぐ出るんだよぴょーん
[https://ruru-jinro.net/log4/log352865.html]

d.「いい加減にするみょん！このカタナで首切られても良いのかみょん！？」
[http://www.kakiko.cc/novel/novel7/index.cgi?mode=view&no=30145]

このうち（a）は、子供向けのマンガ参考書から採ったもので，「ゴホンゴ」という煙公害魔人のセリフである。セリフの最後にある「ゴホン」は，ゴホンゴが咳をしているのではない。ゴホンゴというキャラ1を際立たせるために加えられた，ゴホンゴならではのセリフである。キャラ助詞とは，このようなものを指す。キャラ助詞はインターネット上の書き込みにもよく現れる。その例が（b）以下で、（b）は文末に「ぷぅ」を付けてしゃべる《ぷぅ》キャラの物言いである。キャラ助詞は終助詞とは共起しにくいが，書き込み手によっては、そしてキャラ助詞と終助詞によっては,共起が見られることもある。その際キャラ助詞は（c）（d）の「ぴょーん」「みょん」のように，伝統的に文の最終要素と考えられてきた終助詞（（c）の「よ」，(d) の「か」）の，さらに後に現れる。これはキャラ助詞の大きな特徴である【注16】。

これらはいずれも，非公式の遊びの発話ではある。だが，価値判断をなるだけ除外して言語事実を重視する近現代言語学では【注17】，そうした事情はこれらのキャラ助詞を無視してよい理由にはならない。

方言研究者の故・藤原与一氏は，たとえば宮城県松島海岸で言う「おしんこ，ねーすかわ」（お新香は無いですかの意）の末尾「わ」などについて，「私」系の語が文末表現に変化していると指摘している（藤原 1986: 379-468; 1994: 211, 238)。東北の震災で長男と自宅を失った被災者が振り返って「何も無（ね）のさわ」と，「何も無のさ」に「わ」を付けて述べている動画も現在ネット上で公開されている【イメージ 7.2】。

【イメージ 7.2】東北の震災を振り返って「何も無（ね）のさわ」と言う話者
［記録ビデオ「うたのちから—みやぎの「花は咲く」合唱団」https://www.youtube.com/watch?v=jOOAcdwLNcl，5 分 56 秒～ 58 秒，画像は 5 分 56 秒【注 18】］

藤原氏は「(人称代名詞の――定延補足）自称のものが文末詞化するのは，どういうわけか。これも，考えてみれば，しぜんのことである。話し手は，自己をひっさげて訴えようとする。自己のたちばを出して，相手に訴えようとする」と，この変化を自然なこととしている（藤原 1986：379)。もしもこの考えが正しければ，共通語・方言を問わず，日本語の文の最末端には話し手の何らかの「アイデンティティ」とつながることばを受け入れるスロットが用意されており，共通語ではそこに（遊びの場でのかりそめのものとはいえ）話し手のキャラクタを端的に表す語がはまり込み，諸方言ではそこに「私」系の表現が文法化してはまり込むのかもしれない。この可能性は現在，友定賢治氏によって検証されつつある（Tomosada 2015・友定 2018）【注 19】。

いずれにしても，キャラ助詞を収容し得る品詞体系や文構造が現存，存在していないことに変わりは無い。ということは，キャラ助詞は品詞論や文論を進展させる潜在力を秘めているということになる。

　では次に,「キャラの付与」に目を向けてみよう。

【注】

1：念のために言うと,岡野（1902）の言う「通用語」とは,「男児」「女児」「書生」「職人」以外のことばということであるから，金水（2003）の「役割語」から外れるわけではない（第６章第1.1節を参照）。

2：金水（2003: v）の素描は,与えられた発話群と人物群とを結びつけよという「テスト」の形をとっており，ここでは筆者がそれらを結びつけた上で挙げてある。金水（2003: v-vi）には「この問題は，日本で育った日本語の母語話者ならばほぼ一〇〇％間違えることがないはず」という，原著者のお墨付きもあるので，問題ないだろう。なお，こうした観察は，独立行政法人国際交流基金を通じて，日本語教育にも反映されている（URL：https://www.jpf.go.jp/j/project/japanese/teach/tsushin/reserch/201302.html）。日本語教育あるいは第２言語教育の文脈で役割語を扱ったものには，その他，Bernabe（2003；2005；2006）・恩塚（2011）・宿利（2018）・山元（2017; 2018）などがある。

3：「社会的」な観点としては「性別」「世代」「身分・階層」「職業・専門分野」「社会集団」,「様式的」な観点としては「書きことば･話しことば」「ジャンル･文体」「場面･相手」「伝達方式」,「心理的」な観点としては「忌避の心理」「美化の心理」「仲間意識」「戦場心理」「対人意識・待遇意識」「売手・買手の心理」があるとされている。但し,田中章夫（1999）では,方言は独自の言語体系であるとして,菊澤（1933）の「地域的」な観点は「位相」から除外されている。

4：例（7.7b）が不自然とは感じられないという読者は,この例の被引用部分「げっへへ，もちろん引き受けやすぜ」がより直接引用らしく，つまり元の［下品］な話し手さながらに，低いダミ声でリアルに話される様子を思い浮かべられたい。

5：ついでながら述べれば,「引用において，引用者は，自身が引用する内容から独立しており，その内容に関して責任を問われない」という原則は，実は「品」による例外以外にも，大きな例外を持っている。日常会話では，被引用発話が人間関係を脅かすおそれがある場合，引用者の編集が期待・要求されることが少なくない。典型例として，落語『百年目』の一場面を紹介しておこう。商家の主人が丁稚を使って番頭を呼んだところ，番頭は丁稚に「いま行くちゅうとけ」(「いま行く」と言っておけ）と乱暴に返答した。主人のもとにいち早く戻った丁稚は,主人から「番頭どん,どう言うてなさったな？」（番頭さんは何と仰っていたか）と聞かれて，そのまま主人に「いま行くちゅうとけ」と伝え，主人から「たとえ番頭がそう言ったのだとしても「番頭さんただいまここへお越しになります」と丁寧にご報告すべき」と叱責される。この主人の感覚は落語の中だけのものではないだろう。もちろん，報告の正確さが優先される場合は，スパイの例のようになるが，それはあまり多くはない。

6：述語文節ではない文節の末尾に現れる「よ」「ね」「さ」は，述語文節の末尾に現れる終助詞「よ」「ね」「さ」と区別して「間投助詞」と呼ばれることもあるが，筆者は（文末と文節末の違いは認めるものの）終助詞と間投助詞の区別を重視しない。但し，ここで論じるべきは，非述語文節の「よ」の品詞問題ではないので，ここでは単に「助詞」と記している。

7：このイントネーションはさまざまな名で呼ばれており，現在の筆者は「戻し付きの跳躍的上昇」と呼んでいる。詳細は定延（2016）を参照されたい。

8：定延（2011）では［格低］の下に［ごまめ］を設定していたが，この本ではこれを，後述する「年」の値［幼児］の性質と位置づけ直し，「格」の代表的な値は3段階とする。

9：「品」「格」に対する読者の理解を促進すると思えるので，ここでは両者の違いを「行動のやり方の問題」「行動それじたいの問題」と説明したが，もちろんこのような説明は，「行動」のとらえ方次第では漠然としてしまう。たとえば美しい立ち居振る舞いのような《上品》な行動や，猥褻・破廉恥で《下品》な行動を考えてみると，これらは「行動のやり方」ではなく「行動それじたい」が「品」の問題となる。本文で言う「行動」とは，たとえばお茶を飲むことのような，それ自体，《上品》でも《下品》でもない，「品」に関して中立的な行動とする。

10：落語『次の御用日』において追求されている面白さの中には，裁きの場面で，いかめしい奉行が，奉行に似つかわしくない甲高い声を出すのを躊躇するといった，「格」の違反に関わるものがある。

11：神戸大学医学部の付属病院敷地内に実在する学内保育施設である。

12：「だ」の品詞について筆者は結論を得ていない。これをここで「判定詞」と仮に呼んでおく。

13：日常語「格上」「格下」はそれぞれ目上，目下という相対的な概念を意味するため，ここでは採用せず，耳慣れない「格高」「格低」という語を敢えて鋳造している。

14：ここで言う「形容名詞」とは，名詞（例：「雨」）と似るが，たとえば「きれい」のように，名詞を修飾する場合に，直後に「の」ではなく「な」が付く（例：「??きれいの音」「きれいな音」）といった点で，名詞（例：「雨の音」）とは区別される，一群の語の品詞である。形容名詞は「ナ形容詞」「形容動詞」と呼ばれているもの（例：「きれいだ」）の語幹に相当する。

15：現実の老年層話者や村落在住話者に男女の違いが無いと述べているわけではないこと，念のために断っておく。

16：中国語や韓国語にもキャラ助詞相当と考えられるものが僅かながら観察できる（定延・張 2007，定延 2007）。

17：この姿勢は言語学では記述主義（descriptivism）と呼ばれ，「正しさ」「美しさ」などの価値判断を持ち込む規範主義（prescriptivism）と対置される（Lyons 1981：第 II 章第 4 節）。記述主義をこの本の「手法」として取り立てて紹介しなかったのは（序章第 4 節），記述主義は言語学だけでなく周辺領域においても前提となっていると判断したためである。

18：ビデオの使用許可を下さった制作元の「公益財団法人 音楽の力による復興センター・東北」のお名前を挙げて謝意を表したい。

19：藤原（1986：379）では，対称の人称代名詞が諸方言において文末詞化することも指摘されているが，これは自称の人称代名詞由来の文末詞と違って，呼びかけと結びつけられている。Tomosada (2015) でも，岡山県新見市方言「わゃーじゃ」などが自称の人称代名詞由来の文末詞として追加指摘された上で，自称の人称代名詞由来の文末詞と対称の人称代名詞由来の文末詞が地理的分布を異にしており，現象として質が異なることが示されている。この Tomosada (2015) の分析にしたがい，ここでは自称の人称代名詞由来の文末詞だけを取り上げ，キャラ助詞との類似を可能性として示した次第である。

第8章　キャラの付与

もともと日本語社会は，「キャラ」（キャラ3）という語ができるよりも前から，多重キャラ生活が否応無しに強いられる社会だったのではないか？――この問題を，この章ではキャラ付与の問題として検討してみたい。

以下では，まず若干の前提を述べた上で（第1節），キャラ付与を3種に分け（第2節），それら（特にそのうちの1種）の観察を通して，この問題に答える（第3節）。最後に全体をまとめ，補足する（第4節）。

第1節　前提

キャラの発動と同様，キャラの付与についても，読者の誤解を予防するため，前提を述べておくことが有益と思われる。以下では問題検討の前提として2点述べておく（第1.1節・第1.2節）。

第1.1節　前提1：観察対象は慣習的なものに限る

「日本語社会は以前，どのような社会であったのか？」という問題に答えるために着目しなければならないのは，以前の日本語社会における慣習であろう。このためここでは，慣習的なキャラ付与に集中する。慣習に集中するという措置は，キャラ発動の場合（第7章）にも取られていたが，キャラ発動の場合，慣習から外れたパターン（つまり「らしからぬ物言い」）は，「物語内の発話」（第7章第1.2節）もしくは「冗談」での奇異な発話（第7章第2節～第3節）として周辺扱いできていた。それに対してキャラ付与の場合，慣習から外れる形でのキャラ付与は，物語や冗談に限らずよくあることで，奇異な印象をもたらすとは限らないので，特に注意が必要である。

たとえば，第7章でも取り上げた夏目漱石の『行人』（1912-1913）を再び取り上げてみよう。次の（8.1）を見られたい。

(8.1)　兄は学者であった。又見識家であった。その上詩人らしい純粋な気質を持って生れた好（い）い男であった。けれども長男だけに何処か我儘（わがまま）な所を具（そな）えていた。自分から云うと，普通の長男よりは，大分（だいぶ）甘やかされて育ったとしか見えなかった。自分ばかりではない，母や嫂に対しても，機嫌（きげん）の良い時は馬鹿に良いが，一旦旋毛（いったんつむじ）が曲り出すと，幾日（いくか）でも苦い顔をして，わざと口を効（き）かずにいた。それで他人の前へ出ると，また全く人間が変った様に，大抵なことがあっても滅多に紳士の態度を崩さない，円満な好呂伴（こうりょはん）であった。だから彼の朋友（ほうゆう）は悉（ことごと）く彼を穏やかな好い人物だと信じていた。父や母はその評判を聞くたびに案外な顔をした。けれども矢っ張り自分の子だと見えて，何処か嬉（うれ）しそうな様子が見えた。兄と衝突している時にこんな評判でも耳に入（い）ろうものなら，自分は無闇に腹が立った。一一その人の宅（うち）まで出掛けて行って，彼等の誤解を訂正して遣りたいような気さえ起った。

［夏目漱石『行人』1912-1913］

ここでは，「自分」（筆者）から見て兄がどういう人物かということが詳しく描かれているが，他人の前での兄の温厚な紳士ぶりが，意図的な人格偽装によるものなのか，思わず変わってしまう「キャラ」によるものなのかは，明らかにはなっていない。が，これが仮に「キャラ」によるものだとしても，このような人物描写はこの章の考察対象とはしない。というのは，これは「自分」つまり弟（根本的には作者の夏目）という一個人の創作的な描写であるため，このようなキャラが当時の日本語社会において一般的であったかどうかはわからないからである。この例のように，語句を多かれ少なかれ創造的に組み合わせた人物描写は取り上げず，固定化されたパターンに着目したい。

第1.2節　前提2：文脈の影響は排除する

キャラ付与の場合，文脈が，冗談発話以外の形でも影響するので，注意が必要である。以下，キャラ付与に影響しかねない，冗談とは別の文脈を2つ紹介しておく。

第1の文脈は，アイロニカルな否定的効果や，かわいさを醸し出す肯定的効果を狙って，「誤った信念による行動主の行動を，敢えてその行動主の信念に沿って表現する」という表現手法がとられている文脈である。この表現手法がとられる場合，常にではないが，表現内に一部，真実の表現が混入されることが多い。次の（8.2）（8.3）を見られたい。

（8.2）　敬虔な信者たちは「世界の救済」の大儀とやらをふりかざし，刃向かう悪魔の手先どもには容赦なく正義の鉄槌を下している。
［作例］

（8.3）愛くるしい…ブロッコリーと戦うポメラニアンの子犬(動画)
床に落ちた恐怖のブロッコリーと闘うポメラニアンの子犬の動画をご紹介。
[http://www.frablo.jp/2012/04/17/puppy-vs-broccoli/]

文（8.2）の大部分は，信者たちの信念に沿った表現である。信者たちの教義は正しく，その正しい教義にしたがって，信者たちは「世界の救済」という重大使命を果たそうとしている。それを邪魔立てしようとするのは悪魔の手先どもに決まっている。彼らを叩き潰すのは正義の鉄槌であるから，何の呵責も痛痒も感じず，容赦なく下すのだというのが信者たちの信念である。そういう信者たちの実際のところを表しているのが「とやらをふりかざし」の部分であり，ここでは信者たちの正当性が否定されている。「敬虔な信者たち」と表現されているのは実は狂信者たちであり，「悪魔の手先ども」と表現されている者こそまともな人間たちということになる。また，文（8.3）では，夕食の支度中にブロッコリーの小さな房が床に落ちてしまったところ，それを敵と思い込んだペットの子犬の様子が表現されている。子犬は「恐怖の」敵と「闘う」勇者ではなく，ブロッコリに恐怖を抱くかわいい愚か者である。このような文脈の下では，キャラが付与されても，付与されたキャラを額面どおりに受け取れないので，以下ではこのような文脈のものは冗談発話の文脈と同様，考察対象から省くことにする。

第2の文脈は，特に行動表現を介したキャラ付与（第2.2節）の場合に問題になる文脈で，行動表現から内面が切り落とされ，外面だけが問題にされる文脈である。多くの行動表現は物理的な外面だけでなく，その動作に付随する心理的な内面をも表している。たとえば「たたずむ」という動作表現は「直立姿勢の持続」という外面だけでなく，「大人らしい情感に浸っている」といった行動者の内面をも表している。だが内面排除の文脈では，この内面が切り落とされ，動作の外面だけが問題にされる。内面までを考慮すれば動作の主体としてふさわしくないキャラクタが，内面排除の文脈ではその不適格性を不問に付され，結果として幅広いキャラクタが動作の主体として許容される。たとえば，動詞「しがみつく」は，通常なら「コアラが木にしがみついている」のように，動作主の弱々しい内面を表すが（第6章第1.2節），内面が排除され外面だけが問題にされる次の（8.4）のような文脈では，

(8.4)　船が沈んでしまうと，勇敢な船員たちも板切れにしがみつくほかなかった。

《勇者》でさえ「しがみつく」ことに不自然さは無い。以下の考察で

はこのような文脈も除外されていることを断っておく。

第 2 節　キャラ付与の三分

ひとくちに言語表現を通じての人物へのキャラ付与といっても，そこにはさまざまなものが含まれる。ここではそれを「直接の付与」「行動表現を介した付与」「思考表現を介した付与」の 3 種に分けて紹介する。以下,「直接の付与」を第 2.1 節で,「行動表現を介した付与」を第 2.2 節で,「思考表現を介した付与」を第 2.3 節で紹介する。

第 2.1 節　直接の付与

前章で見たキャラの発動の場合，キャラを発動する人間にとって，発動されるのは「事実上キャラ」であった（第 7 章第 1.3 節）。キャラの付与の場合，状況は一変する。原則として，付与されるのはキャラではなく人格である。我々はある人物について批評をする際には，その人間のその場限りの人物像（キャラ）ではなく，変わらない「本性」つまり人格を論じようとするからである（第 3.1 節で後述）。

だが，キャラが付与される場合が無いわけではない。たとえば，話題の人物は部下の前では威張りくさった《ボス》だが，部局長会議ではおどおどした《小物》になってしまい，その「二重キャラ生活」を当人は誰にも知られていないつもりだが，社員たちは密かに知っておりそれを嗤うという場合なら,「なにしろあの人は《ボス》だから，ね」といった発話は，当人に《ボス》属性を人格ではなくキャラとして付与していることになる。直接おこなうキャラ付与とは，たとえばこのようなものを指している。

定延（2011）では,この時のキャラ（いまの例で言えば《ボス》キャラ）を「ラベルづけられたキャラ」と呼び，ことば（いまの例なら「ボス」）を「キャラのラベル」と呼んだ。ここでもその用語法を踏襲しておく。

キャラのラベルには，「ボス」のような名詞だけでなく，「上品」のような形容名詞，「男らしい」のような形容詞も含まれる。キャラのラベルは，語句としては，人格を表す語句（例：中村 1997，Ackerman and Puglisi 2013a, b）と変わるところが無い。

第2.2節　行動表現を介した付与

直接の付与と同様，行動表現を介した付与においても，付与されるのは基本的に人格である。人格ではなくキャラが付与されることもあるが，それがある程度はっきりするのは，次のような場合に限られる。

林芙美子の『放浪記』(1930）には，東京で同棲している間は「勇ましい」と思えていた男，「俺を信じておいで」と言っていた男が，田舎に帰ったきり消息を絶ち，訪ねてみると親に威圧されて「気の弱い男」に変わり果て，主人公の突然の来訪に驚き「眼をタジタジとさせ」，「首をたれ」て父親のことばを聞き入れ，結婚について「一言も云ってくれない」，という場面がある。菓子折を置いて帰る主人公に「追いすがった男」は，菓子折を返して来いと母に言われたと言い，「お話にならないオドオドした姿」で，主人公がその菓子折を海へ投げ捨てた後も「犬のように何時までも沈黙って」「ついて来」る。この場合，都会での男の《勇者》ぶりは，弱い人格を隠した人格偽装とも考えられないわけではない。だが，人格偽装を死ぬまで続けなければならなくなる道（結婚）を自ら選択していたというよりも，むしろ単に親の目から離れた結果の《大人の男》キャラの発動と考える方がより自然だろう。帰郷によって都会での記憶が喪失された様子も見受けられない以上，人格ではなくキャラが《大人の男》から《気弱》へと変化したものと考えられる。

そして，少なくとも「眼をタジタジとさせる」「追いすがる」「オドオドする」という行動表現は，行動それ自体を通して，行動主の男の《格低》キャラを描いていると見てよいだろう。行動表現を介しておこなうキャラ付与とは，たとえばこのようなものを指している。

この時の，付与キャラ（いまの例なら《格低》キャラ）をより具体的に何と呼ぶべきかは,頭の痛い問題である。定延（2006）では「動作キャラ」と呼び，定延（2011）では「表現キャラ」と呼んだが，いずれの略称にも完全には満足できていない。ここでは広く「行動表現関連のキャラ」と呼んでおく。また，ことば（いまの例なら「眼をタジタジとさせる」他）は，「キャラ動作の表現」を改め「キャラ行動の表現」と呼ぶ。

キャラ行動の表現は,発話行動の表現とそれ以外の表現に大別される。

発話行動の表現(最もありふれたものは「「～」と言う」である)の場合,発話キャラの観察（これが《外来》タイプと《在来》タイプに二分でき,《在来》タイプは4つの観点「品」「格」「性」「年」から概要が特徴づけられること，第7章）がそのまま当てはまることになる。

だが，発話行動以外の表現の場合は，そうではない。微笑を「ニタリとほくそ笑む」と表現されるのが《悪者》だけであるように，「善悪」の観点が必要ということは既に述べたが（第6章第1.2節），それ以外にも発話行動の表現との違いはある。そもそも，発話行動以外の表現には,《外来》タイプと《在来》タイプの区別が無い。発話キャラクタの《外来》タイプには《平安貴族》《侍・忍者》《大阪人》《宇宙人》《ロボット》《イヌ》《ネコ》その他, さまざまな「よそ者」のキャラクタが収まっているが【注1】,行動だけを見てしまえば同じ一つの動作であるものが,行動者が《外来》タイプか《在来》タイプかによって表し分けられるということは無い。

第2.3節　思考表現を介しておこなうキャラ付与

たとえば,《上品な女》キャラは「これはおかしいわ」とは言っても,「これはおかしいぞ」のように終助詞「ぞ」を発することは通常無い。だが,この観察は，次の（8.5）のような，思考が引用の形で表現される場合には必ずしも当てはまらない。

(8.5)　　それでわたくしも，「あれ，何だかおかしいぞ」と思いましたの。

《上品な女》キャラの「あれ，何だかおかしいぞ」は，思考の表現ならではの言い方ということになる。言い換えれば，この話し手は，自身の思考を言語表現することによって，《上品な女》よりも中立的な属性を自身に付与していることになる。第3節の検討結果を先取りすることになるが，思考表現を介しておこなうキャラ付与とは，たとえばこのようなものを指している。

実例を挙げておこう。次の（8.6）は推理小説の一節で，事件の目撃者たちが警察に口々に証言した内容が描写されている。

(8.6)　△杉崎勝江（すぎざきかつえ），二十七歳，一児の母。「私も先頭のほうだったし，おや，へんなのが出て来たぞ，と思ったので，よく見ようと思って立ち止まろうとしたら，うしろの人がドシンとぶつかったので，思わず振り向いたり，よろめいたりして，もう一度見ようとして首を伸ばしたら，あいにく西日が真正面でまぶしくて，姿を見失ってしまいました。

（中略）

△中田（なかた）てつ子，二十四歳，一児の母。「私は，見たとたん『怪しいな』と感じたので，『あれはだれ。まさか犯人じゃないわね』といったんですが，みんなカッカとしていたので，ろくに聞いてくれなかったのが残念です。

［天藤真『遠きに目ありて』1981　下線は定延］

ここでは，2人の若い主婦が自分たちの目撃時の思考を「おや，へんなのが出てきたぞ」「怪しいな」と述べている。これらの話し手がそのような（思考ではなく）発話に及ぶことは自然ではない。これは思考の表現ならではの言い方ということになる。

このように，多かれ少なかれ《女》キャラで，特に《下品》とは思われない話し手が【注2】，終助詞「ぞ」や「な」の形で自身の思考を表現するというパターンは，小説に限って見られるわけではない。次の例(8.7) は，或る（自称）既婚女性のブログの文章から，終助詞「ぞ」が現れている部分を採ったものである。

(8.7)　これは何かおかしいぞ…と思いまして，下の隙間からジー――――――――っと見ていて，まさか…　まさか蛾…!?　と思って，だって何か羽みたいなの見えてる気がするし，白っぽいしちょっと動いてるし!!
[http://rinako95.blog.fc2.com/blog-entry-597.html　下線は定延]

ここでは，夫の部屋のベッドの下に異物を発見し，蛾ではないかと思い至ったことが綴られており，「これは何かおかしいぞ」の部分は発話ではなく，思考として描写されている。

定延（2016a）ではこのような，思考の主として表現されるキャラクタを「思考キャラクタ」と呼び，思考を表すことばを「内言」と呼んだ。ここでは「思考キャラクタ」は踏襲するが，思考は「キャラ思考」と呼び，ことばは「キャラ思考の表現」と呼んでおく。

では，以上の3種の区別を踏まえて，日本語社会におけるキャラ付与の伝統について検討してみよう。

第3節　キャラ付与の伝統

以上で紹介した3種のキャラ付与が，日本語社会にとってどの程度昔からある安定的なものなのかを，それぞれ検討してみよう。直接のキャラ付与を第3.1節，行動表現を介したキャラ付与を第3.2節，思考表現を介したキャラ付与を第3.3節で取り上げる。このうち中心となるのは，思考表現を介したキャラ付与である。

第3.1節　直接のキャラ付与の伝統

第2.1節で例を示したように，直接のキャラ付与はあり得るが，決して多くはない。それは，直接のキャラ付与が基本的に，自己ではなく他者に対して向けられる行動であるということと関わっている。

他者の属性を人格としてではなく，状況次第で変わり得るキャラとして，面と向かって口にすること（たとえば「あなたは私の前ではこういう人間ですね」と言うこと）は，「良き市民社会」（第3章）を生きる我々にとっては，当該の人物が状況次第で変わっているというタブー違反を言い立てることであり，なかなかおこなわれない。直接のキャラ付与がまだ生じやすいのは，当人のいない場での「陰口」であり，第2.1節で示した《ボス》キャラは，まさにそうした「陰口」の一例である。

しかしながら，そうした「陰口」においても，優勢なのはやはり人格の付与であってキャラ付与ではない。我々は（自己はさておき）他者には何としても，変化しない，安定した存在でいてもらいたいのだろう。たとえば，ある成人男性を指して「あの人は「坊ちゃん」だ」と言う時，それはその男性の本性（人格）を幼児的と言い当てようとするものであって，「我々と共にいる状況では幼児的だ」というような，状況次第のキャラを幼児的と言うものではないだろう。「変わってはいけない」というタブーを多くの人間が守ろうとすると，「自分が実は状況ごとに揺れ動く存在だということは，自身でよく承知している。が，自分から見える他者は皆，不動の存在である」といった認識が生じやすくなる。結果として，他者について言い当てようとするのは通例，他者のキャラではなく本性（人格）となる。

このような人格付与とは別にキャラ付与を，明確な形で，日本語社会の伝統から見出すことは容易ではない。たとえば夏目漱石の『坊っちゃん』（1906）は，文字どおりの坊っちゃんつまり男児の物語ではなく，中学校の教員の物語だが，この時の「坊っちゃん」はキャラというより人格のラベルであり，その教員の幼児的なキャラは，ラベルづけられたキャラというより，ラベルづけられた人格である。

第 3.2 節　行動表現を介したキャラ付与の伝統

直接のキャラ付与についていま述べたことは，行動表現を介したキャラ付与についてもほぼ当てはまる。属性付与とは基本的に他者に対する行動であり，たとえば微笑を「ニタリとほくそ笑む」と表現される微笑者は，大抵の場合，この表現によって《悪者》というキャラではなく，《悪者》という人格を付与される。

とはいえ，数は少ないが，キャラ付与は可能ではあり，それが人格と区別できる例も，第 2.2 節で例示した林芙美子の『放浪記』（1930）のようにある。また，「状況に応じて人間が変わる」という，あってはならない恥ずべき事態を非難する，キャラ行動の慣用表現が，日本語社会には用意されている。「掌を返したように」がそれで，これは少なくとも次の（8.8）のように，約 50 年前の小説にまで遡ることができる。

（8.8）＝（3.1）

夫の庸平が達者で店を繁昌（はんじょう）させていた時は，卑屈なほどの腰の低さで出入りし，よし江にも御寮人（ごりょうん）はんとお世辞がましく呼んでいた野村が，掌（てのひら）を返したようにぞんざいな口調で奥さんと呼び，くわえ煙草（たばこ）で，すっかり品薄になった店内を見廻した。

［山崎豊子『白い巨塔』（四）1969］

第3.3節　思考表現を介したキャラ付与の伝統

思考表現を介して付与されるキャラが，常に発話キャラと食い違うわけではない。たとえば次の（8.9）を見られたい。

（8.9）a.　上品な女は「あら，何だかおかしいわ」と思った。
b.??上品な女は「あれ，何だかおかしいぞ」と思った。
c.　それでわたくしも「あら，何だかおかしいわ」と思いましたの。
d.　それでわたくしも，「あれ，何だかおかしいぞ」と思いましたの。＝（8.5）

このうち（a）（b）は，上品な女の思考を第三者の立場から述べたものであり，上品な女の思考表現がいかにも《上品な女》らしい（a）は自然だが，《上品な女》らしくない（b）は不自然である【注3】。このように，発話と同様，思考の表現についても，話し手の属性（いまの例なら《上品な女》）に応じた適切／不適切な表現がある。

ところが，同じことが上品な女自身による発話には成り立たない。（c）（d）は上品な女の思考を女自身の立場から表現したもので，（c）だけでなく（d）も自然なように，《上品な女》らしい思考表現だけでなく，《上品な女》らしくない思考表現も許される。これはなぜか？

答えは一見，思考の前言語性から，つまり「発話の形式が人物像によってさまざまであるのとは異なり，思考は言語以前のものであり，その表現形式はどのような人物像の場合も一律に同じ」という思考観に基づいて得られるように思えるかもしれない。だが，この説明案は妥当ではない。思考が前言語的なものなら，それは「あれ，何だかおかしいぞ」のような形ではなく，単に「おかしい」としか表現されないだろう。そして「上品な女は「おかしい」と思った」は（b）と異なり自然である。つまり（b）が不自然なのは，思考表現「あれ，何だかおかしいぞ」の部分で，思考が（一律な形ではなく）《女》キャラとは合わない形で表現されているからである【注4】。

では，（b）と同じ不自然さが（d）に見られないのはなぜか？　ここで発話と表現という2つの言語行動の違いに目を向けてみよう。両者を比べると，意識・意図せず思わずおこなわれるということが相対的に生じやすいのは発話であり，これに対して表現は意識・意図しておこなわれやすい。上品な女が，思考表現の部分では，自身が言語行動（表現）をおこなっていることをよく意識する結果,《上品な女》らしさを出さず,「あれ」「ぞ」を発して《いわゆる普通》に思考を表現しようと心がける。その一方で，自分が言語行動（発話）をおこなっていることがあまり意識されない発話の部分では，自分にとっての「素」で（つまり《上品な女》らしく）話す，というのが（d）であろう。

では,自分が言語行動(表現)をおこなっていることをよく意識すると,上品な女はなぜ《上品な女》らしさを出さないのか？　それは,「《上品な女》とは,特に《上品な女》として振る舞おうと意図する者ではない。そのような意図無しに，ごく普通にしているのが傍らから見て《上品な女》なのが《上品な女》だ」という,人物評に関する通念（第2章第3.1節）があるからにほかならない。

第4節　まとめと補足

以上，この第8章では，日本語社会の伝統を，キャラ付与の観点から探ろうと試みてきた。その際に立ちはだかってきたのは「付与されるのはキャラか，それとも人格か？」という問題である。キャラ発動の場合は「事実上キャラ」と考えることができたが（第7章第1.3節），キャラ付与の場合はそういうわけにはいかない。そして多くの場合，付与されるのはキャラではなく，人格であった。これには2つの理由が考えられる。

第1の理由は，キャラの発動とは話し手が自己のキャラを発動させる行動であるのに対して，キャラの付与の多くは（すなわち直接的な付与と，行動表現を介した付与は），話し手が他者にキャラを付与する行動だということである。「変わってはならない」という良き市民社会のタブーが守られると「自分は実は状況ごとに変化しているが，他者は皆，変わらない」といった認識が生じやすくなる。結果として，他者について付与しようとするのは通例，他者のキャラではなく本性（人格）となる。

第2の理由は，例外的な，自己に対するキャラ付与は，実際は人格付与だということである。思考表現を介したキャラ付与は，自分自身の思考を表現するなら，自己に対してキャラを付与することとなる。だがその場合，付与されるのは，（たとえば上品な女が自身の思考を「あら，おかしいわ」と表現して自身に付与する《上品な女》であれ，「あれ，おかしいぞ」と表現して自身に付与する《いわゆる普通》であれ）申し立てによれば，キャラではなく人格である。良き市民社会には人格とスタイルがあるのみで，キャラは無いことになっているからである。

このような人格付与を除外すると，残るキャラ付与は決して多くはないが，存在することは確かである。そして，行動表現を介したキャラ付与として，約90年前の例を見ることができた。これは，状況に応じて変わってしまった男に，「眼をタジタジとさせる」「追いすがる」「オドオドする」といった行動表現を介して《気弱》キャラを貼り付けるものであった（林芙美子『放浪記』1930）。また，「状況に応じて人間が変わる」という，あってはならない恥ずべき事態を非難する慣用表現「掌を返したように」は，日本語社会には少なくとも約50年前から用意されている。

キャラ付与の観点からは，はっきりした結論は出しにくいが，キャラ発動の観点からの結論（第7章）を覆さねばならないようなものは出ていない。日本語社会は伝統的に，人間の変化と不変化に敏感な社会であったとは言えるのではないか。

【注】

1：すでに述べたことだが(序章【注5】),《外来》タイプの中に《大阪人》キャラが入っているのは，ここで展開している観察が現代日本語共通語を対象とするものだからである。仮に現代日本語大阪方言の観察であれば,《大阪人》キャラは《在来》タイプ（つまり「私たち」タイプ）に消え，代わって《東京人》キャラが明瞭に《外来》タイプに入ってくる。

2：発話キャラクタだけではなく，表現キャラクタについても同様に,《男》と「格」の高さ,《女》と「品」の高さが観察できる。「貫禄／風格がある」「恰幅／押し出しがいい」「堂々としている」「重厚な」といった,「格」の高さを思わせることば（キャラクタ動作の表現）は，表現される人物像（表現キャラクタ）として《女》よりも《男》を想起させる。逆に,「しとやか／優雅／優美な」といった,「品」の高さを思わせることば（キャラクタ動作の表現）は,表現キャラクタとして《男》よりも《女》を想起させる。またたとえば，伝統的な京都のことば，いわゆる京ことばは,《上品》と評されたり,《女性的》と評されたりする。同じ一つのもの（京ことば）に対するイメージ「上品」と「女性的」は，つながっているのだろう。

3：上品な女の思考表現が（a）では「いかにも《上品な女》らしい」と言うのは,（a）には,頭高型アクセントで発すると《上品な女》らしい驚きの感動詞「あら」と，やはり上昇調イントネーションで発すると《女》らしい終助詞「わ」が現れているからである（同様のことは（c）についても言える）。また，上品な女の思考表現が（b）では「《上品な女》らしくない」と言うのは,（b）には,《女》らしくない驚きの感動詞「あれ」と,（「ぜ」と違って《男》らしいとまでは言えないが）《女》らしくない終助詞「ぞ」が現れているからである。「あら」と同様,「あれ」も実は頭高型アクセントで発音すると《女》らしく聞こえる場合が無いわけではない。だが，それは《御姫様》が「あれ，そのようなことを。なりませぬなりませぬ」と言うような古い時代劇に限られており,ここでは「おかしいぞ」と合わないので,「《女》らしくない」とした次第である。（同様のことは（d）についても言える。）

4：文内で話し手のキャラが一貫していなければならないという原則については，その例外も含めて，定延（2011：132-133）を参照されたい。

第9章　まとめと補足

この第III部では,「日本語社会は「キャラ」(キャラ3) という語ができる以前から，多重キャラ生活が否応無しに強いられる社会だったのではないか？」という問題が，言語〜非言語の両面にまたがる問題であると認識しつつ，これを言語の問題として，2つの観点から検討した。

2つの観点とは,「キャラの発動」「キャラの付与」という2種類の言語に関わる行動であり (第6章), 後者はさらに「直接的なキャラ付与」「行動表現を介したキャラ付与」「思考表現を介したキャラ付与」に三分される (第8章)。それらは次の【イメージ9.1】にまとめられる。

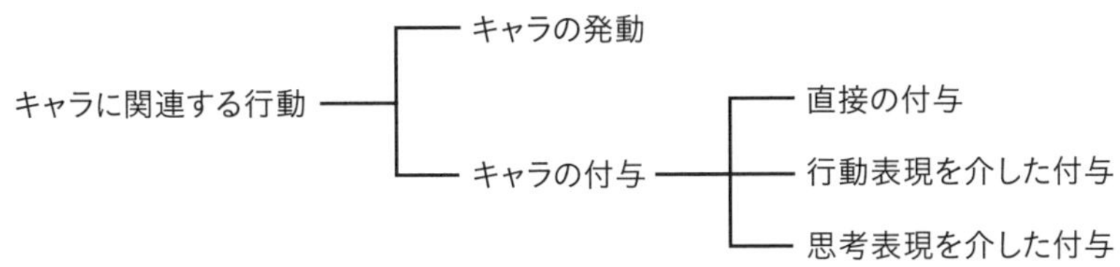

【イメージ9.1】キャラに関連する人間の行動の分類

第7章では，キャラの発動の観点から，上記の問題を検討した。発話キャラクタを《在来》タイプ・《外来》タイプに二分すると,《在来》タイプは「品」「格」「性」「年」の4尺度により大体の特徴が記述できる。書店に並んでいる100年前の文学作品の中で，登場人物は，現代と一致した物言いをすることが多く, たとえズレていても,「品」「格」「性」「年」の観点から見て，同じ相手に対して一貫した物言いをしている。このことから推察されるのは, 現代から100年前の段階において既に,「キャラ」ということばで指し示されるべき人と社会のあり方は出来上がっていたということである。

第8章では，キャラの付与の観点から，上記の問題を検討した。キャラの付与かと思われるものの多くは，実は人格の付与だが，それでも,行動表現を介したキャラ付与として約 90 年前の例，「状況に応じて変わる人間」を非難する慣用表現「掌を返したように」の約 50 年前の例が確認できた。これは，第 7 章の推察を補強しこそすれ，覆すものではない。

以上の 4 種の行動それぞれについての，キャラと日本語との結びつきを，次の【イメージ 9.2】にまとめておく。

【イメージ 9.2】キャラと日本語との結びつき方

キャラ	結びつき方	日本語と具体例
発話キャラ（クタ）	話し手が日本語発話にあたりキャラを発動	キャラ発話 例：《下品な男》キャラを発動させて言う 「オレはよぉ」
付与キャラ（クタ）	話し手が日本語表現を通してキャラを付与	キャラ表現
付与キャラ（クタ）1：ラベルづけされたキャラ	キャラを直接付与	キャラのラベル 例：状況によりボス的になったりならなかったりする二面性のある上司を「ボス」と呼び《ボス》キャラを付与
付与キャラ（クタ）2：行動表現関連のキャラ	行動表現を介してキャラを付与	キャラ行動の表現 例：「眼をタジタジとさせる」「追いすがる」「オドオドする」と表現して，行動者に《気弱》キャラを付与
付与キャラ（クタ）3：思考キャラ	思考表現を介してキャラを付与	キャラ思考の表現 例：《上品な女》キャラが自身の思考を「おかしいぞ」と表現して，《いわゆる普通》のキャラを自身に付与

第 IV 部
結論

第10章　キャラとは何か

論を終えるにあたって，第2章で取り上げた人類学者・北村光二氏のことばに，再び目を向けてみよう。

(10.1) ＝ (2.6)

言語を中心に考えられたコミュニケーションのモデルは，たとえば「送り手の意図に基づく情報の伝達」といういい方に代表されるものであるが，これが身体的コミュニケーションの典型的な事例にうまくあてはまらないのである。
[北村 1988：42]

ここで批判的に取り上げられている「コミュニケーション＝情報の伝わり合い」という伝達図式は，今ではそのほころびが人類学（例：谷編 1997）・哲学（水谷 2005a,b）・語用論（例：高梨 2010）など，さまざまな分野で指摘されるようになっている。言語学もその例外ではない。

拙著（定延 2016）でおこなった詳しい論証を繰り返さず，わかりやすいほころびを1点だけ衝くなら，コミュニケーションが無くても情報の伝わり合いはある。たとえば，或る人間が或るwebページを閲覧すると，そのページの画像と音声が視聴覚情報としてその人間の目や耳に伝わる一方，そのページの「訪問者数」表示は1度数増える。ここには双方向的な情報伝達がある。しかし，これを，その人間とそのwebページの「コミュニケーション」と呼んでも，「通信」（これも英語はcommunicationである）の研究分野ならいざ知らず，人間や動物たちの「コミュニケーション」の研究文脈では意味は無いだろう。

このような例を「コミュニケーション」から排除する上で，もう1つの図式，すなわち「コミュニケーション＝意図に基づく」という意図性の図式は，甚だ重要に思えてくるかもしれない。だが，伝達図式と同様，意図図式も，我々のコミュニケーションの姿を正しく示すものではないと北村氏は述べている。確かに，それはたとえば，遺族の慟哭という非意図的な振る舞いが関係者の涙を誘い，関係者が非意図的にもらい泣きするという，我々がコミュニケーション研究として取り組むべきと思われる一事例を，この図式が「コミュニケーション」から完全に排除してしまうことからもわかるのだが（さらに詳しい論証は菅原 1996 や上の水谷 2005a, b・高梨 2010・定延 2016 を参照），そのような珍しい事例を持ち出さずとも，もっと根本的な 2 点において，意図性の図式のほころびを示すことはできる。この本が主に光を当てたのは，この 2 点である。

その 1 点は，人間がさまざまな状況に対応する中で，意図せずに変わってしまうことがある，ということである。この人間の変化は，言語は変わらず，記憶も引き継がれている点で，人格の分裂ではない。また，あからさまにできず，露見すると気まずいという点で，スタイルの切り替えでもない。さらに，実は変化しておらず，意図的に変化を装っているだけ（人格偽装）というわけでもない。病理的なケースとは別に，人間が非意図的に変わり得るという現実は，意図性の図式では受け入れられない。

もう 1 点は，社会生活の中で我々が最も気にしてやまない自己や他者の「人物評」は，意図とはなじまない，ということである。豪快な人，良い人，りりしい人，あるいは悪い人，もしもそれらの人たちが「そう思われよう」と意図し，計画していたのなら（そしてそれが明るみに出れば），この人たちが築き上げてきた人物評は水泡に帰してしまう。我々のコミュニケーション行動には，非意図的な部分が必ず含まれている。言語もその例外ではない。たとえば「構造改革の」というフレーズを「こうぞうかいかく，うーの，おー」と非流暢につっかえる話し手は《格の高い大人》だが，自分が《格の高い大人》であると示すためにこのような話し方を意図的にしているという者はまずいないだろうし，もしそのような者がいて，その意図が露見すれば，その話し手はもはや《格の高い大人》ではないだろう。

以上２点に光を当てると同時に，この本が注目し，重視したのは，「変わってはならない」という人間を縛るタブーである。変わること，動的であることが無条件に良いこととは限らない。変わらない，静的であることが必ず悪というわけでもない。人間が互いに信頼し合い，約束し，共同生活を営み,社会を築いていくにはどうしても「人間は変わらない。このコミュニケーションが終わって別れた後も，お互い，変わらない」と認め合う必要がある。この良き市民社会の「お約束」に，人間は昔も今も，強く縛られずにはいられない。そのために，変わりたくても，なかなか変われないし，変わってしまっても，それを認めるわけにはいかない。ここにコミュニケーションの難しさがある。また，カミングアウトが時に生じ，外部者が驚くような鈍感さが共同体内部に蔓延する余地がある。

この本が採用したキーワード「キャラ」は，こうした事態に切り込むために筆者が鋳造した専門語ではない。「現場」のまっただ中にいる，一般の，特に若い日本語話者たちが既に口にしていたことばである。

キャラとは，スタイルと人格にはさまれた，人間の調節器の１つである。それは人間の「変わらない，変えられないことになっているが時に変わってしまう」部分であり，「変わっていることが露見すると，見られた方も見た方も気まずい」という部分である。言ってみれば，それは我々が目を背けたい人間の暗部である。それは「あんな立派な人も，いつでもどこでも立派なわけはないだろう」というゲスな憶測を勢いづかせる人間観の一部である。それは，自分が学校とバイト先で同じ人間ではいられないという電子掲示板上の密かな告白の中に現れる。それは，閉ざされた船上社会で早月葉子に地位を逆転された田川夫人の苦しみに関わっている。それは，相良夫人に釣り込まれて東京弁を話す丹生夫人を浅ましく下品に感じ，ことさらに大阪弁で通そうとする蒔岡幸子の反発心に関わっており，言語が人間にとってスマホのような単なる伝達ツールではなく，自分の一部でもあるという見方を後押しする。それはたとえば《女》の「しかもよ［上昇調］,」,《男》の「しかもだよ［上昇調］,」,《下品な男》の「しかもよォ［跳躍的上昇＋戻し］,」といった，現代日本語共通語の驚くような多様性を解くカギでもある。文の最後に，終助詞に続けて「ぴょーん」「ぷーん」などと言ってよいという,日本語の「文」の謎を解くカギでもある。

それはまた，長らくコミュニケーション研究者や言語研究者の目を曇らせ議論を空転させていた「お約束」を，研究から切除してしまおうとする企ての中核概念の一つでもある。日本語社会に生きる言語学者が世界に先駆け，また他分野に向けて，臆せず語るべきことの一つでもある。

【参考資料】

…B…

Bernabe, Marc. 2003. *Japanese in MangaLand: Learning the Basics.* Tokyo: Japan Publications Trading,

Bernabe, Marc. 2005. *Japanese in MangaLand 2: Basic to Intermediate Level.* Tokyo: Japan Publications Trading.

Bernabe, Marc. 2006. *Japanese in MangaLand 3: Intermediate Level.* Tokyo: Japan Publications Trading.

…M…

松村明（編）2019 『大辞林』［第４版］東京：三省堂.

みうらじゅん　1998 『いやげ物』東京：講談社.

みうらじゅん　2004 『ゆるキャラ大図鑑』東京：扶桑社.

みうらじゅん　2006 『カスハガの世界』東京：筑摩書房.

みうらじゅん　2012 「特別インタビュー 僕の好きだったゆるキャラはもういない」犬山秋彦・杉元政光『ゆるキャラ論――ゆるくない「ゆるキャラ」の実態』pp. 364-396. 東京：ボイジャー.

みうらじゅん　2013 『キャラ立ち民俗学』東京：角川書店.

…T…

竹林滋・東信行・市川泰男・諏訪部仁（編） 2003 『新英和中辞典』［第７版］東京：研究社.

【参考文献】

…A…

Ackerman, Angela, and Becca Puglisi. 2013a. *The Positive Trait Thesaurus: A Writer's Guide to Character Attributes.* Published by arrangement with 2 Seas Literary Agency, California and Tuttle-Mori Agency, Inc., Tokyo.［アンジェラ・アッカーマン，ベッカ・パグリッシ（著）・滝本杏奈（訳）『性格類語辞典 ポジティブ編』東京：フィルムアート社，2016］

Ackerman, Angela, and Becca Puglisi. 2013b. *The Negative Trait Thesaurus: A Writer's Guide to Character Flaws.* Published by arrangement with 2 Seas Literary Agency, California and Tuttle-Mori Agency, Inc., Tokyo.［アンジェラ・アッカーマン，ベッカ・パグリッシ（著）・滝本杏奈（訳）『性格類語辞典 ネガティブ編』東京：フィルムアート社，2016］

相原博之　2007　『キャラ化するニッポン』東京：講談社.

秋山孝　2002　『キャラクター・コミュニケーション入門』東京：角川書店.

アルベケル，アンドラーシ（Albeker, András）・内川かずみ・角田依子　2009　「ハンガリーにおける役割語」『ヨーロッパ日本語教育』13，pp. 292-299.

青木貞茂　2014　『キャラクター・パワー――ゆるキャラから国家ブランディングまで』東京：NHK ブックス.

浅野知彦　2013　『「若者」とは誰か――アイデンティティの 30 年』東京：河出書房新社.

東浩紀　2003　「動物化するオタク系文化」東浩紀（編）『網状言論 F 改――ポストモダン・オタク・セクシュアリティ』pp. 19-38，東京：青土社.

…B…

Bateson, Gregory. 1972. *Steps to an Ecology of Mind.* Chicago: University of Chicago Press.［グレゴリー・ベイトソン（著），佐藤良明（訳）『精神の生態学』［改訂第 2 版］東京：新思索社，2000］

Bauman, Zygmunt, and Benedetto Vecchi. 2004. *Identity.* Cambridge: Polity Press.［ジグムント・バウマン，ベネデット・ヴェッキ（著），伊藤茂（訳）『アイデンティティ』東京：日本経済評論社，2007］

ベケシュ，アンドレイ（Bekeš, Andrej）　2018　「ブルデューの「ハビトゥス」と定延の「キャラ」との出会い」定延利之（2018b 編）pp. 134-153.

Bourdieu, Pierre. 1980. *Le Sens Pratique.* Paris: Les Éditions de Minuit. [Bourdieu, Pierre. *The Logic of Practice.* English translation by Richard

Nice. Cambridge: Polity, 1990.]

Bühler, Karl. 1934/1982, "The deictic field of language and deictic words." In Robert J. Jarvella and Wolfgang Klein (eds.), *Speech, Place, and Action: Studies in Deixis and Related Topics*, pp. 9-30, Chichester: Wiley.

文化庁　2011 「平成 22 年度「国語に関する世論調査」の結果について」http://www.bunka.go.jp/kokugo_nihongo/yoronchousa/h22/pdf/h22_chosa_kekka.pdf

…C…

Campbell, Nick, and Parham Mokhtari. 2003. "Voice quality: the 4th prosodic dimension." ICPhS 2003, pp. 2417-2420. http://www.speech-data.jp/nick/pubs/vqpd.pdf

Chafe, Wallace L. 1992. "Immediacy and displacement in consciousness and language." In Dieter Stein (ed.), *Cooperating with Written Texts: The Pragmatics and Comprehension of Written Texts,* pp. 231-255, Berlin; New York: Mouton de Gruyter.

Chomsky, Noam. 1986. *Knowledge of Language: Its Nature, Origin, and Use.* New York: Praeger.

…D…

電通総研　2015 「若者まるわかり調査」http://www.dentsu.co.jp/news/release/pdf-cms/2015038-0420.pdf

土井隆義　2009 『キャラ化する／される子供たち――排除型社会における新たな人間像』東京：岩波書店.

…E…

Ekman, Paul, and Wallace V. Friesen. 1969. "The repertoire of nonverbal behavior: Categories, origins, usage and coding." *Semiotica,* Vol. 1, No. 1, pp. 49-98.

Enfield, Nick J. 2002. "Ethnosyntax: Introduction." In Nick J. Enfield (ed.), *Ethnosyntax: Explorations in Grammar and Culture,* pp. 3-30. New York: Oxford University Press.

Erickson, Erik H. 1959. *Identity and the Life Cycle.* New York: International Universities Press. ［エリク・H・エリクソン（著），小此木啓吾（訳編），小

川捷之・岩田寿美子（訳）『自我同一性――アイデンティティとライフサイクル』［新装版］東京：誠信書房，1982］

Erickson, Erik H. 1968. *Identity: Youth and Crisis.* New York: W. W. Norton and Company.［エリク・H・エリクソン（著），中島由恵（訳）『アイデンティティ――青年と危機』東京：新曜社，2017］

…**F**…

Forster, Edward M. 1927. *Aspects of the Novel.* New York: Harcourt, Brace & Company.

藤井洋子　2016「日本人のコミュニケーションにおける自己観と「場」」井出祥子・藤井洋子（監修），藤井洋子・高梨博子（編）『コミュニケーションのダイナミズム――自然発話データから』pp. 1-37，東京：ひつじ書房.

藤崎博也　1994「音声の韻律的特徴における言語的・パラ言語的・非言語的情報の表出」『電子情報通信学会技術研究報告書』HC94-37，pp. 1-8.

藤原与一　1986『方言文末詞〈文末助詞〉の研究（下）』東京：春陽堂書店.

藤原与一　1994『文法学』東京：武蔵野書院.

福嶌教隆　2012「スペイン語の「役割語」――日本語との対照研究」『CLAVEL』第2号，pp. 70-86.

…**G**…

ガウバッツ，トーマス＝マーチン（Gaubatz, Tomas Martin）2007「小説における米語方言の日本語訳について」金水敏（2007編）pp. 125-158.

Gergen, Kenneth J. 1991. *The Saturated Self: Dilemmas of Identity in Contemporary Life.* New York: Basic Books.

Gibson, James J. 1979. *The Ecological Approach to Visual Perception.* Boston: Houghton Mifflin.［ジェームズ・J・ギブソン（著），古崎敬（訳）『生態学的視覚論――ヒトの知覚世界を探る』東京：サイエンス社，1986］

Gidens, Anthony. 1991. *Modernity and Self-Identity: Self and Society in the Late Modern Age.* Cambridge: Polity Press.［アンソニー・ギデンズ（著），秋吉美都・安藤太郎・筒井淳也（訳）『モダニティと自己アイデンティティ――後期近代における自己と社会』東京：ハーベスト社］

Grice, Paul. 1957. “Meaning.” *Philosophical Review,* Vol. 66, No. 3, pp. 377–388.

Gray, Louis H. 1939, 1950^2. *Foundations of Language.* New York: The

Macmillan Company.

…H…

浜口恵俊　1982 『間人主義の社会 日本』東京：東洋経済新報社.

平野啓一郎　2012 『私とは何か――「個人」から「分人」へ』東京：講談社.

Hobbes, Thomas. 1642. *De Cive.* ［トマス・ホッブズ（著）・本田裕志（訳）『市民論』京都：京都大学学術出版会，2008］

Hockett, Charles F. 1960. "The origin of speech." *Scientific American,* Vol. 203, No. 3, pp. 89–97.

細川裕史　2011 「コミック翻訳を通じた役割語の創造――ドイツ語史研究の視点から」金水敏（2011 編）pp. 153-170.

…I…

Ide, Sachiko. 2012. "Roots of the *wakimae* aspect of linguistic politeness: Modal expressions and Japanese sense of self." In Michael Meeuwis and Jan-Ola Östman (eds.), *Pragmaticizing Understanding: Studies for Jef Verschueren.* pp. 121-138. Amsterdam: John Benjamins.

伊藤剛　2003 「Pity, Sympathy, and People discussing Me」東浩紀（編）『網状言論 F 改――ポストモダン・オタク・セクシュアリティ』pp. 83-100，東京：青土社.

伊藤剛　2005 『テヅカ・イズ・デッド――ひらかれたマンガ表現論へ』東京：NTT 出版.

犬山秋彦　2012 「はじめに ゆるキャラとは何か」犬山秋彦・杉元政光『ゆるキャラ論――ゆるくない「ゆるキャラ」の実態』pp. 5-23，東京：ボイジャー.

犬山秋彦・杉元政光　2012 『ゆるキャラ論――ゆるくない「ゆるキャラ」の実態』東京：ボイジャー.

岩木秀夫　2004 『ゆとり教育から個性浪費社会へ』東京：筑摩書房.

岩下朋世　2013 『少女マンガの表現機構――ひらかれたマンガ表現史と「手塚治虫」』東京：NTT 出版.

…J…

James, Henry. 1948. "The art of fiction." In Morris Roberts (ed.), *The Art of Fiction and Other Essays by Henry James,* pp. 3-23. New York: Oxford University Press.

鄭惠先（Jung, Hyeseon） 2005 「日本語と韓国語の役割語の対照――対訳作品から見る翻訳上の問題を中心に」『社会言語科学』第 8 巻第 1 号，pp. 82-92.

鄭惠先（Jung, Hyeseon） 2007 「日韓対照役割語研究――その可能性を探る」金水敏（2007 編）pp. 71-93.

鄭惠先（Jung, Hyeseon） 2011 「役割語を主題とした日韓翻訳の実践――課題遂行型の翻訳活動を通しての気づきとスキル向上」金水敏（2011 編）pp. 71-90.

…**K**…

金田純平 2018 「直接引用とキャラ」定延利之（2018b 編）pp. 180-196. 東京：三省堂.

河崎深雪 2017 《漢語“角色語言”研究》北京：商務印書館.

Kempe, Benjamin, Norbert Pfleger, and Markus Löckelt. 2005. “Generating verbal and nonverbal utterances for virtual characters.” In Gérard Subsol (ed.), *Virtual Storytelling: Using Virtual Reality Technologies for Storytelling,* LNCS 3805, pp. 73-76, Berlin: Springer-Verlag.

菊澤季生 1933 『国語位相論』東京：明治書院.

金水敏 2003 『ヴァーチャル日本語 役割語の謎』東京：岩波書店.

金水敏（編） 2007 『役割語研究の地平』東京：くろしお出版.

金水敏 2008 「役割語と日本語史」金水敏・乾善彦・渋谷勝己（編）『日本語史のインターフェイス』pp. 205-236，東京：岩波書店.

金水敏（編） 2011 『役割語研究の展開』東京：くろしお出版.

金水敏 2014a 「フィクションの話しことばについて――役割語を中心に」石黒圭・橋本行洋（編）『話し言葉と書き言葉の接点』pp. 3-11. 東京：ひつじ書房.

金水敏 2014b 『これも日本語アルカ？ 異人のことばが生まれるとき』東京：岩波書店.

金水敏（編） 2014 『〈役割語〉小辞典』東京：研究社.

金水敏 2016 「役割語とキャラクター言語」金水敏（2016 編）pp. 5-13. 金水敏（編） 2016 『役割語・キャラクター言語研究国際ワークショップ 2015 報告論集』私家版. http://skinsui.cocolog-nifty.com/sklab/2016/03/2015-42e5.html

金水敏 2017 「言語――日本語から見たマンガ・アニメ」山田奨治（編）『マンガ・アニメで論文・レポートを書く――「好き」を学問にする方法』pp. 239-262. 京都：ミネルヴァ書房.

Kinsui, Satoshi, and Hiroko Yamakido. 2015. "Role language and character language." *Acta Linguistica Asiatica*, Vol. 5, No. 2, pp. 29-41. https://revije.ff.uni-lj.si/ala/article/view/5009/5199

北村光二　1988 「コミュニケーションとは何か？」『季刊人類学』第 19 巻第 1 号, pp. 40-49.

小林隆　2004 「アクセサリーとしての現代方言」『社会言語科学』第 7 巻第 1 号, pp. 105-107.

Koestler, Arthur. 1967. *The Ghost in the Machine.* London: Hutchinson & CO LTD.［アーサー・ケストラー（著），日高敏隆・長野敬（訳）『機械の中の幽霊』［新装版］東京：ぺりかん社，1984］

小山亘　2018 「社会言語学とディスコーダンスの空間――葛藤と合意の絡み合いによる現代世界の編成とプラグマティズムの原理」武黒麻紀子（編）『相互行為におけるディスコーダンス――言語人類学からみた不一致・不調和・葛藤』pp. 237-260. 東京：ひつじ書房.

Krauss, Michael. 1992. "The world's languages in crisis." *Language*, Vol. 68, No. 1, pp. 4-10.

暮沢剛巳　2010 『キャラクター文化入門』東京：NTT 出版.

…L…

Lave, Jean, and Etienne Wenger. 1991. *Situated Learning: Legitimate Peripheral Participation.* Cambridge, UK: Cambridge University Press.［ジーン・レイヴ，エティエンヌ・ウェンガー（著），佐伯胖（訳）『状況に埋め込まれた学習――正統的周辺参加』東京：産業図書，1995］

Lee, David N., J. Roly Lishman, and James A. Thompson. 1982. "Regulation on gait in long jumping." *Journal of Experimental Psychology: Human Perception and Preformance,* Vol. 8, No. 3, pp. 448-459.

Lifton, Robert J. 1967. *Boundaries: Psychological Man in Revolution.* New York: Random House.［ロバート・J・リフトン（著），外林大作（訳）『誰が生き残るか――プロテウス的人間』東京：誠信書房，1971］

Lüthi, Max, 1947, 1981[7]. *Das europäische Volksmärchen: Form und Wesen.* Tübingen: Francke Verlag.［マックス・リュティ（著），小澤俊夫（訳）『ヨーロッパの昔話――その形と本質』東京：岩波書店，2017］

Lyons, John. 1981. *Language and Linguistics: An Introduction.* Cambridge: Cambridge University Press.［ジョン・ライアンズ（著），近藤達夫（訳）『言

語と言語学』東京：岩波書店，1987]

Lyotard, Jean-François 1979. *La Condition Postmoderne: Rapport sur le Savior.* Paris: Les Éditions de Minuit.[ジャン＝フランソワ・リオタール(著), 小林康夫（訳）『ポスト・モダンの条件――知・社会・言語ゲーム』東京: 水声社, 1986]

…M…

麻子軒（Ma, Tzuhsuan） 2019 「計量的アプローチによる役割語の分類と抽出の試み――テレビゲーム『ドラゴンクエスト 3』を例に」『計量国語学』第 32 巻第 2 号，pp.103-116.

Maekawa, Kikuo, Makoto Yamazaki, Toshinobu Ogiso, Takehiko Maruyama, Hideki Ogura, Wakako Kashino, Hanae Koiso, Masaya Yamaguchi, Makiro Tanaka, and Yasuharu Den. 2014. “Balanced corpus of contemporary written Japanese.” *Language Resources and Evaluation,* Vol. 48, Issue 2, pp. 345-371.

Malinowski, Bronislaw. 1923. “The problem of meaning in primitive languages.” Supplement to Charles K. Ogden and Ivor. A. Richards, *The Meaning of Meaning: A Study of the Influence of Language upon Thought and of the Science of Symbolism.* London: Routledge & Kegan Paul. [ブロニスロー・マリノウスキー「原始言語における意味の問題」C・オグデン，I・リチャーズ（1936[3] 著），石橋幸太郎（2008 訳）『新装 意味の意味』補遺，pp. 385-430，東京：新泉社]

益岡隆志・田窪行則　1995 『基礎日本語文法』[改訂版] 東京：くろしお出版.

水谷雅彦　2005a 「コミュニケーションと倫理学（上）」『哲学研究』第 579 号，pp. 29-48.

水谷雅彦　2005b 「コミュニケーションと倫理学（下）」『哲学研究』第 580 号，pp. 109-129.

三宅和子　2011 『日本人の対人関係把握と言語行動』東京：ひつじ書房.

モクタリ明子・ニック＝キャンベル　2010 「人物像に応じた個人内音声バリエーション」岡田浩樹・定延利之（編）『可能性としての文化情報リテラシー』pp. 139-156. 東京：ひつじ書房.

…N…

中村明（編） 1997 『人物表現辞典』東京：筑摩書房.

西田隆政　2009 「ツンデレ表現の待遇性——接続助詞カラによる「言いさし」表現を中心に」『甲南女子大学研究紀要 文学・文化編』第 45 号，pp. 15-23.

西田隆政　2010 「「属性表現」をめぐって——ツンデレ表現と役割語との相違点を中心に」『甲南女子大学研究紀要 文学・文化編』第 46 号，pp. 1-11.

西田隆政　2011 「役割語としてのツンデレ表現——「常用性」の有無に着目して」金水敏（2011 編）pp. 265-278.

西田隆政　2012 「「ボク少女」の言語表現——常用性のある「属性表現」と役割語の接点」『甲南女子大学研究紀要 文学・文化編』第 48 号，pp. 13-22.

西田隆政　2015 「役割語史の可能性を探る (1) ——平安時代における年長者の男性の会話文をめぐって」『甲南国文』第 62 号，pp. 15-26.

西田隆政　2016 「役割語史の可能性を探る (2) ——軍記物語における「受身」と「使役」の併用をめぐって」『甲南国文』第 63 号，pp. 15-24.

西田隆政　2018a 「役割語の周縁の言語表現を考える——「人物像の表現」と「広義の役割語」と「属性表現」」岡崎友子・衣畑智秀・藤本真理子・森勇太（2018 編）pp. 217-229.

西田隆政　2018b 「「属性表現」再考——「複合性」「非現実性」「知識の共有」から考える」定延利之（2018b 編）pp. 84-96. 東京：三省堂.

Nozawa, Shunsuke. 2013. "Characterization." *Semiotic Review,* Issue 3, https://www.semioticreview.com/ojs/index.php/sr/issue/view/3

野澤俊介　2018 「言語のキャラクター化——遊戯的翻訳と引用」定延利之（2018b 編）pp. 98-118. 東京：三省堂.

…O…

Ochs, Elinor. 1993. "Constructing social identity: A language socialization perspective." *Research on Language and Social Interaction*, Vol. 26, No. 3, pp. 287-306.

小田切博　2010 『キャラクターとは何か』東京：筑摩書房.

荻上チキ　2008 『ネットいじめ——ウェブ社会と終わりなき「キャラ」戦争』東京：PHP 研究所.

岡野久胤　1902 「標準語に就て」『言語学雑誌』第 3 巻第 2 号，pp. 86-94

岡崎友子・衣畑智秀・藤本真理子・森勇太（編）2018 『バリエーションの中の日本語史』東京：くろしお出版.

大塚英志　2003 『キャラクター小説の作り方』東京：講談社.

岡本裕一朗　2010 『12 歳からの現代思想』東京：筑摩書房.

恩塚千代　2011 「韓国の教科書における役割語の役割――「生きた日本語」を教えるバーチャルリアリティー」金水敏（2011 編）pp. 51-70.

…P…

Potter, Simeon. 1975. *Language in the Modern World.* [Revised Edition] Westport, Conn.: Greenwood Press.

Poyatos, Fernando. 1993. *Paralanguage: A Linguistic and Interdisciplinary Approach to Interactive Speech and Sound.* Amsterdam; Philadelphia: John Benjamins.

…S…

定延利之　1995 「心的プロセスからみた取り立て詞モ･デモ」益岡隆志･沼田善子･野田尚史（編）『日本語の主題と取り立て』pp. 227-260. 東京：くろしお出版.

定延利之　2000 『認知言語論』東京：大修館書店.

定延利之　2006 「ことばと発話キャラクタ」『文学』第 7 巻第 6 号，pp. 117-129，東京：岩波書店.

定延利之　2007 「キャラ助詞が現れる環境」金水敏（2011 編）pp. 27-47.

定延利之　2008 『煩悩の文法――体験を語りたがる人びとの欲望が日本語の文法システムをゆさぶる話』東京：筑摩書房.

定延利之　2008-2010　連載「日本語社会 のぞきキャラくり」（全 100 回）三省堂 Word-Wise Web　https://dictionary.sanseido-publ.co.jp/columncat/言語 / のぞきキャラくり / 日本語版

定延利之　2011a 『日本語社会 のぞきキャラくり――顔つき・カラダつき・ことばつき』東京：三省堂.

定延利之　2011b 「身体としてのことば――「スタイル」の限界」『通訳翻訳研究』第 11 号，pp. 49-74.

定延利之　2012-2015　連載「日本語社会 のぞきキャラくり 補遺」（全 101 回）三省堂 Word-Wise Web　https://dictionary.sanseido-publ.co.jp/columncat/ 言語 / のぞきキャラくり / 日本語版補遺

定延利之　2013 「身体化された文法・言語の姿を探る」菅原和孝（編）『身体化の人類学――認知・記憶・言語・他者』pp. 321-349. 京都：世界思想社.

定延利之　2015 「行動記述は「擬人主義」を免れ得るか？」木村大治（編）『動物と出会うⅡ――心と社会の生成』pp. 27-35. 京都：ナカニシヤ出版.

Sadanobu, Toshiyuki. 2015. ““Characters” in Japanese Communication and

Language: An Overview." *Acta Linguistica Asiatica,* Vol. 5, No. 2, pp. 9-28. http://revije.ff.uni-lj.si/ala/article/view/4953

定延利之　2016a 「内言の役割語――ことばとキャラクタの新たな関わり」金水敏（2016 編）pp. 14-31.

定延利之　2016b 『コミュニケーションへの言語的接近』東京：ひつじ書房.

定延利之　2016c 『煩悩の文法――体験を語りたがる人びとの欲望が日本語の文法システムをゆさぶる話』［増補版］東京：凡人社.

Sadanobu, Toshiyuki. 2018. "The "my funny talk" corpus and speaking style variation in Japanese." In David G. Hebert (ed.), *International Perspectives on Translation, Education and Innovation in Japanese and Korean Societies,* pp. 133-147, Cham: Springer International Publishing.

定延利之　2018 「キャラ論の前提」定延利之（2018b 編）pp. 10-45.

定延利之（編）　2018a 『限界芸術「面白い話」による音声言語・オラリティの研究』東京：ひつじ書房.

定延利之（編）　2018b 『「キャラ」概念の広がりと深まりに向けて』東京：三省堂.

定延利之・林良子　2016 「コミュニケーションからみた「剰余」の声ー日本語の慣用句「口をとがらせる」「口をゆがめる」とその周辺」『音声研究』第 20 巻第 2 号，pp. 79-90.

定延利之・張麗娜（Zhang, Lina）　2007 「日本語・中国語におけるキャラ語尾の観察」彭飛（編）『日中対照言語学研究論文集――中国語からみた日本語の特徴，日本語からみた中国語の特徴』pp. 99-119. 大阪：和泉書院.

斎藤環　2011 『キャラクター精神分析――マンガ・文学・日本人』東京：筑摩書房.

佐々木正人　1994 『アフォーダンス――新しい認知の理論』東京：岩波書店.

Sayce, Archibald H. 1900, 1910[4]. *Introduction to the Science of Language.* Vol. I. London: Keegan Paul, Trench, Trübner & Co. Ltd.

瀬沼文彰　2007 『キャラ論』東京：Studio Cello.

瀬沼文彰　2009 『なぜ若い世代は「キャラ」化するのか』東京：春日出版.

Senuma, Fumiaki. 2015. "Observations on intra-nebular kyara among youth." *Acta Linguistica Asiatica,* Vol. 5, No. 2, pp. 43-50.

瀬沼文彰　2018 「若者たちのキャラ化のその後」定延利之（2018b 編）pp. 154-178.

渋谷勝己　2018 「書き手デザイン――平賀源内を例にして」岡崎友子・衣畑智秀・藤本真理子・森勇太（2018 編）pp. 231-249.

辛昭静（Shin, Sojung） 2002 「「ら抜き言葉」の研究概観」日本言語文化学研究会（編）『言語文化と日本語教育』5月増刊特集号（第二言語習得・教育の研究最前線――あすの日本語教育への道しるべ）pp. 102-119. http://teapot.lib.ocha.ac.jp/ocha/bitstream/10083/48945/1/02-ShinS-re051210-final.pdf

清水博 2000 「共創と場所」清水博・久米是志・三輪敬之・三宅美博（編）『場と共創』pp. 23-177. 東京：NTT 出版.

新城カズマ 2009 『物語工学論――入門篇 キャラクターをつくる』東京：角川学芸出版.

塩田雄大 2018 「日本語と「標準語・共通語」」『日本語学』第37巻第5号, pp. 6-22, 東京：明治書院.

宿利由希子 2018 「日本語教育とキャラ」定延利之（2018b 編）pp. 224-241.

Simons, Gary F., and M. Paul Lewis. 2013. "The world's languages in crisis: A 20-year update." In Elena Mihas, Bernard Perley, Gabriel Rei-Doval, and Kathleen Wheatley (eds.), *Responses to Language Endangerment: In Honor of Mickey Noonan. New Directions in Language Documentation and Language Relativization,* pp. 3-19. Amsterdam; Philadelphia: John Benjamins.

Sperber, Dan, and Deirdre Wilson. 1986, 1996[2]. *Relevance: Communication and Cognition.* Cambridge, Mass.: Harvard University Press. [D＝スペルベル・D＝ウィルソン（著）, 内田聖二・中逵俊明・宋南先・田中圭子（1993, 1999[2] 訳）『関連性理論――伝達と認知』東京：研究社出版.]

スルダノヴィッチ, イレーナ（Irena Srdanović） 2018 「日本語コーパスにおける「キャラ（クター）」」定延利之（2018b 編）pp. 46-61.

菅原和孝 1996 「序論 コミュニケーションとしての身体」菅原和孝・野村雅一（編）『コミュニケーションとしての身体』pp. 8-38. 東京：大修館書店.

菅原和孝 2002 『感情の猿＝人』東京：弘文堂.

…T…

高梨克也 2010 「インタラクションにおける偶有性と接続」木村大治・中村美知夫・高梨克也（編）『インタラクションの境界と接続――サル・人・会話研究から』pp. 39-68. 京都：昭和堂.

田中章夫 1999 『日本語の位相と位相差』東京：明治書院.

田中ゆかり 2011 『「方言コスプレ」の時代――ニセ関西弁から龍馬語まで』東京：

岩波書店.
谷泰（編） 1997 『コミュニケーションの自然誌』東京：新曜社.
勅使河原三保子 2004 「日本のアニメの音声に表された感情とステレオタイプ——良い人物と比較した悪い人物の声質」『音声研究』第 8 巻第 1 号，pp. 60-76.
勅使河原三保子 2007 「声質から見た声のステレオタイプ——役割語の音声的側面に関する一考察」金水敏（2007 編）pp. 49-69.
冨樫純一 2011 「ツンデレ属性における言語表現の特徴——ツンデレ表現ケーススタディ」金水敏（2011 編）pp. 279-275.
Tomosada, Kenji. 2015. “The Japanese language and character particles: As seen in dialect.” *Acta Linguistica Asiatica,* Vol. 5, No. 2, pp. 51-60. https://revije.ff.uni-lj.si/ala/article/view/4997
友定賢治 2018 「方言における自称詞・自称詞系文末詞の用法——キャラ助詞とのかかわり」定延利之（2018b 編）pp. 198-223.

…U…

宇野常寛 2008 『ゼロ年代の想像力』東京：早川書房.

…V…

Vogler, Christopher. 1998. *The Writer's Journey: Mythic Structure for Writers.*［クリストファー・ヴォグラー（著），岡田勲・講元美香（訳）『神話の法則——ライターズ・ジャーニー』山梨：ストーリーアーツ & サイエンス研究所，2002］
Vygotskiĭ, Lev. S. (Выготский, Лев Семенович) 1934. *Мышление и Речь: Психологические Исследования. Москва; Ленинград: Государственное Социально-Экономическое издательство.* [*Vygotsky, Lev. S. Thought and Language*. English translation newly revised and edited by Alex Kozulin. Cambridge: MIT Press, 1986.]

…W…

Waard, Jan de, and Eugene A. Nida. 1986. *From One Language to Another: Functional Equivalence in Bible Translation.* Nashville: Nelson.

…Y…

山口治彦　2011 「役割語のエコロジー」金水敏（2011 編）pp. 27-47.

山口治彦　2007 「役割語の個別性と普遍性 ── 日英の対照を通して」金水敏（2007 編）pp. 9-25.

山元淑乃　2017 「アニメ視聴を契機とした日本語習得を通した発話キャラクタの獲得過程に関する事例研究」『言語文化教育研究』第 15 巻，pp. 129-152.

山元淑乃　2018 「第二言語習得に伴うキャラクタの獲得過程とその背景──3 人のライフストーリーの SCAT による分析」名古屋大学博士論文.

依田恵美　2015 「西洋人キャラクタを中心とした役割語としてのカタコト日本語の研究──表現手段の変遷と二次的ステレオタイプ」大阪大学博士論文.

あとがき

走り幅跳びで，踏み切り板まで助走する際，最後の数歩で歩幅が調節される。それがオリンピッククラスの選手になると，その歩幅調節は「目で見た距離を基に脳が適正な歩幅を計算し，足へ指令を出して歩幅を調節している」という説明が成り立たないような高速でなされるという（Lee, Lishman, and Thomson 1982，佐々木 1994：95-97）。「人間は脳で計算し，計画を立て，体を使って目的を果たす」という古典的な考えは，常に成り立つわけではない。むしろ最近は「脳で計算する前に，体が状況に反応して動いている」という考えが注目されている。

我々は走り幅跳びの専門家ではないが，日常生活の専門家である。うまくスタイルを使いこなして対処しようと頭であれこれ計画するより先に，状況に応じて自分が，そしてしゃべり方が変わってしまっているということはないか――これが「キャラ」の発想である。

これまで述べてきたように，「キャラ」は社会のお約束からはみ出た，下品な概念である。ネットの連載を始めた 10 年前の段階では，自分の力では到底まともには書けないと判断し，娯楽性を強めた文体で抵抗感の軽減につとめる一方，多くの具体例を挙げて，読者に思い当たってもらうという方策をとった。それでも，それをまとめた前著『日本語社会のぞきキャラくり』について，面白がってくださった方々がいらっしゃる一方で，私の行く末を案じられるような感想もいただいた。

下品なものをそういうものとして，正面からまともに書けているかどうか，10 年を経たいまでも自信は無い。が，自分の考えが広がり深まったという確信はあり，改めて出版させていただく次第である。前著を授業でもお使いいただいたという故・庄垣内正弘先生をはじめ，背中を押してくださった沢山の方々にお礼申し上げたい。

三省堂の荻野真友子氏，木宮志野氏，市原佳子氏，山本康一氏には，連載中からお世話になった。お名前を記して謝意を表したい。

この本は，日本学術振興会の科学研究費補助金による基盤研究 (A)「人物像に応じた音声文法」（課題番号：19202013，研究代表者：定延利之，平成 19 〜 22 年度）とその後継の基盤研究 (A)「つっかえタイプの非流ちょう性に関する通言語的調査研究」（課題番号：15H02605，研究代表者：定延利之，平成 27 〜 30 年度），基盤研究（B）「南米日系社会における複言語話者の日本語使用特性の研究」（課題番号：16H05676，研究代表者：松田真希子，平成 16 〜 20 年度），国立国語研究所の共同研究プロジェクト「対照言語学の観点から見た日本語の音声と文法」「日本語学習者のコミュニケーションの多角的解明」の成果を含んでいる。

2020 年　初夏　　　　著者

■索引

【人物】

…あいうえお…

…かきくけこ…

…さしすせそ…

…たちつてと…

…なにぬねの…

…はひふへほ…

…まみむめも…

…らりるれろ…

【事項】

…あいうえお…

…かきくけこ…

定延利之（さだのぶ・としゆき）

京都大学大学院文学研究科教授。神戸大学名誉教授。博士(文学)。専攻は言語学・コミュニケーション論。軽視・無視されがちな「周辺的」な現象の考察を通じて言語研究・コミュニケーション研究の前提に再検討を加えている。
単著に『認知言語論』(大修館書店, 2000),『ささやく恋人, りきむレポーター　口の中の文化』(岩波書店, 2005),『日本語不思議図鑑』(大修館書店, 2006),『煩悩の文法　体験を語りたがる人びとの欲望が日本語の文法システムをゆさぶる話』(ちくま新書, 2008, 増補版が2016年に凡人社より刊行),『日本語社会 のぞきキャラくり　顔つき・カラダつき・ことばつき』(三省堂, 2011),『コミュニケーションへの言語的接近』(ひつじ書房, 2016),『文節の文法』(大修館書店, 2019)など。編著に『日本語学と通言語的研究との対話　テンス・アスペクト・ムード研究を通して』(くろしお出版, 2014),『限界芸術「面白い話」による音声言語・オラリティの研究』(ひつじ書房, 2018)など。

装　画　　安田みつえ
装　丁　　三省堂デザイン室
校　正　　坂田星子・兼古和昌・大久保晴彦
組　版　　デジウェイ株式会社

コミュニケーションと言語におけるキャラ

2020年6月20日　第1刷発行

著　者　定延利之
発行者　株式会社 三省堂　代表者 北口克彦
印刷者　三省堂印刷株式会社
発行所　株式会社 三省堂
〒101-8371　東京都千代田区神田三崎町二丁目22番14号
電話　編集　(03) 3230-9411
営業　(03) 3230-9412
https://www.sanseido.co.jp/

〈言語におけるキャラ・288pp.〉

落丁本・乱丁本はお取り替えいたします。

ISBN978-4-385-34912-1

…まみむめも…

…やゆよ…

…らりるれろ…